KB265312

# 미국 청교도 사상

# A Short History of American Puritanism and Its Influence on Korea

Bae, Han Keuk

# 미국 청교도 사상

배한극 지음

혜안

# 머리말

본서는 미국의 역사에서 중요한 부분을 차지하는 식민지 시대의 뉴잉글랜드 청교도의 사상사 내지 지성사를 다룬 책이다.

미국의 3대정신의 하나인 뉴잉글랜드 퓨리터니즘을 이해하는 것은 매우 중요하다. 왜냐하면 오늘날 세계에서 가장 축복받고 부강한 나라가 된 미국의 건국의 조상들은 다름 아닌 종교의 자유를 찾아 영국에서 대서양을 건너 신대륙으로 건너간 청교도들이었기 때문이다. 그들은 17세기 초기 식민지시대의 미국의 종교는 물론이고 정치, 경제, 사회, 문화, 윤리와 도덕, 학문과 교육에 대해 지대한 영향을 미쳤다.

미국의 퓨리터니즘에 대한 연구는 너무나도 풍부하고 다양하여 어떤 논쟁 없이 말하기가 어려울 정도다. 인문학과 사회과학의 모든 분야의 학자들은 퓨리턴이 이끈 뉴잉글랜드에 대한 그들의 연구에 있어서 새로운 이론과 방법을 적용하여 왔다. 왜냐하면 많은 사람들은 청교도들이 훗날 미국 사회에 근원적인 어떤 사상과 구조를 제공한 것으로 보기 때문이다. 특히 지난 40년 동안은 물론이고 이 시간도 많은 학자들이 17세기 뉴잉글랜드에 대한 연구에 매료되고 있다. 이 청교도 문화에 대한 여러 가지 해석은 전체적으로 미국을 위해 보다 큰 정치적이고 이데올로기적 함의를 내포하고 있다.

여러 가지로 미흡하지만 이 책이 미국의 역사를 공부하는 사람들이나 일반 독자들이 미국의 뉴잉글랜드 퓨리터니즘의 성격과 의의를 이해하고 나아가서 그것이 미국은 물론 우리나라에 미친 영향을 아는 데 조금이나마 도움이 되었으면 더 이상 바랄 것이 없겠다. 그리고 후학들에 의해서 더욱 많이 연구되기를 바라며 강호제현의 질정을 겸허한 마음으로 기다릴 뿐이다.

아울러 이 책이 나오도록 도와주신 여러분들에게 감사의 인사를 드리고 싶다. 먼저 지금은 고인이 되신 경북대학교의 황해붕 은사님과 중앙대학교의 이영범 은사님에게 진심으로 감사를 드린다. 또한 이 책을 쓰는데 많은 도움을 준 한국, 미국 그리고 일본 등 국내외 선행연구자들과 연구기관에 깊이 감사드리고 싶다.

이 책은 또한 나를 사랑하는 가족들과 내가 몸담고 있는 대학 공동체의 큰 도움이 없이는 세상에 빛을 볼 수가 없었다. 정년을 일년 앞둔 나에게 안식년을 허락해주고 이 책을 펴낼 수 있도록 지원하여 준 대구교육대학교 당국과 동료 교수님들과 호주 퀸즈랜드 대학교(University of Queensland)의 방문교수로 있는 동안 연구에 많은 도움을 준 이동배 교수님에게도 진심으로 감사를 드린다. 그리고 역시 일본과 미국에 있는 동안 연구에 많은 도움을 준 효고 교육대학(兵庫教育大學)의 나리타 시게루(成田茂) 박사와 위스콘신 대학교(University of Wisconsin Eau Claire)의 최근 고인이 되신 윌리엄 던럽(William Dunlap) 박사에게도 이 기회를 빌려 심심한 사의를 표하고 싶다.

누구보다도 이 책이 나오기까지 기도하며 교정과 사랑의 수고를 아끼지 않은 아내 채도순 권사와 가족들은 물론 그동안 여러모로 성원해 준 대구동일교회 조돈제 원로목사님과 신진수 담임목사님에게 깊은 감사의 마음을 전하고 싶다. 마지막으로 출판을 기꺼이 맡아주고 좋은 책이 되도록 애써 주신 도서출판 혜안의 오일주 사장님에게도 진심으로 감사를 드린다.

2010년 12월
대구교육대학교의 연구실에서
문학박사 배한극

# 목 차

머리말  5

제 I 장 서론  11

제 II 장 연구사 및 연구동향  21
　　제1절 1920년대 이전의 연구  21
　　제2절 진보주의학파의 반청교도의 역사학  30
　　제3절 하버드학파의 '퓨리턴 르네상스'  36
　　제4절 최근의 연구 활동  47

제 III 장 미국 청교도의 사상의 기원과 변천  53
　　제1절 영국의 청교도와 퓨리터니즘  53
　　제2절 플리머스 식민지의 분리파  69
　　제3절 매사추세츠의 비분리회중파  77
　　제4절 이단의 도전과 정통의 변질과 변용  88

제 IV 장 미국 청교도 사상의 신학적 원리  113
　　제1절 퓨리터니즘과 경건  113
　　제2절 계약에 기초한 언약신학의 체계  127
　　제3절 행위의 언약과 은혜의 언약  137
　　제4절 교회언약과 사회언약  150

10

제Ⅴ장 미국 청교도의 학문과 윤리 도덕　173
　　제1절 르네상스 인문주의의 계승　173
　　제2절 현실 수용적 도덕관　191
　　제3절 프로테스탄트적 직업윤리　202

제Ⅵ장 미국 청교도의 경제와 정치사상　213
　　제1절 자본주의적 경제사상　213
　　제2절 제한정부론적 정치사상　227
　　제3절 바이블 공화국의 이상　235

제Ⅶ장 미국 청교도 사상이 한국에 미친 영향　253

　참고문헌　277
　찾아보기　291

# 제 I 장 서론

　미국의 역사문화를 이해하기 위해서는 미국사의 첫 장이 되는 퓨리터니즘을 이해하지 않고는 불가능할 것이다. 1930년대 아메리카 '퓨리턴 르네상스'의 대표적인 추진자였던 하버드 대학의 페리 밀러(Perry Miller) 교수는 "퓨리터니즘과 그 근원에 대한 어떤 이해가 없다면 미국을 이해할 수 없다"[1]고 단언하였다. 또한 리처드 슈레이터(Richard Schlatter) 교수는 미국의 "정부, 종교, 교회와 국가관계, 교육과 학문, 문학과 예술, 가족생활, 관습, 도덕, 그리고 모든 문화의 철학적 가정에는 청교도의 검인이 찍혀 있다"[2]고 하였다.

　또한 퓨리터니즘은 미국사상의 주류에서 중요한 위치를 차지하고 있다. 그것은 서부의 프런티어 정신과 프래그머티즘과 더불어 미국의 3대 사상이라고 일컬어지고 있다. 그 중에서도 퓨리터니즘은 단일정신 또는 사상체계로서는 가장 오래 유지되었고, 미국의 역사 문화 형성에 가장 큰 영향을 미쳤다. 맥스 새밸(Max Savelle)이 말한 바와 같이 그것은 미국의 경험과 18세기 중엽의 미국정신의 발생에 확고하게

---

1) Perry Miller, *The American Puritans* (New York, 1956), p.xi ; Perry Miller and Thomas H. Johnson, *The Puritans* (New York, 1963), p.1.

2) Richard Schlatter, "The Puritan Strain" in John Higham, ed., *The Reconstruction of Americans History* (New York, 1962), p.26.

12

뿌리를 박고 있을 뿐만 아니라, 17세기 뉴잉글랜드로부터 그것이 좋든 나쁘든 간에 오늘날에 이르기까지 미국문명에 그 영향력을 발휘하였고, 또한 지금까지도 계속 발휘하고 있다.[3]

퓨리터니즘이라는 용어는 보통 뉴잉글랜드 첫 정착자들의 성격을 결정지은 종교적 철학과 지적 사고방식으로 간주되어 왔다.[4] 뉴잉글랜드의 건설자들은 청교도였으며, 근 일백년간 뉴잉글랜드를 지배하였다. 그래서 그들의 역사는 미국사를 시작하는 첫 장이며 중요한 장이다. 또한, 뉴잉글랜드인들의 북동부에서 서부를 개척하기 위해 오하이오 계곡(Ohio Valley)과 중서부(Middle West)에 정착했을 때 그들은 청교도 정신의 전통을 전미 대륙에 분명히 전했던 것이다. 그래서 많은 사가들은 퓨리터니즘과 그 후의 미국문명의 발전 사이에 직접적인 관련성이 있다는 가정을 당연한 것으로 생각해 왔다. 정통 뉴잉글랜드 퓨리터니즘의 살아 있는 종교적 전통으로서는 3대를 거쳐 17세기 말부터 분명히 쇠퇴하고 18세기 과정에서 죽었지만, 그러나 그 전통의 유산과 요소는 아직 살아남아 있다. 사실상 퓨리터니즘은 미국문명의 발전에 있어서 주요한 제 영향 중의 하나가 되어 왔다는 가정은 미국사가들은 거의 의심하지 않고 있다.[5]

그래서 미국사 연구에 있어서 퓨리터니즘의 역사에 대한 연구는 서부개척사, 미국독립혁명사 그리고 남북전쟁사 등과 더불어 중요한 부분이 되고 있다. 뉴잉글랜드 퓨리터니즘의 역사 연구를 위한 학회나 단체만 해도 매사추세츠 역사학회(Massachusetts Historical Society), 로

---


3) Max Savelle, *Seeds of Liberty* (New York, 1948), p.27.

4) Gerald N. Grob & George Athans Billias, *From Puritanism to the First Party system Historical Interpretation* (New York, 1972), p.23.

5) Grorge M. Waller, ed. *Puritanism in Early America* (Boston, 1950), p.v.

드아일랜드 역사학회(The RhodeIsland Historical Society), 뉴잉글랜드 학회(The New England Societies), 필그림즈 학회(The Pilgrims Societies), 선조학회(The Forebear Societies) 등 많이 있다. 학술연구지도 『계간 뉴잉글랜드』(*New England Quarterly*), 『계간 윌리엄 앤드 메리』(*William and Mary Quarterly*) 등은 식민지시대 퓨리터니즘에 대해 전문적인 연구성과를 내놓고 있다.[6] 이들 단체나 학회가 중심이 되어 행해진 자료의 수집, 보존과 연구는 경탄할 만큼 방대한 것이다. 미국에서는 어디서나 자기 주와 도시의 역사연구는 열심히 하나, 단일지역으로 볼 때 뉴잉글랜드만큼 많은 사가들의 연구대상이 되어 온 곳은 아마 없을 것이다. 이런 뉴잉글랜드에 대한 역사적 관심이 강했음은 19세기 후반에 이르기까지 미국의 훌륭한 역사가의 태반을 뉴잉글랜드 출신이 점했다는 사실이 설명해주고 있다. 또한 퓨리터니즘의 현대 사가들의 대부분은 뉴잉글랜드 대학에 있는 교수들이다. 특히 하버드 대학은 미국에서 가장 역사가 깊고 가장 청교도적인 대학으로서 퓨리터니즘에 관한 최고의 현대적 연구의 근원이 되고 있다. 퓨리터니즘에 대한 미국의 연구사는 별도로 자세히 고찰하겠지만, 무엇보다 청교도와 퓨리터니즘에 대한 이해는 바로 어떠한 것이어야 하는가가 논쟁의 초점이 되어 왔다. 어떤 사가들은 청교도들을 반동적이며, 완고한 미신가들로 보았으나, 또 다른 사가들은 청교도들에 대해서 공감하고 찬양하는 견해를 가지고 있었다.

---

6) *New England Quaterly*와 *William Mary & Quaterly*에는 식민지시대사를 다룬 역사논문들이 주로 발표되고 있다. 특히 퓨리터니즘사 연구논문이 이들 학술지에 많이 실리고 있다. 퓨리터니즘은 아이비 그룹에 속하는 하버드, 프린스턴, 예일, 콜럼비아 그리고 펜실베니아 대학을 중심으로 하는 동부 뉴잉글랜드 대학에서 집중적으로 연구되고 있다. 그러나 서부의 대학은 주로 서부개척사, 즉 프런티어 연구에 집중하고 있다.

청교도들은 과연 '편협한 미신가들'(bigots)인가 아니면 미국의 '건설자들'(builders)인가가 가장 주요한 이슈로 되고 있다.7) 소위 반청교도 사가들(Anti Puritan historians)은 청교도들이 종교적, 사상적 자유와 민주주의적 정부를 반대했다고 생각했다. 또한, "매사추세츠는 청교도가 건설한 비민주적인 식민지류의 완전한 사례 연구의 대표적 예로 보았다."8) 그들에게 매사추세츠는 신정정치, 과두정치로 보였으며, 청교도의 국가는 목사와 청교도 평신도 지도자들이 지배한 것이었다. 그들 청교도 지도자들은 서로 제휴하여 엄격한 종교적 정통성을 유지하고 정치권력을 계속 장악하기 위해 제휴하였다. 변화에 저항하고 모든 이단의 사상을 억압하였으며, 앤 허친슨(Anne Hutchinson)과 로저 윌리엄스(Roger Williams) 같은 독립성이 강한 인사들을 추방하였다. 이들 이단자들의 종교사상은 식민지의 정통적 견해에 대한 위협을 대표하였다. 청교도 성직자들은 편협한 사고방식을 가졌으며 불관용적이었다. 새로운 뉴턴의 과학사상을 거부하고 문화적 문제에 대해서 무관심하여, 매사추세츠만 식민지의 모든 자유사상을 동결시켰다. 청교도들은 1630년대부터 미국의 독립혁명의 발발까지 식민지적 생활을 '빙하시대'(glacial age)로 만들었다고 그들은 주장하였다.

이에 반해 '친청교도사가들'(Pro-Puritan historians)은 "청교도들을 종교적 자유와 정치적 자유의 선구자요, 미국 민주주의 형성에 공헌한 용감한 개혁자들이요, 미국 문명의 건설자들"로 보았다.9) 그들에게 있어서 매사추세츠의 청교도 과두정치에 의한 엄격한 규율과 통제는 어려운 프런티어 환경이 요구한 것이었다. 청교도 지도자들은 과학과

---

7) Gerald. N. Grob & George Athans Billians, op. cit., p.23.

8) Ibid.

9) Ibid.

문화에 적대적이라기보다는 지적 활동을 자극하기 위해 가능한 모든 것을 다하였다. 미국에 최초의 대학과 공립학교 제도를 확립한 것은 청교도 목사들의 노력을 통해서 이루어졌다는 것이다.

이처럼 청교도와 퓨리터니즘이 미국의 역사와 문화에 대해 영향을 끼친 여러 가지 문제에 대해 갈등하는 해석은 뉴잉글랜드의 건설과 함께 계속되어 왔으며, 지금도 계속되고 있다. 청교도와 퓨리터니즘에 대한 해석과 평가는 시대에 따라 다르며 사람마다 다르고, 동부의 사가들과 서부의 사가들이 다르다.10) 그러나 대개 19세기까지의 청교도 역사에 대한 기록이나 평가는 뉴잉글랜드의 청교도의 후예들에 의해 이루어졌기 때문에 청교도와 퓨리터니즘에 대해 우호적이었으며 친청교도적이었다. 식민지시대의 청교도 지도자들의 역사 서술이나 연대 편찬은 말할 것도 없고, 그 후의 '패트리션'(patrician) 사가들이나 '조상숭배주의자'(filiopietist)의 사학파들은 청교도들을 미국문화의 모든 덕의 근원이 된다고 생각했다. 1930년대 하버드 학파는 현대적 청교도 연구의 근원이 되고 있으며, 오늘날 많은 청교도사 연구는 그들의 연구에 힘입지 않고는 불가능하게 되었다.

또한 이들은 퓨리터니즘의 역사 연구를 미국사라는 좁은 테두리에서 세계사적인 위치로 올려놓았으며, 미국사에 관류하는 청교도에 관한 이미지를 대부분 우호적이게 만들었다. 하지만 뉴잉글랜드 청교도 후예인 사가들 중에도 청교도사에 대해 비판적이거나 덜 관심을

---

10) 서부의 대표적 사가인 Fredrick Jackson Turner(1861~1932)의 *The Frontier in American History*(1932) 와 *The Significance of Sections in American History*(1933)는 미국문명에 있어서 프런티어의 의미를 강조한 것으로서, 프런티어의 개인주의, 끊임없는 에너지, 자립과 발명성은 미국의 특징이 되었다고 강조하였다. 그의 프런티어사는 한때 퓨리터니즘을 미국역사 연구의 주류에서 밀어내기까지 했었다.

가졌던 사가들도 있었다.

한편 최근의 연구동향을 보면 수정주의, 신보수주의, 학제간 연구, 사회사가들의 연구에 의해 퓨리터니즘사 연구는 그 주체가 연구의 대상이 될 정도로 놀라운 연구성과가 쏟아져 나오고 있다. 어떤 사람은 정치경제사가로서, 어떤 사람은 사회사가로서, 어떤 사람은 철학자로서, 또 어떤 사람은 지성사가로서, 문학자로서 퓨리터니즘사를 연구하고 있다. 그러나 미국의 퓨리터니즘사 연구는 지성사가 연구의 주류가 되고 있다.

이렇게 다양한 사가들에 의해서 다양한 각도로 연구가 추진되고 있으나, 아직까지 과연 청교도란 누구이며 퓨리터니즘이란 무엇인가? 퓨리터니즘이 미국문명에 어떤 영향을 미쳤는가? 또한 청교도와 퓨리터니즘을 어떻게 해석하고 평가해야 하는가에 대해선 완전한 해답을 얻지 못하는 수수께끼가 되고 있다. 그 수수께끼를 푸는 것은, 곧 미국인이란 과연 누구인가? 미국문명은 무엇인가라는 수수께끼를 푸는 관건이 될 것이다.11)

이처럼 중요한 미국 퓨리터니즘의 역사와 성격에 대해서 국내 학계에서는 본격적인 연구가 없었다는 것은 참으로 기이한 일이 아닐 수 없다. .

국내 학계에서는 뉴잉글랜드 청교도 사회에 대한 본격적인 연구는 정만득 교수에 의해 추진되었다. 그는 2001년에 『미국의 청교도 사회-정착 초기의 역사』를 출간하여 미국의 초기 식민지인 뉴잉글랜드 청교도들이 삶의 터전을 일구어 나가는 정착의 과정을 밝혔다. 그러나 이 저술에서 그는 신앙체계로서의 퓨리터니즘에 대한 언급은 하였지

---

11) Richard Schlatter, op. cit., p.28.

만 퓨리터니즘 자체에 대한 구체적인 설명은 하지 않았다.[12]

1882년 한미통상수호조약이 체결된 지 138년이 지났고, 미국의 언더우드(Horace G. Underwood)와 아펜젤러가 1885년 4월 5일 인천 제물포항에 도착하여 미국 개신교를 한국에 선교한 지 135년의 세월이 흘러간 오늘의 한미관계는 '순치'의 관계에 있다[13]고 해도 과언이 아닐 것이다. 특히 한국의 개신교는 17세기 뉴잉글랜드의 퓨리터니즘 적 전통을 물려받았고, 한국의 근대교육은 청교도적 미국 개신교선교 사들에 의해 크게 영향 받았다.[14] 이같이 한국개신교의 뿌리가 되며 한국 근대교육과 문화를 형성하는데 중요한 역할을 담당한 미국의 퓨리터니즘에 대한 연구가 너무나 미미한 실정이다.[15] 아마 그 이유는 그것이 너무나 종교적, 철학적, 사상적인데다 더욱이 복잡한 역사성을 띠고 있어 쉽게 접근할 수 없었기 때문일 것이다. 또한 현대의 자유주의

---

12) 정만득, 『미국의 청교도 사회-정착초기의 역사』, 서울: 비봉출판사, 2001, p.8. 참조.

13) 이보형, 『미국사개설』, 일조각, 1976, p.v.

14) 배한극, 「미국청교도 사상이 한국개신교와 근대교육에 미친 영향」, 『대구교 육대학 논문집』 19, 1983 참조.

15) 영국의 퓨리터니즘사에 대해서는 홍치모 교수의 『종교개혁사』(서울, 1977), 나종일 교수의 『영국근대사연구』(서울, 1979) 중에 「Thomas Cartwright Cambridge 대학 내의 Puritanism 운동」「퓨리터니즘과 교과」 등이 있고, 임희 완 교수의 『청교도혁명의 종교적 급진사상—윈스탄리를 중심으로—』(서울, 1985)가 있다. 미국의 퓨리터니즘에 대해서는 배한극, 「페리밀러와 뉴잉글랜 드 퓨리터니즘」, 『영주경상전문대학 논문집』 3, 1981 ; 「미국청교도 사상이 한국개신교와 근대교육에 미친 영향」, 『대구교육대학 논문집』 20, 1984 ; 「17 세기 청교도사상과 윤리」, 『대구교육대학 논문집』 21, 1985 ; 홍백용, 「미국 에 있어서의 Puritanism-Bay Colony에서의 Presbyterian Oligarchy와 America democracy-」, 『사총』 3, 1958 ; 진원숙, 「Puritanism 연구—New England 지방을 中心으로—」, 『계명사학』 1, 1967 ; 정만득, 『뉴잉글랜드 청교도 사회 : 정착 초기의 역사』, 비봉출판사, 2001 등이 있다.

와 과학기술이 지배하는 사회에서 볼 때 연구의 필요성을 덜 느꼈기 때문일 것이다. 그러나 우리보다 기독교 문화와 미국 개신교의 영향을 별로 받지 않았던 일본만 하여도 퓨리터니즘에 대한 연구가 우리보다는 활발한 것 같다.[16]

본 연구의 목적은 먼저 퓨리터니즘 연구사 및 연구동향을 고찰하고 다음으로 청교도의 기원과 변천, 청교도신앙의 신학적 원리와 현세적 생활원리를 밝히는 것이다.

첫째, 연구사에서는 퓨리터니즘사 연구의 전통은 어떻게 형성되었으며 반청교도사가와 친청교도사가로는 어떠한 학자들이 있었으며, 청교도와 퓨리터니즘에 대한 평가와 해석은 어떻게 다른가, 가장 대표적인 청교도 연구학파는 무엇이며 그 학파의 공헌은 무엇인가? 또한 최근의 연구동향의 특징은 어떠한가를 밝혀보고자 한다.

둘째, 뉴잉글랜드 퓨리터니즘의 기원과 그 시대적 역사적 배경은 무엇인가? 뉴잉글랜드의 최초의 청교도 식민지인 플리머스 식민지와 가장 강하고 대표적인 매사추세츠만 식민지의 종교적 입장과 그들의 발전과 변화과정은 어떠하였는가를 고찰해 보고자 한다.

셋째, 뉴잉글랜드 청교도의 이상은 과연 무엇이며 그들은 이상을 어떻게 실현하려고 했는가? 그들의 신앙의 신학적 원리의 대표적 특징은 무엇인가를 밝힌다.

넷째, 뉴잉글랜드 청교도들은 그들의 종교적 신념을 현실생활에

---

16) 大下尚一 編, 『講座アメリカの文化 1, ピューリタニズムとアメリカ』(1969)에는 퓨리터니즘의 형성과 전통, 퓨리터니즘과 민주주의, 마녀의 세계, 조너던 에드워즈와 대가성운동, 청교도의 문학 절대주의와 에머슨, 퓨리터니즘의 변용과 부정, 일본에 있어서의 청교도 종교의 수용 등 10편의 논문이 수록되어 있다. 이 밖에 山崎敬之, 「一七世紀マサチュセッツ灣植民地の政治體制」, 『西洋史學』 Vol.LXXXIII XXI-3, 1969 등의 논문이 있다.

어떻게 적용했으며, 그들의 교육과 학문의 전통은 무엇이며 도덕과 윤리, 경제와 정치사상은 어떠하였는가를 밝히고 그들이 과연 편협한 미신가들인가 아니면 아메리카 문명의 건설자들인가를 고찰해보고자 한다.

이러한 문제를 고찰하기 위한 연구방법은 사학사 내지 지성사적인 접근방법을 통해 연구하되, 국내외 선행 연구성과를 가능한 한 종합하려고 했다. 사회경제적 해석보다는 사상사, 지성사 혹은 정신사적인 해석에 역점을 두었다.

# 제II장 연구사 및 연구동향

## 제1절 1920년대 이전의 연구

미국 뉴잉글랜드 퓨리터니즘사의 연구와 서술을 다음과 같이 나누어 고찰하였다. 첫째, 퓨리터니즘의 역사에 대한 1920년대 이전의 연구 및 서술의 전통형성, 둘째, 1920년대의 진보주의학파의 반청교도적 역사학, 셋째, 1930년대부터 1960년 이전까지의 하버드학파의 진보주의학파에 대한 비전과 그들의 연구성과를 살펴보고 끝으로 1960년대 이후 오늘날에 이르기까지의 신보수주의학파와 수정주의학파, 그리고 학제적 연구와 사회과학의 응용을 강조하는 학파들의 연구활동 등의 순이다.

먼저 미국 퓨리터니즘사 연구 전통의 형성과정을 고찰해 보겠다. 미국의 청교도역사를 최초로 기록하거나 편찬한 사람들은 비전문적인 아마추어 사가들로서 뉴잉글랜드의 청교도들이었다. 17세기에 있어서 가장 훌륭한 역사는 주로 청교도의 행정관들(magistrates)에 의해 쓰인 것이며, 그들은 보통 기록보관자(record keepers) 혹은 신앙의 방어자(defenders of the faith)들로서 활동하였다.[1] 그들의 사관은 기독

---

1) Robert Allen Skotheim, *American Intellectual Histories and Historians* (Princeton,

교적이기 때문에 그들은 뉴잉글랜드(New England)[2] 식민지 개척도 성경적인 관점에서 보았다. 그들은 청교도들을 구약에 있어서의 유대인과 같은 역할을 했다고 보았다. 그들은 마치 하나님의 목적을 달성시키기 위해 운명지어진 사람들로 생각했다. 뉴잉글랜드는 그들에게 '새로운 가나안'(New Canaan)이었다. 즉, 뉴잉글랜드는 하나님이 그리스도인의 생활방식을 성취하도록 별도로 떼어놓은 땅으로 보았다. 그래서 매사추세츠만 식민지(Massachusetts Bay Colony)는 단순한 식민지가 아니었다. 다른 어느 식민지보다 의의가 큰 식민지였다. 매사추세츠만 식민지의 초대 총독이었으며 당시 최고의 지도자였던 존 윈스럽(John Winthrop, 1588~1649)은 매사추세츠는 '언덕 위에 세운 도시'(city set upon a hill)가 되어야 한다고 주장하였다. 즉, 그의 뉴잉글랜드의 이상은 신약성경 마태복음에서 제시된 대로 하나님의 나라가 이 세상에 세워질 수 있다는 것을 입증하는 '모델 유토피아'(model utopia)[3]였다.

청교도 사가들의 주요한 주제는 그들이 목사였든지 일반지도자였든지 간에 새로운 가나안을 건설하려는 그들의 노력에 있어서 하나님의 선민에 대한 특별한 관심을 설명하려는 데 있었다. 왜냐하면, 뉴잉글랜드에는 하나님의 자비가 지상의 어떠한 곳보다 명백하게 나타났기

---

1968), p.5.

2) 원래의 New England는 Plymouth, Massachuesetts, Conneticut, Rhode Island, New Hampshire였으나 영국서 보낸 Andros 총독하에서는 프랑스로부터 보호하기 위해 New York과 New Jersey가 1688년에 추가되었다가 1869년 Andros가 물러난 후에는 다시 각 식민지는 분리되었으며, 현재는 Connecticut, Maine, Massachusetts, New Hampshire, Rhode Island, 그리고 Vermont주가 포함되며 66,608평방마일에 인구 11,845,169명(1970년대)을 포용하고 있는 미국의 북동지역을 일컫는다.

3) Gerald N. Grob & George Athans Billias, op. cit., p.2.

때문이다. 청교도들에게는 이 지방사가 하나님의 백성에게 섭리의 계시에 대한 기나긴 기록이었다. 그들의 재난은 승리와 마찬가지로 오직 하나님과 관련하여 생각되었고, 그들이 당한 패배는 하나님의 진노의 증거로 보았다.

플리머스(Plymouth)의 총독이었던 윌리엄 브래드포드(William Bradford, 1650~1957)가 기록한 『플리머스 프란테이션에 대하여』(*History Plymouth Plantation*)[4]는 청교도 역사 중에서 아마 가장 뛰어난 작품의 하나일 것이다. 브래드포드가 식민지총독으로 있을 때인 1630~1650년 사이에 쓰여진 이 책은 처음에는 네덜란드로 피난가고 다음에는 신세계로 피난간 순례자들의 작은 무리에 대한 이야기였다. 이것은 다른 어떠한 작품보다도 뉴잉글랜드 초기 식민지 개척자들의 종교적 신앙의 깊은 감정을 완벽하게 표현하고, 평이하고 단순한 문장 형태로 청교도의 이상을 잘 묘사하였으며 성경문장의 리듬을 잘 살려서 기술하였다.

브래드포드는 순례자들이 영국을 떠나 플리머스로 떠난 것은 "형식적인 의식과 기도서에 대한 논쟁과 종교적 박해와 교황적이고 반기독교적 허튼 소리 때문이었다"[5]고 기술했다. 다른 여러 청교도역사와 마찬가지로 이 책은 브래드포드가 황야에서 신공동체의 건설자로서 활동하던 중에 쓴 것이다. 윌리엄 허버드(William Hubbard, 1621~1703)는 매사추세츠로 이주한 이유로 "이 어두운 세계에 복음을 전파하기 위해서"[6]라고 기록하였다.

---

4) William T. Davis, ed., *Bradford's History of Plymouth Plantation 1606~1646* (New York, 1952) 참조.

5) Ibid., p.25.

6) William Hubbard, *A General History of New England from the Discovery to*

24

　17세기 말에도 보스턴(Boston)의 목사였던 코튼 매더(Cotton Mather, 1663~1728)도 뉴잉글랜드 초기의 교회사인 그의 유명한 저서 『미국에 있어서의 그리스도의 위대한 역사』(1702)에서 플리머스와 매사추세츠만 식민지 개척의 유일한 목적은 이들 "어두운 땅에 복음을 심는 것"[7]이라는 주장을 되풀이 하였다. 이와 같이 초기 식민지 개척자 자신들은 뉴잉글랜드 역사적 사명을 청교도적 관점에서 파악하고 기록하였다.

　그리하여, 후세 사가들도 초기 뉴잉글랜드 식민지 개척에 있어서 종교적 견해의 영향을 강조하고 있으며, 이들 초기 역사 기록자들과 꼭 같은 태도를 취하고 있었다. 초기 식민지 개척 후에 식민지 사회의 발전은 종교적 사상에 크게 의지한 것처럼 해석되었으며, 연대기 작가들(Chroniclers)은 이단자가 추방된 이유도 나쁜 종교사상은 나쁜 식민지로 이끌고 간다고 생각했기 때문이라고 기술했다. 로드아일랜드의 총독이었던 존 캘랜더(Johon Callender, 1706~1748)는 퓨리터니즘은 뉴잉글랜드 정착의 기초이며 그 중에서도 "양심의 자유는 이 식민지의 기초였다"[8]고 썼다.

　조지 뱅크로프트(George Bancroft, 1800~1892)는 19세기 중엽의 가장 위대한 미국사가로 독일에 유학까지 했으며, 10권의 『합중국사』(*History of the United States*, 1834~1874)를 썼는데 이것은 전례 없는 방대한 역사저술이다. 그는 퓨리터니즘과 종교적 자유를 아메리카

---


　*MDCLXXX, Massachusetts Historical Society Collections*, Second Series, vols.5 · 6 (Boston, 1840), vol.5, p.115.

7) Cotton Mather, *Magnalia Christi Americana*, 2 vols. (Hartford, 1855), vol.1, p.45.

8) John Callender, *An Historical Discourse on the Civil land Religious Affairs of the Colony of Rhode-Island*, vol.4 (Providence, 1838), p.159.

독립혁명사에서 큰 의미를 부여했다. 그는 전반적으로 정치 군사적 사건에 초점을 맞추었으나, 퓨리터니즘에 대해서는 전통적으로 강조된 민주주의를 향한 사상의 진보적 발전으로 요약하였다. 뱅크로프트는 아메리카 민주주의는 하나님의 계획의 열매로 보았으며, 미국인들은 민주주의를 세계에 전파할 특별한 사명을 띠었다고 주장했다. 또한, 미국 민주주의의 "모든 것에 침투하는 에너지의 원리가 프로테스탄티즘으로부터 나왔는데 그것은 개인이 판단할 수 있는 권리다"[9]고 주장했다. 그는 유럽인의 뉴잉글랜드로의 이민은 결과적으로 식민주의자들의 양심의 자유를 실현하려는 하나의 기도로 보았다.

한편 1800년대 이후 미국사를 깊이 연구하고 개척한 모지즈 코이트 타일러(Moses Coit Tyler, 1835~1900)는 1870년대에 첫 미국의 사상사를 썼다.[10] 그는 신학교를 졸업하고 회중교회의 목사가 되었으며 후에는 미시간과 코넬 대학의 교수가 되었다. 그는 최초의 미국문학사 교수가 되었으며 『미국문학사』(*History of American Literature, 1607~1765*)라는 책을 썼는데 거기에서 "한 인간의 지성사보다도 더 흥미 있는 것이 하나 있다. 그것은 국가의 지성사이다"고 했다. 이리하여 그는 뉴잉글랜드의 저작을 토론하는 데 전체 분량의 3분의 2를 뉴잉글랜드 청교도 연구에 사용하였으며, 청교도들의 지적 업적을 찬양하고 그들을 '사상가들'(thinkers)로 생각하면서 다음과 같이 기술했다.

초기에 온 자들인 뉴잉글랜드인들은 사상적 이익을 위해 왔고 후기에 온 자들은 물질적인 이익을 위해 왔다. 처음부터 뉴잉글랜드는

---

9) George Bancroft, *History of the United States 10 vols, 1834~1874* (New York, 1852), vol.5, p.5.

10) Robert Allen Skotheim, op. cit., p.32.

농업사회가 아니었다. 또한 공업사회나 상업사회도 아니었다. 하나의 사고하는 공동체(thinking community)였다. 뉴잉글랜드의 특징적인 기관은 손도 아니요 가슴도 아니요 곧, 머리였다.[11]

그는 청교도의 독특한 신학적 교리를 옹호하지는 않았으나 존경으로서 그들의 업적을 강조하고 그들의 종교적 지성을 강조했다. "그들의 생활 중 가장 지향했던 점은 종교였으며 그 결과는 지대했다. 아마도 사도시대 이래로 문자 그대로의 신앙과 격정적인 열성은 어느 세계에서도 없었을 것이다. 사도시대에 있어서 일지라도 이렇게 날카롭고 견고한 지성은 찾기 힘들 것"[12]이라고 주장했다.

역시 타일러와 같이 청교도와 매사추세츠의 발전에 대해 공감적이며 우호적인 소위 '조상숭배주의자'(filiopietist)들은 조상숭배와 지방적 긍지를 반영하면서, 그는 청교도들을 미국인들에 기여한 모든 덕의 근원으로 생각하였다. 특히, 그들의 근검, 근면한 노동, 도덕적인 열성, 사회적인 책임감을 찬양했다. 이들 사가들의 견해는 미국의 정치적, 종교적 자유는 17세기 청교도의 전통으로부터 흘러나왔다는 것이다.

존 그레이엄 팔프리(John Graham Palfrey, 1796~1881)는 조상숭배주의자의 리더로서 다섯 권의 『뉴잉글랜드사』(*History of New England*, 1858~1890)[13]를 썼는데 그 중에서 첫 권에서 매우 독특한 접근을 하였다. 초기 17세기 뉴잉글랜드 혈통의 후예로서 하버드 출신이며 보스턴의 유니테리언 성직자인 그는 그의 조상을 깊이 찬양하였다.

---

11) Ibid., p.98.

12) Ibid., p.192.

13) John G. Palfrey, *History of New England*, 5 vols. (Boston, 1859)는 19세기 저술로서 자세하고 교훈적이며 매우 청교도에 우호적인 역사저술이다.

그의 저작은 하나의 긴 찬미의 노래였다. 그는 "뉴잉글랜드 식민지사에서 우리는 지적이며 혈기왕성한 활동을 한 청교도들을 추앙한다. 그들은 자유롭고 강하며 계명된 행복한 국가를 건설하였다."14) 특히, 존 윈스럽은 팔프리의 영웅의 한 사람이었다. 왜냐하면, 그의 눈에는 "만 식민지의 이 건설자는 아메리카에 있어서 자치정부라는 이상을 실현하려고 했다. 그의 재능과 인품의 영향은 급격히 증가하는 사람들의 7대를 통해 느껴져 왔기 때문이다"15)고 하였다. 청교도 과두정치(Oligarchy)에 우호적인 그는 매사추세츠 성직자들의 약점을 별로 보지 않았으며, 앤 허친슨(Anne Hutchinson, 1691~1643)처럼 분열시키는 종교적 과격파들에 대한 성직자들의 조치를 옹호하였다.

이와 같은 청교도에 대한 호의적인 해석은 찰스 프란시스 애덤스(Charles Francis Adams, 1807~1886)와 브룩스 애덤스(Brooks Adams, 1848~1927)에 와서 변화하기 시작했다.16) 그들은 유명한 애덤스가17)의 일원으로서 하버드 졸업생들이었으며 저명한 뉴잉글랜드인들이었

---

14) John G. Palfrey, *History of New England IV* (Boston, 1875), p.x.

15) Ibid., (Boston, 1860), II, p.266.

16) Gerald N. Grob & George Athans Billias, op. cit., p.25.

17) 애덤스가를 보면 미국의 제2대 대통령이었던 John Adams의 아들인 제6대 대통령인 John Quincy Adams, 그의 아들이 하버드 대학의 총장이었으며, 외교관이었던 Charles Francis Adams이며, 그의 아들들이 형제 역사가인 Charles Francis Jr.와 Brooks Adams 이다. Brook Adams는 *The Emancipation of Massachusetts*(1887)를 출판하여 종래의 New England의 공통적인 조상숭배의 전통에 반기를 들었으며 *The Degradation of the Democratic Dogma*(1920)에서는 '민주주의 도그마'를 거부했으며, 서양문명의 몰락을 예언했다. 그의 형인 Charles Francis Adams Jr.는 24년 동안 하버드 대학의 이사(the Harvard Board of Overseers)의 이사장을 맡았고, 저서 *Three Episodes of Massachusetts History*(1892)가 있으며, 20년 동안 매사추세츠 역사학회 회장도 역임했으며, 미국의 철도사에 관한 3권의 저술도 남겼다.

지만, 청교도 조상을 미국의 종교적 정치적 자유의 건설자로 묘사했던 해석에 대해 회의적으로 보았다. 그들은 매사추세츠의 성직자들을 난폭한 세력으로 보았다. 그들은 성직자들이 종교적 불관용, 정치적 독재, 지적 냉담을 배양시켰다고 보았다.

그러나 1920년대에 와서는 뉴잉글랜드 퓨리터니즘에 대한 태도가 현저히 변화하였다. 그것은 역사가들과 해설자들이 미국문화의 다른 측면을 재검토하기 시작하면서부터였다. 미국은 제1차 세계대전의 결전단계에서 동맹국간의 다툼에 환멸을 느끼고 전후시대의 고립주의로 되돌아가기 위해 유럽에 등을 돌리고 문화적 내셔널리즘의 물결 속으로 빠져들었다. 어떤 저자들은 과거에 미국사회와 제도에 있어서 무엇이 독특하고 토착적인가를 발견하려는 희망을 가지고 미국사의 재검토에 들어갔다. 이러한 정신 하에서 많은 저자들은 퓨리터니즘에 관해 새로운 고찰을 하기 시작했다.

비록 역사가는 아니지만 어떤 문학적 서클에서는 이러한 맥락에서 퓨리터니즘에 대한 재검토는 청교도의 유산이 미국의 참된 전통의 통합적인 부분이 아니었다는 결론을 내렸다. 즉, 멩켄(H. L. Menchken, 1880~1956) 같은 사회풍자가는 1920년대에 있어서 청교도에 관한 폭로적 태도를 취한 소외된 많은 지식인의 전형이었다.[18] 퓨리터니즘을 누군가가 어디서 쾌락을 누리고 있지나 않을까 항상 걱정하는 '불안'으로 정의하면서 멩켄은 1600년대의 청교도들은 책을 검열하고 금지를 계속하고 금지된 생활방식을 영속시키기를 원했던 자들로서 당대의 편협한 마음을 가진 완고한 고집쟁이들로 보았다. 그는 청교도

---

18) 멩켄은 언론인으로서 *Baltimore Morning Herald*의 정치기자로 출발하여 *American Mercury*를 창간하였으며, 그의 풍자 에세이집인 6권의 *Prejudices*는 사회풍자 및 청교도 풍자의 대표적인 책들이다.

의 유산은 미국문화의 사실주의의 성장을 억제시켰다고 믿고 그들의
유산을 주로 공격하였다.[19] 멩켄은 퓨리터니즘을 중얼거리는 위선,
금지, 무희락, 마녀사냥, 난폭한 가장극, 블루 로(Blue Laws), 숙명주의,
도서, 연극, 회화를 검열하는 편협한 마음 등으로 치부하였다. 이러한
퓨리턴에 대한 냉소적인 입장은 1920년대 이래 일반적인 생각이었다.
또한, 오스굿(Herbert L. Osgood, 1855~1918)은 초기 뉴잉글랜드 식민
지의 훌륭한 역사서인 『17세기에 있어서 아메리카의 식민지』(*The
American Colonies in the Seventeenth Century*)[20]를 썼고, 앤드루스(Charles
M. Andrews, 1863~1943)는 『미국사의 식민지 시대』(*The Colonial Period
of American History*)[21]라는 기념비적 저술을 썼다. 그들은 주로 비록
식민지 시대에 관해서는 최고의 사가들이라 할 수 있으나 청교도문화
에는 흥미를 덜 가졌었다.[22] 오스굿과 앤드루스는 아메리카 독립혁명
을 이해하려는 기도에서 대영제국의 입헌의 역사를 연구하였다. 그들
은 비록 식민지생활의 모든 국면을 다루었으나 청교도의 문화나 사상
에 대해서는 관심이 별로 없었다. 그들은 소위 제국사학파(imperial
school of historians)로서 미국식민지는 영국문화의 자연적 성장의 결과
요 확대로 보았다.

그러나 유럽과의 환멸을 느낀 학자들은 독특한 미국의 전통을 찾기
시작했다. 퓨리터니즘과 같은 미국전통은 영국의 유산과는 다르며
영국과 분리되어 발전했다고 보았다. 이리하여 1920년대에 있어서

---

19) Richard Schalatter, op. cit., p.30.

20) Robert Allen Skotheim, op. cit., p.26.

21) Charles M. Andrews, *The Colonial Period of American History* (New Haven, 1934),
vol.1.

22) Gerald N. Grob & George Athans Billias, op. cit., p.26.

퓨리터니즘에 대해서 많은 사가들은 전체적으로 미국국민의 확실하고 특별한 국민적 특성의 발전에다 청교도의 유산을 관련지으려고 했다.

제1차 세계대전 후 시대의 지성사의 발전은 학자들로 하여금 퓨리터니즘 연구에 관심을 갖게 하였으며 이는 문화적 내셔널리즘보다 더 중요한 세력이 되었다. 19세기와 20세기를 통하여 퓨리터니즘에 대하여 쓴 사가들은 거의 절대적으로 퓨리턴의 정치와 제도의 제 측면과 관계되었다. 따라서 상대적으로 청교도의 사상과 문화에는 관심을 갖지 않았다.23) 그러나 1920년대에 있어서 미국의 사가들은 청교도의 정부, 교회, 학교의 기능을 그러한 제도 뒤에 있는 사상의 역사를 이해하지 않고는 적절히 평가할 수 있는지 없는지에 대한 의문을 가지기 시작했다. 19세기 학술을 크게 특징지었던 사상의 연구에 대한 낡은 불신을 떨쳐버리면서 역사가들은 이제 청교도 사상의 연구는 퓨리터니즘의 어떠한 검토에도 중요하다고 생각하게 되었다. 1920년대 동안 퓨리터니즘에 대한 연구에 영향을 미친 최종발전은 진보주의학파였다.


## 제2절 진보주의학파의 반청교도의 역사학

이 학파는 반청교도사가들(anti-Puritan historians)로서 포퓔리스트(the Popillist)24)와 진보주의가 지배한 시대에 나타났다. 그들은 사회개

---

23) Ibid.

24) 인민당은 1890년대에 결성된 미국의 농민정당으로서 농민들의 동부의 자본에 대항하여 일어난 농민의 마지막 결집이다. 그들은 철도, 전신, 전화의 국유화, 국립은행 폐지, 누진소득세, 농민을 위한 토지보유은화의 무제한 주조 등을 부르짖었으며, 나중에는 민주당에 흡수되었다. 인민당의 정치개혁 요구는

혁 활동을 많이 했던 사람들이다. 그들이 느낀 현대사회의 문제는 산업화된 현대 미국에 있어서 부와 권력의 분배가 불균등한 데서 기인했다고 보면서 그들 자신의 시대적 사회적 갈등을 미국의 과거로 거슬러 올라가 찾으려고 했다. 그래서 그들은 갈등이라는 맥락에서 미국사를 다시 쓰기 시작하였다. 즉, 자유주의와 보수주의, 민주정치와 귀족주의정치 그리고 빈자와 부자세력 사이의 지속적인 갈등으로 보았다. 이들 학자들은 또 역사를 경제적으로 해석하려고 하였다. 그래서 퓨리터니즘의 주제를 택한 진보주의학파의 어떤 주창자들은 초기 사가들과는 놀랄만치 상이한 결론에 도달하게 되었다.

이러한 세력에 영향을 받은 제임스 트루슬로우 애덤스(James Truslow Adams, 1878~1949), 버넌 L. 패링턴(Vernon L. Parrington, 1891~1929), 토마스 J. 워턴베이커(Thomas J. Wertenbaker, 1879~1966) 등 3인의 학자는 조상숭배주의자들의 견해를 거부했다. 그들은 반청교도인 태도를 취하면서 청교도들을 진보주의적이라기보다는 반동적이며, 민주주의적이기 보다는 권위주의적이며, 넓은 마음을 가졌다기보다는 편협하고 완고하며, 신실하고 공경스런 종교가들이었다기 보다는 경건한 위선자들로 묘사하였다. 이들 사가들은 그들 스스로 현실주의자라는 데 긍지를 가졌고 청교도들이 미국 민주주의를 건설했다는 신화를 공격했으며 폭로시대에 감수성이 강한 많은 독자들을 얻었다.

J. T. 애덤스는 그의 책 『뉴잉글랜드의 건설』(*The Founding of New England*)25)에서 반퓨리터니즘 사학을 개시하였다. 크게 정치적인 의미

---

혁신당에 계승되어 1930년대 뉴딜정책의 기반이 되었다.

25) James Truslow Adams, *The Founding of New England* (Boston, 1921).

에서 청교도를 보면서 애덤스는 그들의 지도자들은 전적으로 비민주적이었다고 결론을 내렸다. 매사추세츠에서 목사와 사법권을 가진 행정관(magistrate)들은 하나님의 뜻에 맞추려고 주민들의 공적인 생활을 규제하기 위해 함께 노력하였다. 이들 스스로 임명된 지도자들에 의해 해석된 것처럼 "그러한 교회국가에서는 어떠한 민사문제도 종교적 문제와는 별개로 생각하지 않았다. 종교적 여론은 정치적 의미를 떠나서는 논의될 수 없었다. 그것은 가장 엄격한 정치적 언론자유와 종교적 자유를 거부함으로써 겨우 유지될 수 있었던 제도였다"[26]고 그는 주장했다. 퓨리터니즘은 개인의 공생활뿐만 아니라 사적인 행동까지도 억압하였고 목사나 행정관이 하나님의 뜻을 해석함으로써 청교도는 '자유로운 생활공간'이 없었다고 보았다. 청교도들의 사적인 세세한 행동도 과두정치의 지배로부터 벗어날 수 없었다. 옷의 제단, 자선의 이름, 일상적인 관습은 모두 하나님의 뜻과 일치하도록 규제할 수 있었다는 것이다.[27]

그는 자유주의적 사고방식을 가진 자로서 매사추세츠만 식민자들에게 강요되었던 억압과 통일성에 반감을 가졌다. 이러한 억압과 통일성은 뉴잉글랜드 초기 역사의 긴 '빙하시대'(glacial age)를 통해 뉴잉글랜드인들의 생활을 형성하였다고 보았다. 그들의 완고함, 불관용, 검열은 뉴잉글랜드의 교육제도에서 얻는 이익을 크게 무가치하게 만들었다고 생각했다. 또한, 애덤스는 1920년대의 많은 사가들의 사고에 영향을 미쳤던 경제적 역사해석을 반영하였다. 그는 청교도의 신학은 하층계급에 대한 지배를 합리화하기 위해 중간계급을 만든 주요한

---

26) Ibid., p.143.
27) Ibid., p.79.

경제적 이데올로기로 해석하였다.[28]

그는 또한 매사추세츠의 청교도 지도자들의 신세계로의 이주가 종교적 이유에서 보다 경제적 이유에 의해서 동기가 발동되었다고 보았다. 또, 아메리카에 있어서 법과 질서에 관한 정책과 인민과 재산에 관계되는 입법권을 다른 사람들에게 물려주는데 두려움을 가지고 주시했다고 주장했다. 애덤스에게는 다수의 평신도 지도자들과 목사들은 그들의 사회경제적 이익을 보호하기 위해 과두적 정부형태를 영속시켰던 엘리트 계급이었다.

패링턴의 청교도에 대한 입장은 애덤스와 비슷하였다. 그러나 패링턴은 다른 관점에서 그 문제를 연구했다. 1927년 출판했던 『미국사상의 주류』(*Main Currents in American Thought*)[29]의 제1권 『식민지정신』(*The Colonial Mind*)은 지성화된 미국문학사였다. 문학을 사상의 한 체계로 보면서 그는 청교도 지도자들의 저자들, 지식인 그리고 정치가들의 글을 미국사상의 일반사로 쓰려는 희망을 가지고 읽었다. 패링턴은 미국지성사에 관한 자극으로 상징되었으며 그는 사상사의 관점에서 퓨리터니즘의 의미를 재규명하는 데 도움을 주었다. 그러나 패링턴의 해석은 그가 살았던 포필시스트와 진보주의시대의 개혁주의자들의 정신에 영향을 받았다. 그는 1871년 캔사스에서 출생하고 반동적인 시대에서 성장하였다. 그는 1913년 개혁자들이 미국사회의 사회정의를 달성하기 위해 싸우고 있었던 진보주의운동이 절정에 달했던 때에 저술에 착수하였다. 그는 저들의 사회투쟁을 관찰하면서 모든 미국사를 지속적인 갈등이라는 개념으로써 해석하려고 하였다. 광의로 말하

---

28) Ibid., p.143.

29) Vernon L. Parrington, *Main Currents in American Thought*, 3 vols (New York, 1927~1930).

34

면 그는 미국의 과거를 식민시대부터 그의 시대까지 흐르는 자유주의
와 보수주의자들 사이의 이데올로기의 충돌로 보았다.

그에게 자유주의는 미국의 참 전통이었다. 그런데 그는 퓨리터니즘
은 이러한 유산에 크게 기여하지 못했다고 보았다. 그는 솔직하게
『식민지 정신』의 서문에서 그의 관점은 "보수적이라기보다는 자유주
의적이고 연방주의적이라기보다는 제퍼슨적"[30]이라고 했다. 그의 견
해로는 식민지 및 초기 식민시대의 미국사상사는 제퍼슨의 인물과
제퍼슨 자유주의의 아메리카적 구축작업으로 보았다. 미국사의 많은
부분을 대서특필된 제퍼슨주의 대 해밀턴주의처럼 대립관계로 보면서
이 이분법(dichotomy)을 식민지시대까지 거슬러가 사용하였다.

그는 이러한 패턴은 식민지 역사에서도 지속적으로 나타났다고
보았다. 자유주의 노선은 로저 윌리엄스(Roger Williams, 1603~1682)
로부터 벤저민 프랭클린(Benjamin Franklin, 1706~1790)과 토마스 제
퍼슨(Thomas Jefferson, 1743~1826)에 이르기까지 흐르고 있었고, 보수
주의 노선은 존 코튼(John Cotton, 1584~1652)과 조나단 에드워즈
(Jonathan Edwards, 1703~1758)와 해밀턴을 통해 추적할 수 있었다고
보았다.

패링턴에게는 정통 퓨리터니즘은 반동적 신학이었다. 뉴잉글랜드
에 있어서 "절대주의 신학은……인간의 본성을 타고 날 때부터 악한
것으로 생각했다. 성직자는 절대적 독단적 주권을 가정하고 계급분리
를 영속화 시키려고 계획했다." 로저 윌리엄스와 앤 허친슨의 자유주의
계승은 그러한 반동적 견해에 반대하여 일어났다. 이들 종교적 자유주
의자 및 이단자들은 미국이 추구하며 운명으로 생각하는 자유주의적

---

30) Ibid., vols.1, p.1.

전통을 대표했다고 보았다. 매사추세츠는 오직 믿음에 의한 구원을 주장하고 율법주의를 반대하는 "도덕률 폐기론자들(Antinomians)과 분리파와 퀘이커 교도들(Quakers)을 추방함으로써 자유주의 인사들을 추방하였다.31) 그래서 패링턴에게는 퓨리터니즘은 아메리카 자유주의의 본래의 전통에 있어서 어떠한 역할도 담당하지 않았다.

토마스 J. 워턴베이커(Thomas J. Wertenbaker)는 반청교도 학파의 세 번째 학자로서 매사추세츠 과두정치는 비자유주의적이며 불관용적이었다는 패링턴과 의견을 같이 했다. "매사추세츠 건설자들의 설교와 출판물은 그들이 그들의 신시온(new zion)의 문을 그들과 다른 타인들에게는 결코 열어줄 생각을 하지 않았다는 것이다. 그래서 그는 청교도들에 대한 관용과 옹호와는 달리 그들을 지독하게 부정했다."32)

워턴베이커는 20년 후 그의『청교도 과두정치』(*The Puritan Oligarchy*)에서 청교도 지도자들은 매사추세츠를 억제했으며 뉴잉글랜드는 목사와 행정관의 권력이 붕괴될 때까지 아메리카 생활의 주류에 어떠한 기여도 하지 못했다고 주장했다. 워턴베이커는 패링턴과 마찬가지로 청교도 과두정치가 몰락한 후에 청교도들의 기여가 대부분 이루어졌다고 기술했다. 따라서 찬양할만한 사람들은 그들의 지도자들이 아니라 반대로 그들에게 반기를 들었던 사람들이었다.33) 워턴베이커에게는 그래서 청교도들은 보다 나은 미국의 발전에 있어서 진보의 길을 막은 편협하고 완고한 미신가들이었다.

---

31) Ibid., p.iv.

32) Thomas J. Wertenbaker, *The First Americans, 1607~1690* (New York), pp.90~91.

33) Thomas J. Wertenbaker, *The Puritan Oligarchy* (New York, 1947), p.345.

# 제3절 하버드학파의 '퓨리턴 르네상스'

1920년대의 반청교도 사가들에 이어서 보다 공감적이며 이해하는 하버드학파의 일군의 사가들이 나타났다. 이들은 모두의 선언도 없이 조용하게 1920년대의 진보주의 내지 반청교도 사가들의 견해와는 달리 사회와 사상에 대한 이론을 설명했다.[34] 이들이 바로 하버드학파를 이룬 머독(Kenneth B. Murdock, 1895~1975), 모리슨(Samuel E. Morison, 1887~1976), 쉽턴(Clifford K. Shipton, 1902~1973) 그리고 밀러(Perry Miller, 1905~1963) 등의 학자들이었다. 이들의 저작과 이름 가운데는 하버드 경건(Harvard piety)과 지역적 긍지가 엿보이고 있다.

제1차 세계대전 후 고립주의의 분위기와 유럽의 정치와 문화에 환멸을 느낀 가운데 미국의 비평가들은 옛날 방식의 역사에 흥미를 잃었다. 즉, 구식역사는 식민지 아메리카를 영국문화의 이식처럼 생각했다. 그러나 그들은 이제 미국사의 독특한 측면과 구대륙의 특성과 분리된 미국의 전통을 찾으려고 했다. 이러한 가운데 그들은 퓨리터니즘에서 새로운 면을 보게 되었다. 19세기 자유주의의 비판기준으로 청교도를 판단하는 것은 낡은 방법이고 비역사적이며 옳지 않다는 것이다. 더욱 나쁜 것은 구식 역사가들은 청교도들을 혐오스런 패거리라고 생각하고 그들의 저술을 학술적인 주의와 인내를 가지고 읽기 어렵게 만들었다는 것이다.[35]

머독은 박사학위논문으로 하버드 대학의 총장을 지낸 청교도 지도자인 인크리스 매더(*Increase Mather*)의 생애와 사상을 연구하면서 현대적 학술방식으로 퓨리터니즘을 연구하였다. 소위 매더 왕가 조상이라

---

34) R. A Skotheim, op. cit., p.173.

35) R. Schlatter, op. cit., p.30.

고 할 수 있는 그는 매코튼 매더의 아버지이며 하버드 대학의 총장을 역임하는 등 당대 최고의 신학자요 지식인이었다. 그러나 인크리스 매더는 1920년대의 미국에서는 공감을 받는 인물은 아니었다. 그는 청교도 중의 청교도로서 17세기 보스턴의 지적 종교적 정치적 생활에서 유명한 인물이었다. 패링턴은 이 책에 대해 언급하기를 "그것은 인크리스 매더의 인생과 저술에 대한 우리들의 지식을 더하였으나 그것은 불행하게도 어두운 달빛에서 생각된 것이다. 그들은 그들의 방식에서 아주 우수하다. 그러나……설명은 너무나 쉽게 변명에 흐른다."[36]고 비판했다. 패링턴의 비판은 옳은 면도 있지만 그것은 초점을 잃은 면이 있었다. 머독의 『인크리스 매더』[37]는 박사학위논문으로서 많은 결점을 가지고 있었는데, 우선 방증을 너무 지나치게 많이 했고 주장을 너무 강하게 하였다. 그럼에도 불구하고 『인크리스 매더』는 훈련된 학술논문으로 높이 평가 받고 있다. 청교도 역사의 재건은 위와 같이 한 전기와 더불어 시작되었다.

1930년 모리슨의 『만 식민지의 건설자들』(*The Builders of the Bay Colony*) 역시 전기적인 저작이었다. 이 책의 서문은 현대 청교도사의 선언으로 간주되고 있다. 현대 청교도사는 1930년대에 성숙하게 되었으며 그것은 아직도 번성하고 있는데 그는 서문에서 이렇게 썼다.

이 책에 묘사된 사람들의 대부분은 퓨리터니즘이라는 다이내믹한 힘이 없었다면 불투명한 삶을 살았을 사람들이다. 퓨리터니즘은 황야에서 새 삶을 살도록 그들을 인도했다. 그들이 만들려고 협력했던

---

36) V. L Parrington, op. cit., pp.12, 13, 15, 22, 159~160.

37) Kenneth B. Murdock, *Increase Mather, The Foremost American Puritan* (Cambridge, 1925).

국가(Commonwealth)[38]는 그들의 시대에는 큰 것이 아니었다. 1640년의 총인구는 1400~1600명 정도였다.……근대세계를 조사해 보라. 어디서 그 같은 크기와 같은 시대의 다른 공동체에서 여기에 발견된 자들처럼 그렇게 많이 뛰어나고 예리한 개인들을 포용하는 곳을 발견할 수 있는가?……이 사람들을 설명하기는 참으로 쉽지 않지만 아직까지 현대에도 의미를 가지고 있다. 왜냐하면 학문을 한 남성과 점잖은 교육을 받은 여성이 그렇게 좋지 않은 환경에서 하나의 뉴잉글랜드를 식민하기 위해 몇 천 명 정도의 평민들을 인도한 것은 현대 미국에게는 전적으로 관계없는 목적으로 움직였기 때문이다. 그들의 목적은 번영이나 금지, 자유나 민주주의, 또는 현대사회에 인정되고 있는 가치를 어느 것도 진실로 수립하려고 하지 않았다. 그들의 이상은 공허하지만 퓨리터니즘이라는 뜻으로 이해된다. 오늘날 그것은 다양한 이차적 그리고 퇴보한 의미가 부여되었다. 초기 매사추세츠의 사상은 현실적이든 이상적이든 '폭로'하는 것이 전기의 형식으로 오래전부터 일반화 되었으며 매사추세츠 사가들에게 공격의 대상이 되었다. 왜냐하면 종전의 사가들은 그것들을 이해하는 것보다는 이질적인 생활방식을 단죄하기 쉬웠기 때문이었다. 17세기 퓨리터니즘에 대한 나의 태도는 경멸과 권태를 지나서 하나의 따뜻한 관심과 존경으로 옮겨졌다. 청교도의 길이 나의 길이 아니고 그들의 신앙이 나의 신앙이 아니다. 그럼에도 그들은 나에게 용기 있고 인간적이며 의미 있는 사람들로 나타난다.[39]

이것은 청교도에 대한 신선한 새로운 평가로서 하나의 전환점을 이루었다. 1920년대의 멩켄류의 저널리스트나 애덤스, 패링턴, 워턴베

---

38) Common Wealth는 그 어원이 라틴어의 res public을 영어식으로 표기한 것으로 공화국 또는 국가로 번역한다. 공화국민, 공동체라고도 번역되기도 한다. 오늘날 영연방을 Commonwealth라 부르기도 한다.

39) Samuel Eliot Morison, *The Builders of the Bay Colony* (Boston, 1930) pp. i ~ iii.

이커에 의해 풍자된 청교도들을 믿을 수 있는 사람들로 바꾸어 놓았다. 이것은 20세기의 미국역사학이 이룩한 주요 성취의 하나였다. 그는 훗날 회고하기를 판에 박은 청교도에 대한 해석이 지배적인 당시로 봐서는 황야에서 외치는 외로운 외침과 같았다고 했다.[40] 그를 통해 매사추세츠의 지도자 존 윈스럽은 '청교도 신사'와 실제적인 사업의 현명한 사람으로, 금세공장인 존 헐(John Hull, 1624~1683)은 예술가와 민첩한 사업가로, 존 윈스럽 2세는 산업의 개척자로 평가되었다. 그를 통해 17세기 보스턴의 사설 도서관은 훗날 프런티어의 어느 도시의 것보다도 비교적 훌륭하다는 것과 뉴잉글랜드는 놀랍게도 11명의 영국 왕립협회회원을 배출했다는 것을 알게 되었다. 모리슨의 청교도들은 좋은 맥주와 화려한 의상을 사랑했던 믿을 만한 인간이었을 뿐만 아니라, 그들은 현대사에 있어서 학문과 독특한 교육을 위한 열정을 황야에서 유지했던 찬양할 만한 남녀들이었다.

모리슨의 청교도의 주요 인물들은 인생의 소박한 낙으로서 섹스, 음주, 화려한 의상을 싫어하지 않았다는 것과 하나님을 섬기는 데 대한 그들의 헌신과 확고부동한 열의가 오히려 더욱 큰 만족을 그들에게 제공해 주었다는 것을 보여줌으로써 그들을 보다 인간적으로 만들었다. 또한 그는 영국 퓨리턴의 이주에 대한 어떠한 유물론적 견해도 비판적이었다. 그에게는 청교도들의 이민의 동기가 경제와 정치에 있었던 것이 아니라, 종교가 청교도불만의 중심이었고 초점이었다는 것이다. 그것이 뉴잉글랜드로 이민한 주요 동기였다는 것이다.

모리슨은 17세기 청교도 지배자들의 입장에서 초기 매사추세츠만

---

40) Samuel Eliot Morison, "Faith of a Historian", *American Historical Review*, LVI (January, 1951), p.272.

식민지에 있었던 이단문제를 설명했다. 그는 이단자들과 청교도들이 대립했을 때 종교적 단결과 지역안정이 그 문제의 중심을 이룬 것이지 사상의 자유가 그 중심을 구성하는 것이 아니었다고 했다. 또한 그는 식민지는 종교적 자유를 확립하려는 생각에서 건설되지 않았으며, 신교의 자유는 이민자들에게 결코 제공되지 않았으며 약속되지도 않았다고 했다. 그래서 모리슨에 의하면 사가들은 청교도 사상의 통일성에 대해서 흥분할 필요가 없다는 것이다. 왜냐하면 만약에 이단자들이 원했다면 그들은 뉴잉글랜드를 자유롭게 떠날 수 있었기 때문이다.

1936년에 발간된 『청교도의 신전입구』(*The Puritan Pronaos*)에서는 퓨리터니즘의 지적인 내용을 강조하면서 "퓨리터니즘은 기독교의 지성화된 하나의 형태였다"[41]고 주장하였다. 모리슨은 청교도들을 르네상스, 종교개혁, 중세기독교의 지적 계승자로 묘사하였다. 그들은 그들의 문화 안에서 르네상스 인문주의의 전통—특별한 고전문학의 연구—의 여러 측면을 유지하였다. 종교개혁으로부터 청교도들은 교육과 학문에 대한 사랑과 열정을 얻었다. 청교도들은 초등학교, 문법학교(Grammar School) 그리고 대학을 설립했다. 매사추세츠는 좋지 않은 변경의 환경에서 아직 숲을 깎아 내는 동안에 대학을 세웠으며 그들은 좋지 못한 환경적 요인과 지적으로 소외되고 경제적으로 빈곤한 소수의 인구에도 불구하고 그들의 교육제도를 영속시키는 데 성공하였다고 했다.

그는 천명도 안 되는 공동체에 의해 황야에 세워진 하버드 대학의 역사를 높이 평가했다.[42] 성경은 구속을 기록한 것이므로 그것을 분명

---

41) Samuel Eliot Morison, *The Puritan Pronaos* (New York, 1936) p.264.

42) Samuel Eliot Morison, *The Founding of Harvard College* (Cambridge, 1935), p.4.

하게 이해하기 위해 교육과 학문에 대한 열의가 필요하였다는 것이다. "학문을 진보시키고 그것을 후손에게 물려주는 것이 그들의 목적이었다."43) 다시 말해서 학문에의 열정도 종교적 동기에서 나왔다는 것이다. 청교도들은 학교와 도서관에 비상한 관심을 가지고 있었을 뿐만 아니라 또한, 당시의 영문학과 최신의 과학적 이론에도 관심을 가지고 있었다고 모리슨은 썼다. 또한 그는 모든 지적 생활의 연구에서 사상보다도 사람들을 집중적으로 검토했다. 그래서 초기 하버드 대학의 교수와 총장의 선임 등을 자세하게 묘사했다. 그리고 청교도의 다양한 지적 영역의 전 영역에 걸쳐 초점을 맞추어 설교한 언약신학의 체계에 대해서도 설명하였다.

모리슨의 연구는 청교도에 대해서 공감적으로 연구하는 현대적 시야를 제공하는 데 기여하였다. "모리슨에게 있어서 청교도의 지대한 공헌은 서양문명의 지적, 문화적 유산을 신세계에 전파하는 데 성공한 것이었다."44) 타 식민지에서는 변경과 투쟁하는 사이에 지적 쇠퇴를 하였지만 청교도들은 커다란 희생으로 보다 훌륭한 미국문명의 여러 측면을 특징지었던 문화생활과 학문의 전통을 이식하였다. 청교도의 소박한 이상과 신앙은 19세기, 20세기에 만개해서 나타난 미국정신(American mind)의 최초의 놀랄 만한 감동을 대표했다고 그는 주장하였다.

쉽턴 역시 하버드 사가로서 1930년대에 일련의 논문을 발표하였다. 그의 일반 주제는 『퓨리터니즘을 위한 변명』(*A Plea for Puritanism*)에서 표현되었다. 쉽턴은 "청교도의 미국 민주주의 이상에 대한 공헌을

---

43) Ibid., p.350.

44) Gerald N. Grob & George Athans Billias, op. cit., p.31.

가장 적극적으로 옹호한 한 사람이었다."45) 쉽턴은 특별히 청교도 성직자들을 비민주적이며 완고한 지도자들로 묘사한 것은 잘못된 것으로 생각했다. 그래서 그는 J. T. 애덤스의 논지를 부정했다. 애덤스의 주장, 즉 인기 없는 성직자들이 초기에 매사추세츠를 압제하였고 그들은 구 매사추세츠만 식민지 특허장하에서 행했던 선거권을 위한 종교적 자격을 수단으로 하여 비민주적으로 백성들을 억압하였다는 것에 대해 그는 반대했다. 한때 억압된 사람들은 1691년 새 특허장 아래에서 선거권을 획득하였고 그들은 즉각 관직을 지배한 성직자들의 인기 없는 신정정치를 전복하기 위해 투표를 하였다고 쉽턴은 주장하였다. 그러나 그는 청교도 식민지에 있어서 널리 퍼진 반성직자적 감정은 없었다고 주장하였다. 선거권의 종교적 자격은 제거되었으나 정치 지도자의 커다란 개편은 없었다고 했다.

그는 모리슨과 마찬가지로 사상의 자유를 금하고 지적 연구를 질식시켰던 완고한 성직자라는 판에 박은 서술을 비판했다. 청교도들은 "편협하고 완고한 미신가들(bigots)이 아니라, 뉴잉글랜드의 지적 진보의 모든 분야에서 지도자들이었다."46) 그들은 종교적 문제에서 관대하였고 퓨리터니즘이 수행하고 있었던 변화의 중심에서 그들의 회중을 이끌었던 것이다. 그리고 다른 섹트와 신학적 이견을 허용하고 있었다는 것이다. 30년 후인 1960년대도 쉽턴은 여전히 매사추세츠가 신정정치였다고 주장하는 학자들에게 도전하였다. 그는 식민지에 있어서 권력의 근원은 지방 차원(local level)에 있었다고 주장하면서 프로빈스 차원(Provincial level)에 머물도록 하기 보다는 '타운' 정부에 위임하려는

---

45) Ibid., p.32.

46) Clifford K. Shipton, "A Plea for Puritanism", *American Historical Review*, XL (A pral, 1935), p.467.

경향을 띠었다고 주장했다.47) 그는 정교분리에 있어서도 교회는 회중
적 노선을 따라 발전했다고 주장하고 각 교회는 회중이나 타운 거주자
의 종교적 견해의 일치로부터 그들 자신의 교리를 발전시키고 있었다
고 했다. 또한, 그는 만약 정치적 권력이 대부분 타운에 남았다면
그리고 만약 관리가 그들의 행위의 승인을 얻기 위해 프로빈스 차원에
주의했다면 어찌 청교도 목사들의 과두정치가 신정정치로서 매사추세
츠 정부를 지배할 수 있었겠는가? 만약 각 교회의 회중의 의견일치로
그들 자신의 교리를 발전시켰다면 '청교도 정교'(Puritan orthodoxy)
또는 '국교회'(established church)라고 말할 수 있겠는가 반문했다.48)

쉽턴에 이어서 페리 밀러(Perry Miller)는 하버드학파의 "퓨리턴 르네
상스"의 최고의 추진자였으며 미국지성사에 하나의 중요한 이정표를
세웠다. 그는 1930년대에 두 권의 저서를 출판하였다. 『매사추세츠의
정교』(*Orthodoxy in Massachusetts*) 그리고 『뉴잉글랜드 정신: 17세기』(*The
New England Mind: The Seventeenth Century*)는 청교도의 주요사상을 해부
하고 철저히 분석하였다. 밀러는 이성은 청교도 신학에 있어서 주요한
역할을 담당했다는 것과 또한 청교도들은 인간을 본질적으로 합리적
이며 책임 있는 존재로 보았다고 주장했다. 청교도들은 이러한 견해를
가짐으로써 전 유럽에 걸쳐 일어나고 있던 큰 지적 혁명에—스콜라
철학에의 반항—참가할 수 있었다는 것이다. 밀러에 의하면 "퓨리터니
즘은 서양 지성의 주요 표현의 하나였다. 그것은 미국문화에 근본적인

---

47) 여기서 쉽턴이 말한 local level이라고 하는 것은 County Town의 수준을 말하고,
   province level이라는 말은 colony나 province를 말한다. 즉, 권력이 Massa-
   chusetts, Rhode Island, Conneticut 등의 식민지 단위에 권력이 있었던 것이
   아니라 town 안위에 있었다는 것이다.

48) Clifford K. Shipton, "The Locus of Authority in Colonial Massachusetts" in George
   A. Billias, ed., *Law and Authority in Colonial America* (Barre, 1965), pp.136~148.

44

여러 개념을 조직적으로 종합하였다."[49] 그는 미국의 뉴잉글랜드는 영국보다는 많이 통제된 조건하에서 실험이 가능한 실험실을 제공하였다고 생각하면서 사람들의 사상의 변화를 추적했다.[50]

1933년에 발간한 『매사추세츠의 정교』[51]에서 밀러는 초기 1600년대의 사람들이 그들의 종교적 사상과 그것에 근거하여 기꺼이 그리고 진지하게 행동하였다는 것을 보여주었다. 그는 영국에서의 퓨리터니즘의 초기단계부터 초기 뉴잉글랜드의 정치, 종교, 사회제도 건설에 이르기까지 사상의 연속선이 있었다고 보았다. 매사추세츠만 식민지의 건설자들은 회중 교회의 형식을 믿었고 영국국교회의 교계 질서를 반대했다고 했다. 비분리 회중주의자들로서 그들은 영국에 있는 동안에도 국교회의 울타리 안에 있으면서도 그들의 관점을 타인에게 설득하고자 했다. 그들이 신세계로 이주한 후에 매사추세츠에 건설한 모든 교회가 영국국교회의 일부라고 주장할 수 있었던 것은 아직 그들 스스로를 비분리파(Non-Separatists)로 생각했기 때문이다. 이러한 합법성을 주장함으로써 그들은 영국의 보복에 대한 두려움 없이 교회와 국가를 세울 수 있었으며 이단을 규제하고 종교적 정통성을 유지할 수 있었다는 것이다. 청교도들이 매사추세츠에서 교회정책을 수립하고 그들의 사상을 실천하는 가운데 부딪친 문제들은 영국에서 온 반대라기보다는 뉴잉글랜드의 경제에서 나온 것이라고 분석했다. 이 저서에서 밀러가 말하고자 했던 많은 것은 새로운 것이 아니라 식민지의 첫 20년 동안 식민지역사를 전과는 달리 지성사적으로 논증한

---

49) Perry Miller, *The New England Mind: The Seventeenth Century* (Boston, 1961), p.viii.

50) Ibid., p.ix.

51) Perry Miller, *Orthodoxy in Massachusetts* 1630~1650 (Cambridge, Massa, 1933).

것이었다.52)

그의 첫 저서 출판 후 6년 만에 나온 『뉴잉글랜드 정신: 17세기』는 뉴잉글랜드 퓨리터니즘에 대한 보다 구체적인 분석이었다. 퓨리터니즘을 일관성 있는 지적 체계로 보면서 밀러는 퓨리터니즘의 주요 개념을 도출하였다. 그는 퓨리터니즘을 가장 진지한 검토가 요구되는 미국문화의 기초로 생각하였다.53) 그는 청교도 신학의 핵심을 형성했던 은혜의 언약, 사회의 언약, 교회의 언약의 연동체제를 설명하였다. 또한 비분리 회중주의의 중도언약(Half-way covenant)을 규명하였다. 밀러는 그전의 학자들보다도 결정적으로 언약신학이 청교도 사상의 근본원리라고 주장했다. 그는 청교도의 우주관, 인간관, 사회관을 자세히 분석하였다. 그는 청교도 사상의 일부는 그 기원이 르네상스 휴머니즘에 있다고 보고 거기에서 그 기원을 찾았으며 특히 중세의 스콜라 철학과 프랑스의 철학자 페트루스 라무스(Petrus Ramus, 1515~1572)의 저술까지 거슬러가 추적하였다. 그의 사상에 대한 신념은 그의 지성사적 연구의 기초였다. 그는 "인간의 정신(mind)은 인류역사의 기본적인 추진력"54)이라고 주장했다. 그가 의미하는 정신 곧, '마인드'는 공적으로 말하고 행해진 것을 의미했다.55)

『뉴잉글랜드 정신』의 제2권은 1953년에 발간되었는데 『식민지에서 프로빈스로』(*From Colony to Province*)라는 부제가 붙었다. 여기서 밀러는 그의 주제를 보다 풍부하게 파헤쳤다. 그가 밝힌 청교도의

---

52) Perry Miller, Ibid., p.xii.

53) Perry Miller, *Errand Into the Wilderness* (Cambridge, 1956), p.33.

54) *The New England Mind: The seventeenth Century*, p.viii.

55) Perry Miller, *The New England Mind: From Colony to Province* (Cambridge, 1962), p.x.

첫 세대는 깊은 사명감에 젖어 있었고 그들 스스로 프로테스탄트로 보고 모든 적들에 대항하여 세계적 투쟁에 참여하는 유럽인들로 파악하였다. 그러나 제2, 제3 세대 동안에는 이러한 열정은 많이 상실하게 되었으며 청교도들은 보다 지방적으로 되었고 신세계의 일상의 문제에 사로잡히게 되었다고 파악하였다.

이리하여 본래의 청교도 사상은 와해되거나 심히 변화하기 시작하였다. 식민지에서의 물질적 성공은 영적 생활을 약화시켰다. 기독교형제와 청교도 사이에는 사적인 언쟁이 일어나게 되었으며 신학적 갈등은 정치적 갈등으로 변화되었다. 그리고 세속적 가치가 종교적 가치에 우선하게 되었다. 밀러는 또한 본래의 청교도 철학이 서서히 계몽주의 철학으로 변형되는 모습을 자세히 보여주었다. 밀러에게 청교도 사상의 변질은 변화인 동시에 청교도에서 양키로 변하였다는 아이러니한 이야기가 되었다.

밀러의 연구는 미국지성사에서 하나의 이정표를 이루었으며 서양세계의 지성사에서도 중요한 신기원적 연구가 되었다. 두 권의『뉴잉글랜드 정신』은 미국역사학 전체에서도 탁월한 저작으로서 박학한 지성사가 어떻게 되어야 하는가의 모델이 되고 있을 뿐만 아니라 미국지성사의 고전이 되었다.[56] 그 뒤를 잇는 학자는 밀러의 제자인 모건(Edmund S. Morgan)에 의한 것이었다. 그는 매사추세츠의 건설을 밀러를 그렇게 인상 깊게 했던 저 청교도 사상의 결과로 보았다.

---

56) R. Schlatter, op. cit., p.44.

## 제4절 최근의 연구 활동

제2차 세계대전 후 이들 하버드 사가들의 저작에 대한 재평가가 나왔다. 이들 재평가는 그들의 저서들은 청교도들을 지나치게 지성화 시켰고 또한 너무 많이 유럽의 전통 위에 놓으려 했다는 것이다.

신보수주의학파(Neo-Conservative School)는 하버드 사가의 발견뿐만 아니라 어떤 면에서 너무 지나치게 단순화한 견지에서 미국지성사를 본 패링턴 같은 사가들에게도 비판적이었다. 신보수주의학파는 패링턴, 비어드, 터너 등과 같이 미국역사를 계급과 계급간의 투쟁, 섹션과 섹션간의 투쟁, 자유주의 이데올로기 대 보수주의적 이데올로기와의 투쟁으로 묘사했던 그들 진보주의학파의 사가에 대해 반발하였다.

청교도에 관한 신보수주의학파의 뛰어난 대변인은 사회 지성사가이며 미의회도서관장과 스미스소니언 박물관장을 지낸 대니얼 J. 부스틴(Daniel J. Boorstin, 1914~2004)이었다. 그는 1950년 3권의 책『아메리카인들』(*The Americans*, 1958~1973) 중에서 청교도들은 이미 완전히 발전했던 그들의 신학과 함께 신대륙에 도착했기 때문에 철학적인 문제에 한가하게 생각에 빠지거나 이론화할 필요를 덜 느꼈다고 주장했다. 영국에서는 퓨리터니즘 안에 새로운 섹트를 만들었으나 뉴잉글랜드에서는 단순히 다른 식민지를 만들었으며[57] 또한 그들은 신학적인 논쟁보다는 건설에 더 관심을 기울였다고 했다. 부스틴은 실용주의는 뉴잉글랜드 청교도의 뛰어난 특성이었으며 그들은 종교적 신념을 당연한 것으로 받아들인 것으로 보았다. 그는 청교도들이 그들의 관점

---

57) Daniel J. Boosrtin, *The Americans: The Colonial Experience*, vol.I (New York, 1958), p.8.

을 구체화하고 제도화하기 위하여 정치적, 법률적, 사회적, 교육적인 제도의 확립에 노력했다고 주장했다. 그는 이들 제도가 공동체건설에 성공했음을 증명하는 동시에 그들은 종국적으로는 청교도 철학의 취소로 끌려갔다고 보았다. 부스틴은 퓨리터니즘은 '섭리로부터 긍지'로 옮겨 갔다고 보고 미국의 실용주의적 전통을 퓨리터니즘에서 그 기원을 찾았다. 청교도는 이상주의적인 경향을 가졌다기보다는 실용주의적인 건설자들로 파악하였다.[58]

1950년대부터 1960년대에 있어서 퓨리터니즘 연구에 두 가지 발전이 있었다. 하나는 수정주의 운동이며 또 하나는 학제적 연구와 사회과학의 응용이었다.

첫째, 수정주의 운동은 밀러 등 청교도학자의 가장 심오한 접근과 발견을 수정한 것이다. 밀러의 가장 중요한 해석은 청교도신념 안에는 이성주의와 지성주의가 강하다는 것과 뉴잉글랜드 청교도들은 칼뱅의 가르침의 엄격성으로부터 그들 스스로를 해방시키기 위해 언약신학을 구성하였다는 점, 또 하나는 영국의 쇠퇴와 17세기 매사추세츠의 종교적 정통의 약화의 결과로서 주로 뉴잉글랜드 정신의 점진적 해체라는 데 있었다는 것이다. 수정주의자들은 이러한 밀러의 결론에 도전하였다. 먼저 심프슨(Alan Simpson)은 영국과 뉴잉글랜드의 퓨리터니즘을 비교하였는데 그는 이성보다도 종교적 감정적 경험적 측면을 강조하였다.[59] 왜냐하면 심프슨은 밀러가 청교도를 지나치게 지성화하였다는 것을 느꼈기 때문이었다. 페티트(Norman Pettit, 1929~ )[60]는 칼뱅

---

58) Ibid., p.34.

59) Alan Simpson, *Puritanism in Old and New England* (Chicago, 1955), p.21 참조. 그는 여기서 밀러가 청교도의 정신에 대해서는 너무 많이 이야기했으나 청교도의 감정에 대해서는 충분히 이야기하지 않았다고 주장했다.

과 퓨리터니즘 사이의 철학적 상이성은 밀러가 제시한 만큼 크지 않았다는 점을 말하고 언약신학이 어떻게 인간과 하나님과의 관계를 위한 "거래의 기초"(bargaining basis)를 제공했는지를 알기 어렵다고 주장했다.[61) 더욱이 러트만(Darrett Rutman, 1929~1997) 같은 역사가는 보스턴을 자세히 연구하고 17세기 매사추세츠의 생활양식을 형성하는 데는 청교도 사상보다도 물질적 비종교적 경향이 더 큰 역할을 하였다고 주장하였다.[62)

이들과 또 다른 연구의 결과로 청교도 역사편찬은 탈 밀러(Post-Miller)시대로 진입했으며 이제 '분열'(dissensus)은 하나의 룰이 되었다.[63)

두 번째 주요 발전은 어떤 학자들은 학제적 연구로 전환하였다, 그들은 퓨리터니즘 연구에 사회과학의 기법을 응용하였다. 왈즈(Michael Walzer, 1935~ )는 『성도의 혁명』[64)이라는 저서에서 정치학자로서 17세기 영국의 과격한 종교적 '성도'의 태도를 연구하기 위해 정치적 행동의 이론과 모델을 사용하여 퓨리터니즘의 기원은 당시

---

60) Norman Pettit, *The Heart Prepared: Grace and Conversion in Puritan Spiritual Life* (New Haven, 1966), pp.219~220.

61) Darrett B. Rutman, *Winthrop's Boston: Portrait of a Puritan Town*, 1630~1649 (Chapel hill, 1965) ; "Another Approach to New England Puritanism Assayed", *William and Mary Quaterly*, 3d ser., XIX (1962), pp.408~441 참조.

62) G. N. Grob and G. A. Billians, op. cit., p.37.

63) Michael Mcgiffert, "American Puitan Studies in the 1960's", *William and Mary Quaterly*, 3d ser., XXVII (1970), p.42.

64) 학제간 연구로는 다음의 저술들이 있다. Michael Walzer, *The Revolution of the Saints in the Origins of Radical Politics* (Cambridge, 1965) ; Kai T. Erikson, *Wayward Puritans: A Study in the Sociology of Deviance* (New York, 1966) ; Michael Zuckerman, *Peaceable Kingdoms: New England Towns in the Eighteenth century* (New York, 1970).

모국에 있어서 주로 강한 사회적 경제적 변동에 의해서 형성되었다고 결론지었다. 퓨리터니즘은 하나의 과격한 이데올로기로서 동요하는 사회경제적 변동에 대한 응전으로 일어났으며, 이들 변동은 사람들을 기존 사회질서 밖으로 내몰았으며, 궁극적으로 새로운 질서를 확립하고 새로운 사회를 건설하도록 하는 데 목적을 둔 새로운 노선을 따라 생각하도록 그들을 강요했다고 보았다.

에릭슨(Kai T. Erikson, 1931~ )은 『고집센 청교도들』[65]이라는 저서에서 사회학적 분석을 이용하여 17세기 매사추세츠 청교도들 집단이 청교도사회 안에서 어떠한 규범과 행동의 '경계'가 있었는가를 발견하려는 노력에서 청교도를 '일탈자'로 규정하였다. 주커맨(Michael Zuckerman, 1939~ )은 그의 『평화로운 왕국』[66]에서 인류학의 개념을 도구로 이용하여 연구하였다. 그는 그 당시의 사회적 스트레스에도 불구하고 18세기 매사추세츠의 타운들 안에는 의견일치가 있었고 평화, 질서 그리고 단결이 지배적이었다고 결론지었다. 이들은 소수의 연구이지만 청교도를 연구하기 위해 사회과학의 연구방법, 가정 그리고 기술에 의존한 것이었다.

1990년대에 오면 알렌 카든(Allen Carden)은 기독교 근본주의의 입장에서 『미국에 있어서 퓨리턴의 기독교: 17세기 매사추세츠에 있어서 신앙과 생활』(*Puritan Christianity in America: Religion and Life in Seventeenth- Century Massachusetts*)을 저술하여 밀러의 연구를 비판하였다. 그는 밀러가 청교도 사상의 원천인 성경을 충분히 강조하지 않았으며,

---

65) Kai T. Erikson, *Wayward Puritans: A Study in the Sociology of Deviance* (New York, 1966).

66) Michael Zuckerman, *Peaceable Kingdoms: New England towns in the Eighteenth Century* (New York. 1970).

퓨리터니즘의 합리적인 면을 강조함으로 청교도의 종교적 경험에 있어 그리스도의 역할에 충분한 주의를 기울이지 않았으며, 종교적 경험에 있어 신앙의 역할을 위한 여지를 거의 남기지 않았다고 주장했다. 또한 밀러는 청교도들을 세속화하려는 시도로 그들에 대한 이해를 어느 정도 왜곡시켰다고 비판하였다.[67]

그러나 미국의 청교도사 연구는 사회경제적인 연구를 거부하고 지성사가 아직도 주류를 이루고 있으며, 탈 밀러시대라고는 하지만 밀러의 헤게모니는 여전히 의미 있고 그럴듯한 붕괴까지는 이르지 않았다고 보여진다. 왜냐하면 오늘날의 많은 청교도 사상을 연구하는 학도들은 밀러의 당당하고 권위 있는 구절을 인용해야 하며 그는 현대 청교도 연구의 근원이 되기 때문이다.[68]

이상에서 고찰한 바와 같이 미국의 퓨리터니즘에 대한 연구는 초기 아마추어 사가에서 시작되어 현대적 연구에 이르기까지 그야말로 다양하게 연구되어 왔음을 알 수 있다. 그러나 역시 청교도와 퓨리터니즘에 대해 비판적 적대적 연구보다는 호의적이며 찬양하는 연구가 압도적이며, 아직은 지성사적 연구가 어느 분야의 연구보다 미국 퓨리터니즘 연구를 이끌고 있음을 알 수 있다.

---

67) 알렌 카든 저 박영호 역, 『청교도 정신: 17세기 미국 청교도들의 신앙과 생활』, 서울, 기독교문서선교회, 1993, p.10.

68) Michael Mcgiffert, op. cit., p.67.

# 제Ⅲ장 미국 청교도의 사상의
# 기원과 변천

## 제1절 영국의 청교도와 퓨리터니즘

청교도와 퓨리터니즘을 어떻게 정의해야 할 것인가? 이 문제는 뉴잉글랜드 식민지사 연구의 첫 번째 과제라고 해도 과언이 아니다. 어느 한 정의로만 영구적으로 만족시킬 수는 없다. 유럽과 영국, 그리고 미국의 학자들이 근대적 역사학과 다대한 노력에 의해 다양하게 그리고 전문적으로 논의를 하여왔다. 청교도의 이미지를 종합하여 보면, 뉴잉글랜드 청교도들은 프로테스탄트 중에서도 영국의 프로테스탄트이며 회중파들(Congregationalists)이며 아우구스티누스, 칼뱅, 라무스(Ramus), 카트라이트(Cartwright), 그리고 퍼킨스(Perkins)의 계승자들이었다. 이들 기독교혁명가들의 슬로건은 예정설, 믿음에의한의인(justificationbyfaith), 성경은 모든 것을 만족시키는 지침서이며 엘리자베스 조에 형성된 영국의 종교집단의 일지파이며, 찰스 1세를 참수하고 찰스 2세 치하에서 박해받고 1688년 후에는 곧 쇠퇴한 자들이다.[1] 또한 가장 일반적인 역사적 용어에 있어서 퓨리터니즘은 영국과 아메

---

1) Richard Schlatter, op. cit., p.26.

리카에서 영국 프로테스탄티즘 내의 하나의 운동으로 언급하기도 하고, 어떤 사가는 퓨리터니즘의 본질을 영국의 종교개혁의 지연에 대한 하나의 반동으로 간주하기도 한다.[2] 퓨리터니즘은 16세기와 17세기 동안에 영어를 말하는 사람들 사이에 형성 발전된 신교의 여러 신앙 중에 가장 다이내믹한 신앙형태라고 정의하기도 한다.[3]

그런데 퓨리터니즘에 대해서는 역사가들은 그 용어의 사용에 상이함을 보이고 있다. 페리 밀러나 조던(W. K. Jordan, 1902~1980)은 퓨리터니즘을 영국에서는 장로파, 뉴잉글랜드에서는 회중파로 대표되는 보다 정통적인 종파에만 제한하여 사용하고 있다.[4] 보스턴 학자들은 이러한 용어 사용을 자주 하였다. 우드하우스(A. S. P. Woodhouse) 같은 또 다른 학자는 전통의 퓨리터니즘은 중도(Center)와 좌익(Left)을 통하여 운동을 확대하다가 퀘이커(Quakers)에서 갑자기 중단하고 있다는 주장을 하고 있다.[5] 그러나 심프슨(A. Simpson)은 퀘이커 교도도 청교도에 포함시키고 있다. 그는 "퓨리터니즘은 16세기에 은혜의 기적을 위해 사람들로 하여금 준비하도록 권면함으로써 시작하였고, 모든 개인에게 있어서 성령의 임재를 주장함으로써 끝난 하나의 운동"[6]이라고 정의하면서 청교도란 용어를 퀘이커 교도들에게도 적용시키고

---

2) Encyclopedia of Religion, 1987, ed, s. v. "Puritanism".

3) Encyclopedia Britanica, 1971 ed., s. v. "Puritanism".

4) Perry Miller, *Orthodoxy in Massachusetts*, 1630~1650 (Cambridge, mass., 1933), 그리고 W. K. Jordean, *The Development of Religious Toleration in England* 3 vols. (London, 1932~38).

5) A. S. P. Woodhouse, *Puritanism and Liberty* (London, 1938). 우드하우스 교수는 우파, 중도파, 좌파(Right, Center and Left Factions)라는 용어로 퓨리터니즘에 관한 고전적 분석을 제공했다.

6) Alan Simpson, *Puritanism in Old and New England* (Chicago, 1955), p.1.

있다. 밀러는 "17세기 뉴잉글랜드 퓨리터니즘은 첫 정착자들이 뉴잉글랜드에 전한 관점이며 생활철학이며 그리고 가치규범"[7]이라고 정의하였다.

요컨대 퓨리터니즘은 대륙의 종교개혁, 특히 칼비니즘의 영향 하에서 엘리자베스 조 영국에서 행해졌던 종교운동이며, 국교회 내의 개혁을 주장하는 장로파를 우익(Right Wing)으로, 분리를 주장하는 제파(재세례파, 레벨러파, 퀘이커파 등)를 좌익(Left Wing)으로, 회중파(또는 독립파)를 중도(Center)로 해서 분리와 긴장을 하면서 전개되었던 넓은 운동이었다고 말할 수 있다. 그런데 일반적으로 정통 청교도는 장로파, 회중파, 침례파를 지칭하고 있다. 청교도(Puritans)란 이름은 1560년대 처음 사용되었는데 로마 가톨릭의 "교황적인 것"의 잔재로부터 영국국교회를 정화할 필요가 있다고 생각하는 자들에게 붙여진 냉소적인 의미를 담고 있다.

그러나 청교도들은 그들의 전 생활방식을 결정한 도덕적 종교적 열성 때문에 유명하게 되었다. 청교도들이 자신들의 종교적 도덕적 생활방식을 한 국가의 귀감으로 만들려는 영웅적 시도가 특이하다고 하겠다. 청교도들의 개혁 목적은 영국국교회를 발전시키려는 데 두었다. 그 개혁은 하나님의 말씀을 참되게 선포하고 성사(聖事)를 바르게 시행하고 규율을 유지하기 위해 모든 교구에 목사를 두려고 했다. 이리하여 교구의 성도들을 훈계하고 교도하여 세속적인 생활을 거룩한 생활로 바꾸려고 했다.

이와 같이 사회와 국가를 변화시키려는 그들의 노력은 영국에서의 청교도혁명으로 나타났고, 미국에서는 식민지건설의 모델로서 나타

---

7) Perry Miller and Thomas H. Johnson, *The Puritans* (New York, 1963), p.1.

났다. 그들을 종교, 사회, 경제, 정치, 문학, 예술, 학문 등 모든 면에서 영국과 미국뿐만 아니라 영어를 말하는 근대세계와 개신교를 받아들인 한국, 일본 등에도 크게 영향을 미쳤던 것이다.[8] 특히 미국에 있어서는 단일사상으로서는 미국문화와 사회를 형성하는 데 좋든 나쁘든 가장 영향력 있는 문화유산과 요소가 되었다.

17세기 뉴잉글랜드 퓨리터니즘의 기원을 이해하기 위해서는 우선 영국 퓨리터니즘의 기원과 발전을 어느 정도 이해하지 않으면 안 될 것이다. 퓨리터니즘은 종교개혁의 후기공격으로서 그 기원은 복잡하며 부분적으로 분명하지 못하다. 퓨리터니즘에 에너지를 준 사상은 영국의 초기 프로테스탄트 교도의 사상에 뿌리를 박고 있다. 그 중에서도 가장 중요한 인물은 윌리엄 틴데일(William Tyndale, 1494~1536)이다.[9] 그는 영국을 하나님의 심판과 자비 하에 존재하는 이스라엘과 같은 언약국가(Convenant nation)로 보았다. 그는 프로테스탄트 종교개혁을 하나님이 그의 은혜 가운데 영국에 그 언약을 갱신할 기회를 주려는 하나의 수단으로 보았다. 만약에 영국이 회개하고 교황의 우상

---

8) 大木英夫, 「日本におけるピューリタン宗教の受容」, 大下尚一 編, 『講座 アメリカの文化 1, ピューリタニズムとアメリカ』, 東京, 1969 ; 배한극, 「美國 淸敎徒 思想이 韓國改新과 近代敎育에 미친 영향」, 『大邱敎育大學 論文集』 제19집, 1983 참조.

9) 윌리엄 틴데일은 영국의 성경번역자, 인문주의자, 개신교 순교자이다. 영국에서 영어성경 번역이 금지되자, 1525년 독일 Colongne에서 인쇄를 시작하여 보름스에서 3000부의 신약성경을 완성, 영국에 밀반입하였다. 그는 또 구약의 모세 오경도 번역하였다. 그의 번역은 훗날 King James Version의 기초가 되었다. 그는 화체설을 반대하였으며, 헨리8세의 이혼을 비난하였으며, 로마 가톨릭교회를 비난하였다. 그리하여 그는 Antwerp에서 체포되고 이단으로 정죄되어 화형을 당했다. 그의 저서에는 *The Parable of the Wicked Mammon* (1528), *The Obedience of a Christian Man*(1528), *The Practices of Prelates*(1536) 등이 있다.

의 땅을 깨끗이 하고, 그리고 하나님의 율법을 지키려고 노력한다면 하나님은 그의 약속을 이행할 것이라고 주장하였다. 그렇지 않으면 영국은 전쟁, 기근, 재앙의 형태로 하나님의 진노를 당할 것이라고 말하고, 현세의 번영도 개혁한 영국에서만 가능하다고 주장하였다.

그러나 역시 퓨리터니즘의 출현과 성립과정은 영국 종교개혁의 역사와 밀접히 연결되어 있다. 영국의 종교개혁은 루터나 칼뱅 같은 신학자들에 의해 추진된 것이 아니고 세속적이며 정치적인 이유에서 이루어졌다. 헨리 8세 하의 영국국교회는 1534년 수장령에 의해 로마 교황으로부터 분리되었을 때, 로마 가톨릭적인 형식과 습관이 많이 남아 있었다. 영국의 개신교도들은 더욱 심화된 개혁을 위해 노력했다. 그러나 그로 인해 이단으로서 화형당해야 하는 공포 때문에 극히 조심을 하면서 진행해야 했다. 또한 당시 영국인들이 로마 교회와 헨리 8세의 파국을 지지한 것은 내셔널리즘에서 비롯되었다고 할 수 있다. 그리고 영국인들은 외국의 어떠한 지배도 참을 수 없는 감정을 가지고 있었다. 한 때 루터의 성서에 관한 주제에 답하면서 루터를 이단자라 주장함으로써 교황 레오 10세에 의해 "신앙의 보호자"(Defensor Fidei)라는 칭호를 들은 헨리 8세가 로마와 결별했다는 것은 참으로 아이러니컬한 일이었다.[10]

그러나 헨리 8세는 로마 교회에다 국가권력을 대체시킨 것에 불과하였기 때문에 개신교에 별로 사랑을 갖고 있지 않았다. 그는 일생동안 조직적인 개신교운동의 길을 밟지 않았다. 헨리 8세를 이은 에드워드 6세는 9세의 어린 나이로 1547년에 즉위하였다. 어린 나이 때문에 섭정은 서머세트(Somerset)공과 워위크(Worwick) 백작이 계속하였다.

---

10) 홍치모, 『종교개혁사』, 서울, 1979, p.174.

58

두 사람은 개신교의 목적에 호의적이었다. 토마스 크랜머(Thomas Cranmer, 1485~1556) 대주교 및 기타 프로테스탄트 신자들에 의해 영국의 요시아(Josiah)로 찬양되었다.[11] 그리하여 에드워드의 개혁은 영국국교회를 프로테스탄트 교회로 바꾸었다.[12] 에드워드는 우상을 몰아냄으로서 영국이 축복받는 나라가 되도록 했다고 보았다. 개신교는 참된 교회의 3가지 외형적인 표시인 교리, 예배 그리고 규율의 제도적 개혁을 그의 통치동안 급속히 진전시켰다, 그래서 신앙과 기도서에 관한 개혁된 고백이 채택되었다. 그러나 아직 구식 예배형식은 개혁하기를 좋아하지 않는 여러 곳에서 계속되기도 했으며, 규율의 기초를 규명한 교회법의 개혁은 가장 강력한 영국귀족에 의해 의회에서 봉쇄되었다. 에드워드의 개혁은 국왕이 교회의 수장이라는 헨리식으로 끝났다. 또한 의회에 의해 수장의 위치도 나이가 어렸기 때문에 약화되었다.[13]

1553년 에드워드가 갑작스럽게 죽고 헨리 8세와 캐서린 사이의 딸인 메리 여왕이 즉위하자 로마 가톨릭으로 복귀하였다. 메리는 어머니의 비극과 가톨릭적 배경 때문에 가톨릭을 재국교화 하려 했다. 1554년 스페인의 필립 2세와의 결혼은 그러한 조치의 하나였다. 1554년에 영국에서 교황권은 부활되었고, 교황으로부터 그동안의 이단의 죄를 용서받았다. 또한 모든 예전의 개혁조치는 취소되었다. 그리고 엄한 탄압이 시작되었다. 크랜머를 비롯한 많은 사람은 프로테스탄트

---

11) 요시아(638~608? B.C.)는 아몬의 아들로서 유다의 어린 왕이었다. 그의 통치 기간에 율법서(신명기?)를 사원에서 발견하였으며, 개혁운동을 전개했다. 또 예레미아의 예언이 시작되었다.

12) G. R. Elton, "The Reformation in England", *The New Cambridge Modern History*, vol.II *The Reformation*, 1517~1559 (Cambridge, 1975), p.242.

13) Ibid., p.246.

라는 이유로 순교자처럼 죽어갔다. 스미드필드(Smithfield) 화형장에서 희생된 자가 무려 286명이나 되었다. 그래서 그녀는 '피의 메리'라 불리게 되었다. 그래도 이것은 스페인, 네덜란드에서 처형된 수천 명에 비교하면 온건한 편이었다. 또한 피의 메리보다는 그녀는 차라리 '비극의 여왕'으로 보는 것이 좋을지도 모른다.14) 다른 사람들은 지하로 들어가거나 아니면 스위스, 독일 등지의 유럽 대륙으로 8백여 명이 망명하였다.15) 이리하여 프로테스탄트 교도들은 영국에 하나님의 심판이 내린 것으로 해석하게 되었다.

그러나 대륙으로 망명한 자들은 보다 급진적인 예배와 규율로서 자신들의 신앙을 실험하였다. 성직 지도자들은 우상숭배를 하는 통치자들에 대한 모반을 정당화하는 자료를 출판하였다. 많은 사람들은 제네바에서 칼뱅의 따뜻한 환영을 받았으며, 거기서 그들은 훈련된 교회의 실제적인 모델을 보았다. 제네바는 영국망명자들의 천국이었다. 망명자들은 영국의 종교와 신앙생활에 많은 영향을 준 두 권의 책을 출판했다. 영국의 순교학자인 존 폭스(John Foxe, 1516~1587)는 『행위와 기념비』(*Actes and Monuments*)를 저술하였는데 이 책은 폭스의 순교자의 책으로 널리 알려졌으며 서양사를 통해서 있었던 수많은 순교자들에 대한 기록이었다. 특히, 14세기로부터 메리 1세 통치기간 동안에 영국 프로테스탄트의 수난을 강조하였다. 그래서 영국의 청교도들은 이 책을 많이 소장하거나 읽었다. 또 한권의 책은 『제네바 성경』(*the Geneva Bible*)인데 이 성경이 출판된 후 여러 해 동안 영국에서 가장 인기 있는 책이 되었다. 이들 저서들은 영국은 '하나님에 의해

---

14) De Lamar Jensen, *Reformation Europe* (New York, 1981), p.161.

15) Ibid., p.163.

선택된 구원받은 나라'(as a elect nation chosen by God)로서 적그리스도(anti-Christ)의 권능을 종식시키도록 선택된 나라가 되어야 하지 그렇지 않으면 영국은 재앙을 경험할 것이라고 믿었다. 메리 여왕은 300여 명을 화형에 처함으로 대중감정을 크게 악화시켰다. 다행히도 그녀는 5년 만에 죽었다. 이리하여 반성직자주의와 교황에 대한 혐오감 그리고 교회토지에 대한 열망은 메리 이전보다 결코 약화되지 않았는데 이러한 것은 프로테스탄티즘 수용의 바탕을 제공하였다.[16]

엘리자베스(Elizabeth, 1558~1608)가 1558년 즉위하자 "영광스러운 드보라"(Deborah),[17] "이스라엘의 회복자"로 찬양되었다. 그러나 새 여왕은 가톨릭과 프로테스탄트의 두 가지 종교 중 어디에도 속한다고 미리 공언을 하지 않았다. 왜냐하면 그녀는 외면적으로는 양측에다 우호적이었기 때문이다. 그녀가 가톨릭보다도 프로테스트에 우호적이었다는 확증은 어디에도 없었다.[18] 끝내 그녀는 영국 프로테스탄트를 위해 충분히 개혁하지 않았다. 두 개의 법령이 그녀의 통치 일년 만에 나왔다. 즉, '수장령'(the Act of Supremacy)은 여왕은 영국교회의 '최고 수장'(Supreme governor of Realm)[19]임을 것을 선언한 것이며, '통일령'(the Act Uniformity)은 영국인의 의례는 『공통 기도서』(*The Book of Common Prayer*)를 따라야 한다는 것을 확실히 하였다. 이 두 개의 법령은 영국교회의 종교적 성격을 규정한 것이었다. 1563년

---

16) G. R. Eliton, op. cit., p.249.

17) 드보라는 구약성경 신명기 4장에 나오는 이스라엘의 여자 예언자이며, 지도자로서, 가나안의 적들을 물리쳤고, 그녀의 승리의 노래는 히브리민족의 최고의 문학작품으로 알려져 있다

18) De Lamar Jensen, op. cit., p.271.

19) 이 용어는 헨리나 에드워드의 "Supreme head of the Church"보다는 가톨릭에 대해 덜 공격적인 용어였다.

일차적인 교회입법구성인 '캔터베리와 요크의 성직자회의'(the Convocation of Canterbury and York)는 새 국교회의 고백인 39개 조의 표준교리를 채택하였다.[20] 이것을 위반하는 자에 대한 처벌은 엄했으며, 어떤 경우는 사형에 처했기 때문에 그것을 어기는 것은 반역으로 해석되었다.[21] 그러나 성직자회의에서 기도서를 더 개혁하려는 기도는 실패하고 말았다.

1563년까지 종교적인 문제는 대체로 해결되었다. 사실 엘리자베스는 종교문제보다도 정치적인 문제에 더 신경을 썼다. 주변 국가의 위협으로부터 국가를 보호하고 단시일 내에 강력한 국민국가를 형성하는 것이 통치이념이었다. 그러므로 종교문제, 더욱이 사소하고 지엽적인 종교문제는 그녀에게는 별로 관심거리가 되지 못했다. 어디까지나 정치적 현실주의자로 군림하던 엘리자베스는 민족의 단합을 위해 귀족(가톨릭과 상공시민 프로테스탄트)의 어느 한 쪽만 편들 수가 없었다. 그래서 그녀는 교리는 프로테스탄트 쪽을 택하고 의식은 가톨릭적인 것을 취했다. 그녀의 종교정책은 중간노선(Via-Media)이었다. 개혁을 주장하는 프로테스탄트 교도들은 그녀의 종교정책을 "두 종교 사이의 잘못된 중단"(a crooked halting betwixt two religions)이라 하고 국교회를 수정하고 복음화하려는 노력을 더욱 강화하였다. 이리하여 1570년대가 되면 청교도들은 국왕에 실망한 후 의회에 기대를 걸고 의지하게 되었으며 따라서 의회에서 청교도의 영향력도 증가하게 되었다.

여왕으로 보면 비록 위협은 로마 교회와 청교도란 두 세력에 있었지

---

20) Ibid., p.273.

21) 이 고백은 토마스 크랜머의 42개조의 개정판으로서 보다 반가톨릭적인 조항을 뺀 것이다.

62

만, 1588년에 스페인의 무적함대를 패배시킨 후 첫 번째의 로마 교회의 위협은 영원히 사라졌다. 그러나 내부적인 위협인 청교도들의 위협은 아직 남아 있었다. 애당초 영국의 청교도들은 새로운 교단을 세우려는 의도가 없었고 어떤 기구도 없이 영국국교로부터 가톨릭 잔재를 제거하려고만 했다. 그래서 퓨리터니즘은 복지문제라든지 교회 가구의 위치라든지 명명의 문제에서 비롯되었다. 엘리자베스 여왕이 대주교 매튜 파커(Matthew Parker, 1504~1575)에게 억지로 성직자의 의상의 통일을 강행하도록 요구했을 때 복식문제를 둘러싼 논쟁에서 표면화되었다. 파커는 1566년 그의 『선전』(Advertisements)의 출판과 함께 규정된 의식 즉, 성직자 복식을 교황적인 것의 잔재로 보고 비판하였다. 이 밖에도 비판자들은 주교제도, 화체설과 로마 가톨릭적 신앙요소를 비판했다. 이리하여 그 후 파커와 같은 비판자들을 사람들은 '정밀한 자들'(Precisians) 혹은 '청교도들'(Puritans)이라 부르기 시작했다. 존 휫기프트(John Whitgift, 1530~1604)는 케임브리지 대학의 부총장이었으며 후의 캔터베리 대주교였는데 그는 이 점에 대해 동정적이었다. 그리고 그와 같은 후기 청교도 반대자들은 당국이 복제 같은 것으로 문제를 일으키지 말도록 주장했다. 그러나 이 문제는 복식 문제 이상으로 중요하였다. 왜냐하면 그것은 여왕의 수장권의 유지에 관계되었기 때문이다.

1570년 토마스 카트라이트(Thomas Cartwright, 1535~1603)는 케임브리지 대학에서 행한 강의에서 교회정체의 장로교적인 형식은 성경에서 하나님이 정한 형식이었다고 주장했다. 그는 휫기프트에 의해 그의 생애 가운데 가장 활동을 많이 했던 레이디 마가레트(Lady Margaret) 신학교수로서의 지위를 박탈당하였다. 그래서 카트라이트는 제네바로 망명하여 칼뱅주의 개혁운동을 자성하면서 당대의 개혁 가들과 교제하였다.[22] 그는 2년 후에 익명으로 『의회에 대한 훈계』 (*Admonition to the Parliament*)를 출판했다. 이것은 영국국교회의 전 성직 제도를 폐지하기를 요구한 것이었다. 그것은 바른 성경적인 정부를 거기에 기초하여 확립하고 그것으로써 하나님이 보낼 재앙으로부터 영국을 구해야 한다고 주장했다. 그것은 모든 성직자의 평등과 각 회중에 있어서 장로들과 목사들의 단체가 하나님의 율법에 의해 마음 이 완고한 모든 자들을 수정하고 처벌하도록 요구하였다. 이에 대해서 영국교회의 충실한 대변자요 엘리자베스 여왕의 '숨은 남편'(black husband)이라는 별명을 가지고 있었던 휫기프트는 응답에서 교회의 정체는 국가의 정체에 일치해야 한다는 것과 감독적인 정체(Episcopal government)가 군주제에 가장 알맞다는 것을 주장하였다. 이리하여 카트라이트 같은 사람들은 팸플릿을 통하여 시민국가의 정체는 하나 님이 정한 교회정체와 가장 잘 맞는 것으로 결정되어야 한다고 주장했 다.

그 후 성직자와 평신도의 비공식 집단이 많은 교회에서 나타나 성경을 해석하고 토론하였다. 그런데 이들 집단은 여왕에게는 정치적 위협으로 보였다. 프로테스탄트적인 에드문드 그린달(Edmund Grindal, 1519~1583)은 캔터베리 대주교로서 매튜 파커를 계승하였다. 그는 이들 집회의 교육적 가치를 인정하고 호의적이었다. 그는 여왕이 그들을 탄압하도록 하는 명령을 수행할 것을 거부했다. 그는 여왕에게 "기억하십시오, 여왕폐하! 당신은 생명이 유한한 존재이며……그리고 비록 당신이 막강한 군주라 해도 하늘에 있는 그 분은 더욱 막강하다는

---

22) 洪致模, op. cit., p.181.

것을 기억하십시오"라고 썼다. 그린달이 이렇게 여왕을 비판하자 여왕은 그린달로부터 대주교권을 박탈하였다.

1580년 영국에 장로제 구역을 세우려는 노력이 있었다. 그것은 회중으로 하여금 규율에 관한 그들의 프로그램을 발전시키는 데 도움을 주었다. 그것이 바로 『규율에 관한 제2의 책』(*Second Book of Discipline*)으로서 구역, 지방, 국가, 세계수준에 관한 목사 장로들의 감독회의 (Supervisory Assemblies)를 주교들을 대신할 것을 주장하였다. 그러나 이 장로교적 청교도의 프로그램은 존 휫기프트와 리처드 뱅크로프트 (Richard Bancroft, 1544~1610)의 공동노력에 의해 좌절되고 말았다. 뱅크로프트는 청교도활동에 대응할 수 있는 지적 체계를 수립했는데 곧, 고등위원법정과 성실청(星室廳)의 확대 그리고 교회법률의 조치는 효과적으로 이들 장로파의 운동을 좌절시켰다.

어떤 청교도들은 개혁의 오랜 지연에 관심을 가지고 "더 이상 지체 없는 개혁"(reformation without tarrying for any)을 주장하였다. 그들이 바로 브라운(Robert Browne, 1550~1633)을 비롯한 배로우(Henry Barrow), 그린우드(John Greenwood) 등 분리파(Separatists)들이었다. 그들은 타협을 거절하였으며 영국의 국교제도를 거부했다. 분리파를 중심으로 일어난 자발적인 회중은 하나님과 그리고 그들 서로 간에 맹약을 했다. 그래서 그들은 모든 사람의 동의로 목사를 뽑고 참된 청교도적 교회를 건설하려고 했다. 카트라이트와 같은 장로파운동의 지도자들은 그러한 분리파의 운동을 거부하고 분리파와 단절하였다. 그러면 여기서 브라운에 영향을 미친 카트라이트의 주장을 먼저 살펴보겠다. 그의 주장은 다음과 같이 요약된다. ① 대주교와 주교의 명칭 및 직제의 폐지 ② 감독과 집사직 설치 ③ 감독의 영적 기능과 집사의 빈자 구제 ④ 목사의 지교회 소유 ⑤ 목사의 인사는 지교회의 선거에 의하고 ⑥ 교회정치의 권위를 목사와 장로회에 두는 것 등이었다.[23] 카트라이트는 결코 혁명을 선동하지 않았으나 그의 주장은 분명히 영국교회의 기존 체제를 부정하고 주교제의 폐지를 주장한 혁명적인 선언이었다.[24] 결국 그는 케임브리지 대학에서 추방되고 독일과 네덜란드에서 11년간 망명생활을 하다가 체포되어 재판을 받고 투옥되었다가 제임스 1세 치하에서 풀려나 1603년 12월에 죽었다. 그가 죽음으로써 케임브리지 대학교의 청교도운동은 트리니트 대학에서 임마누엘 대학으로 옮겨지고 튜더(Tudor) 퓨리터니즘은 종언을 고하였다.[25]

다음으로 분리파의 지도자는 로버트 브라운(Robert Browne)인데 그를 따르는 자들을 브라운파라고도 한다. 분리파는 영국국교와의 철저한 분리를 주장하는 자들이었으며 열심주의자들로서 전체적으로 개혁운동에 나쁜 평판을 가져다주었다. 브라운은 처음은 장로파였으나 1580년경부터 분리파의 지도자가 되었다. 영국 정부는 분리파에 대해 장로파에 행한 것보다 더 가혹하게 억압을 가하였다. 그리고 2명의 평신도가 1583년 분리파의 논문을 팔았다는 이유로 교수형을 당했고, 1593년 세 사람의 성직자들도 교수형을 당하였다. 그 후 브라운파는 대개 네덜란드로 망명하였다. 한편 엘리자베스 치하의 마지막 10년 동안에 청교도 개혁자들은 국가를 위한 그들의 원대한 개혁을 접어 두고 오직 개인과 교구의 신장에 집중해야 했다. 그런데 당시에 일부 귀족 중에는 그들의 후원자가 되기도 하고 또 일부 의회의 의원은

---

23) Ibid., p.179.

24) Ibid., p.183.

25) 阿部齊, 「ピュリタニズムとデモクラシー」, 『講座 アメリカの文化 Ⅰ』, op. cit., p.69.

그들과 공동의 목적을 가진 자도 있었다.

당시에 청교도들은 옥스퍼드 대학과 케임브리지 대학의 교수직을 지배하였다. 그 중에 분리파의 대표적 인물인 로버트 브라운의 주요 사상은 그의 교회론[26]을 통해 살펴 볼 수 있다. 1582년에 쓴 그의 대표적인 저작 『조금도 지체 없는 개혁에 관한 논문』(*A Treatise of Reformation without Tarying for Anie*) 중에 그의 주장이 요약되어 있다. 이 논문은 그 자신의 입장을 표명함과 동시에 청교도의 개혁의 불철저성에 대한 그의 고발이었다. 이 논문에서 먼저 세속의 권위에 일정한 역할을 인정하면서 동시에 그 범위에 명확한 한정을 부여하고 있다. 그에 의하면 여왕은 하나님 다음으로 최고의 권력을 가졌으나 그 권위는 세속적인 것이며 국민 전체의 정의와 복리와 명예를 유지하기 위해 사형과 그 밖의 육체적 형벌을 포함하여 외적 강제력을 행사할 뿐이라는 것이다. 그러므로 당연히 정부의 권력은 신앙의 영역에는 미치지 않는다. 신앙에 있어서는 외면적 정직함이 아니고 내면적 결백이 무엇보다 중요한 것이다.[27] 따라서 신앙상의 일은 강제적으로 실현될 수 없다는 것이다. 그런데 하나님의 나라는 현세의 왕국과 같이 강제에 의한 것도 군대의 강제력에 의한 것도 아니라면 그 기초는 무엇인가. 그것은 바로 언약(Covenant)이며 다른 무엇도 아니다. 교회는 오직 "자발적으로 하나님에 봉사하는 사람"에 의해서만 구성되지 않으면 안 된다. 즉, 교회는 사람이 "모인 교회"(gathered church)이다. 하나님과 인간 사이에 맺어진 언약인 동시에 그들 인간 상호간에 맺어진 언약이 그 기초가 되는 것이다.[28] 이와 같은 교회에 의해서만

---

26) A. Peel and L. H, Carlson, ed, *The Writings of Robert Harrison and Robert rowne* (1953), pp.151~170.

27) Ibid., p.167.

주님의 사람이 신성함을 유지할 수 있다. 규율은 교회의 본질이기 때문에 규율에 어긋나면 안 된다. 규율을 엄수하기 위해서는 덕스럽지 못한 자나 무관심한 사람을 제외하고 자발적으로 하나님에 봉사하는 사람들로써만 교회가 조직되지 않으면 안 된다고 그는 주장하였다. 결국 회중교회 또는 자유교회가 영국교회로부터의 분리를 요구한 것은 두말할 필요가 없었다.

한편, 영국청교도들은 스코틀랜드의 제임스 6세가 1603년 영국의 제임스 1세로서 엘리자베스를 계승했을 때 희망이 대단히 컸었다. 왜냐하면 제임스 1세는 카트라이트가 옥중에 있을 때 그의 석방을 위해 엘리자베스 여왕에게 편지를 쓸 정도로 청교도들에게 우호적이었기 때문이다. 또한, 신학에 있어서도 칼비니스트로 알려졌으며, 1581년 청교도의 입장을 지지하는 『소극적 고백』(*The Negative Confession*)에 서명하였었다. 1603년에는 청교도들 천명의 청원서(Millenary Petition)를 왕에게 전달하여 청교도들의 고통을 전했다. 1604년에 햄프턴 코트회의(Hampton Court Conference)는 그것을 다루기 위해 개최되었으나 국왕은 그들의 청원을 들어주지 않았다. 국왕은 장로파의 성직주의에 대해 개인적인 경험을 상기하면서 "주교 없이는 왕도 없다"(no bishop, no king)[29]는 유명한 한 마디를 함으로써 자기 태도를 분명히 밝혔다.

햄프턴 코트회의에 대한 인정으로서 제임스 1세는 리처드 뱅크로프트를 캔터베리 대주교로 임명하여 횟기프트의 뒤를 잇도록 했다. 그리

---

28) Ibid., p.169.

29) 이 말에서 훗날 아메리카 독립혁명 때 영국의 중상주의에 항거하여 부르짖던 "대표 없이하는 세금도 없다"(no representatives, no taxes)는 말이 나왔는지도 모른다.

고 1604년 비국교도들(non conformists)에 대응하기 위해 헌법과 교회법을 마련하였다. 교회문제에 있어서의 통일은 엘리자베스 치하에서 통일이 아직 형성되지 않았던 지역에서는 하나의 모범이 되었다. 비록 성직자의 상당수가 그들의 직위를 박탈당했다고 해도 다른 사람들은 최소한도의 통일을 유지함으로써 그 직을 가졌다. 의회의 의원들은 그들의 지위에 대해서 의회에 의해 인준된 교회법에 의하지 않으면 법률로서 효력을 발생할 수 없다고 주장하면서 그들을 지원하였다.

청교도들은 탄압을 받으면서도 살아남았다. 그러나 청교도를 동정하는 사람들이 아직 제임스의 통치 안에 있는 권력의 자리에 가까이 갔다. 그러나 1618년에 일요일에 허용할 수 있는 오락을 다룬 제임스의 『오락서』(*Books of Sports*)를 예배시 강단에서 의무적으로 읽도록 한 것이 안식일을 엄수할 것을 주장하는 자들에게 더욱 심한 모욕이 되었다. 그것은 결국 타협을 더욱 어렵게 만들었으며 따라서 분리파들은 타협을 받아들일 수 없었다. 그래서 1607년에 잉글랜드의 스크루비(Scrooby) 출신의 회중은 네덜란드로 망명하였다. 그리고 그들은 1620년 메이플라워호를 타고 대서양을 건너 케이프 코드만(Cape Cod Bay)의 연안에 도착하여 플리머스 식민지를 건설하였다. 이들이 소위 "필그림 파더즈"(Pilgrim Fathers)[30]였다.

찰스 1세 치하에서 윌리엄 로드(William Laud, 1573~1645)는 사실상의 청교도탄압자로 등장했는데 1628년에 그는 찰스 1세에 의해

---

30) "필그림 파더즈"라는 말은 처음부터 그들 스스로 그렇게 부른 것이 아니라 200년이 지난 1820년 그들의 플리머스 정착 200주년 기념식에서 웅변가 다니엘 웹스트 (Daniel Webster)가 "Pilgrim Fathers"라고 처음 사용한 뒤 보통의 용어가 되었다. 초대 총독 윌리엄 브래드포드는 다만 그들 스스로를 "성도" 또는 "필그림"이라고 불렀을 뿐이다. 이들 첫 정착자들은 처음에는 "Old Comers", 뒤에는 "Forefathers"라고 언급되었다.

런던의 주교로 임명되었다. 당시 런던은 퓨리터니즘의 센터였다. 한편 찰스 1세는 보다 철저한 반청교도적인 정책을 입안하여 청교도 세력을 파괴하기 시작했다. 분리파가 아닌 자들도 그들의 입장을 계속 유지하기가 점차 어렵게 되자 신대륙에서 매사추세츠만 식민지(Massachusetts Bay Colony)의 건설을 위한 계획을 추진하게 되었다.

## 제2절 플리머스 식민지의 분리파

아메리카 신대륙의 뉴잉글랜드에 청교도가 창설한 식민지는 미국사 전체로부터 보면 한 지방의 초기 한 시기를 점하는 데 불과하였다. 신정정치 또는 "바이블 국가"(Bible Commonwealth) 등으로 불리는 특유의 사회공동체는 건설 후 겨우 3대를 거쳐 17세기 말에는 분명히 쇠퇴하는 경향을 띠었으며 또한 그들의 사회는 그 후 발전한 미국의 민주주의와는 제도상 크게 다른 것이었다. 그럼에도 불구하고 뉴잉글랜드의 역사는 미국의 역사 중에서 특히 많이 연구되어 온 지역이다. 그런데 미국에서 퓨리터니즘의 경향은 1620년 메이플라워호가 매사추세츠에 상륙하기 전에 이미 버지니아 식민지에 있었다.[31] 버지니아 회사를 세운 지도자들이 1607년 제임스타운(Jamestown)에 정착하였는데 그들도 하나님과의 관계를 언약관계 혹은 계약관계로 파악하였다. 그리고 그들은 조심스럽게 그들의 성공과 실패에 관한 메시지를 읽었다. 한 전형적인 청교도적 비전은 토마스 데일(Thomas Dale, ?~1619)이라는 버지니아 정착자에 의해 나타났다. 그의 엄격한 법적용은 식민지의 소멸을 방지하였으나 폭군이라는 평을 듣기도 했다. 데일은 스스로

---

31) *Encyclopaedia Britanica*, 1979 ed., 15: 306 "Puritanism".

를 하나님의 포도밭을 지키는 일꾼으로 생각하고[32] "천국 같은 신 예루살렘"(Heavenly New Jerusalem)을 건설하려 했다. 그는 훗날의 청교도혁명의 지도자 올리버 크롬웰과 같았는데, 그는 그의 군사적 성공을 하나님의 "구원의 손길"로 보았다.[33]

그러나 역시 뉴잉글랜드 건설의 시초로서 의의를 가지기 시작한 것은 플리머스의 필그림즈였다. 흥미있는 것은 뉴잉글랜드에 처음으로 도착한 필그림즈는 엄격히 말하면 청교도가 아니었다. 그들은 1620년에 그들의 자녀들의 영적인 건강을 염려하여 11년 동안 살았던 네덜란드의 라이덴(Leiden)을 떠나게 되었다. 그들은 자녀들이 주위 사람들의 나쁜 행실을 배우고 영적으로 위험한 지경에 빠질 염려가 있다고 느꼈다. 그들은 처음에는 버지니아 식민지로 초청을 받았으나 그것을 거절하고 메이플라워호를 임대하여 102명을 태우고 대서양을 건넜다.[34] 그들은 1620년 11월 11일 지금의 뉴잉글랜드 케이프 코드의 해변에 도착하였다. 그들이 도착한 곳은 1606년 제임스 1세로부터 특허를 받았던 플리머스 회사(Plymouth Company)에 속하는 지역이었다. 첫 겨울에 그들은 구성원의 반 이상을 잃었으며, 이들 첫 정착자들은 라이덴의 회중으로부터 온 새로운 식민자들에 의해 강화될 때까지 불확실한 생존을 위해 계속 투쟁해야 했다. 그리고 그들이 돈을 빌렸던 런던 회사(the London Company)가 보낸 또 다른 정착자들에 의해서도 보강되었다. 필그림즈가 상륙하기 전에 그들은 독특한 문서인 『메이플

---

32) Ibid., p.307.

33) Ibid.

34) 102명 중 35명은 영국의 분파였다. 약 2/3는 비분리파였다. 미국인들은 102라는 숫자를 좋아하여 엠파이어 스테이트 빌딩이 102층이며, 뉴욕의 라디오시티 뮤직홀의 라인 댄싱팀의 숫자도 102명이며, 미국 사회과 교육의 주요 개념을 추출해 냈는데 그 숫자도 102개이다.

라워 서약』(*Mayflower Compact*)[35])을 작성하였다. 이것은 뉴잉글랜드 초기의 항구적인 식민지의 기초가 되었다. 필그림즈가 자신들의 신앙에 따라 예배하는 자유를 지킨 점에 있어서 또한 그들로부터 '서약'을 맺고 그것을 통치의 기초로 삼은 점에서나 신앙의 자유와 동의에 기초한 자치는 미국 민주주의 발달의 빛나는 명예로 평가될 만한 가치 있는 문서였다. 그러나 그 의의는 어디까지나 상징적 의미에서 그러하였다. 그들의 뛰어난 지도자였던 브래드포드가 1657년 죽고 난 후에는 지적으로나 정치적으로나 뛰어난 인재가 부족하였고 또한 초기의 민주적 분위기도 이른바 공민의 재산 자격을 강화하면서 감소되었다. 결국, 플리머스 식민지는 1691년 매사추세츠만 식민지에 흡수되었다. 그래서 플리머스가 미국사에 미친 영향은 극히 한정되었다고

---

35) 1620년 11월 11일 메이플라워호 선상에서 맺은 서약이다. 이 새로운 정치사회 형성의 서약형식은 후에 뉴잉글랜드의 청교도 식민지의 창설시에 채용된 식민지 형성의 전형으로 되었다. 이 서약에는 메이플라워호로 도항했던 필그림들 100명중 41명의 남자가 서명했으나, 그중 11명은 미스터의 칭호가 붙여졌던 지위의 사람들이었다. 나머지 2명은 런던 주식회사가 재정을 지원하면서 회사의 이익을 이익하기 위해 고용한, J. 앨던(John Alden)과 M. 스탠디쉬(Myles standich)였다. 그 내용을 보면 다음과 같다. "하나님의 이름 안에서 아멘, 우리들의 통치자인 군주, 또한 하나님의 뜻에 의해 영국, 프랑스 및 아일랜드의 王이며, 또한 신앙의 옹호자인 제임스王의 충성스러운 신민인 우리 아래 적은 자들은, 하나님의 영광을 위해 그리스도의 신앙의 증진을 위해, 그리고 우리 국왕과 조국의 명예를 위해, 버지니아의 북부지방에 있어서 최초의 식민지를 창설하려고 항해를 도모한 것이나, 여기에 본 증서에 의해 엄숙하게 또 상호서약(계약)하고 하나님과 각자 상호의 앞에 계약에 의해 결합해서 정치단체(Civil body Politick)를 만들어가지고 우리들의 공동의 질서와 안전을 보지하고, 진보하고, 또한 상기 목적의 수행을 도모하려고 한다. 그래서 금후 이것에 기초하여 식민지 일반의 행복을 위해 가장 적당하다고 인정되는 바에 의해 수시로 정의 공평한 법률, 명령 등을 발하고 헌법을 제정하고 또한 공직을 조직해야 하고, 우리들 모두는 여기에 대해서 당연히 복종해야 한다는 것을 서약한다. (Macdonald, W., *Select Chambers Illustrative of American History*, pp.33~34).

말할 수 있다.[36)]

　그러나 그 영향력을 낮게 평가하더라도 플리머스 건설의 역사적 의의를 부정해서는 안 될 것이다. 왜냐하면 필그림즈는 신분적으로 보나 학식 면에서 보나 모든 면에서 그리 뛰어난 사람들이 아니었다. 그들의 식민지건설은 자연적 위협에 대한 분투에다 런던 상인들에 대한 부채반환과 국왕의 특허장을 가지지 않았다는 점 등 여러 가지 불리한 여건 하에서 이루어졌다. 그리고 경제적으로도 정치적으로도 불리한 조건하에서 행하였다. 거기다가 네덜란드로 이주한 이래로 그들을 정신적으로 이끌어 주었던 존 로빈슨(John Robinson, 1576~1625)[37)] 목사는 끝내 플리머스에 올 수 없었다. 윌리엄 브래드포드는 성직자도 아니었고 대학도 나오지 않았던 평범한 사람이었다.

　필그림즈는 이러한 어려움을 극복하고 자기의 신앙에 충실한 예배와 그것을 중심으로 한 생활이 미국의 황야에서 가능하였다는 것을 증명하였던 것이다. 유명한 신학자 라인홀드 니버(Reinhold Nieburn, 1892~1971)는 그들의 역사적 의의를 높이 평가하였다. 그는 말하기를, 필그림즈들은 예수의 "사도직을 계승"했다고 평가하였다. 이는 핵심을 잘 표현한 것으로 단순한 찬사가 아니었다. '사도 계승'이란 사제 등의 성직자의 권위가 예수의 사도로부터 전승되었다는 교의인데 일찍이 로마 가톨릭 교회에서는 사도 계승의 권위가 교황에 집중되어 있었다. 이에 비하면 필그림즈들은 역사적으로도 매우 드물게 평신도만으로

---

36) 大下尚一, op. cit., p.30.

37) 로빈슨은 필그림 파더즈의 상사였다. 그는 분리파와 더불어 라이덴으로 옮겨 가서 1609년 목사로 선임되었으며, 브류스터(Brewster), 브래드포드(Bradford)와 쿠쉬맨(Cushman)과 더불어 아메리카로의 이주를 계획 조직했다. 그들이 메이플라워로 항해한 이후 그는 뒤따르려고 했으나 5년 후 라이덴에서 죽었기 때문에 그 뜻을 이루지 못했다.

플리머스에 이주함으로써 만인사제주의의 종교개혁 정신을 누구보다 잘 계승한 것이었다. 니버는 바로 이 점을 중시하였다. 이러한 플리머스의 입장을 퓨리터니즘의 역사에서 매사추세츠와 비교해서 파악할 때 더욱 명백하게 될 것이다.[38]

필그림즈는 회중주의(Congregationalism)의 입장을 취한 분리파로서 이는 뉴잉글랜드 건설의 주도세력이 되었고 또한 크롬웰을 비롯한 영국의 청교도혁명의 주도세력이 되었던 것도 회중파였다. 이 회중파는 여타 교파에 보이는 분리에의 경향과 장로파에 보이는 통일에의 경향과는 다른 경향을 나타내고 있었다. 이러한 점은 회중파 청교도의 딜레마였으나 이 긴장에서 그들의 활력의 원천을 발견할 수 있었다. 뉴잉글랜드의 퓨리터니즘을 회중주의 측면에서 파악하면 플리머스의 퓨리터니즘은 분리의 경향을 띠었고 매사추세츠는 통일의 경향을 띠었다.

분리파는 국교회로부터 떨어져 나와 자신들만의 집회를 유지하려고 했으며 그들의 목적은 성도만으로 하나님을 예배하는 것이었다. "성도"(saint)란 하나님의 구원에 선택받은 자란 뜻이다.[39] 그들은 구원받지 않은 죄인과 관계하는 것은 참을 수 없었다. 그런데 영국교회는 '하나님의 은총을 인간에게 베푸는 시설'로 생각하고 국가도 거기에 포함되어 있다고 보았기 때문에 영국교회에 관계하지 않거나 교회가 강제로 하는 의식과 관행을 엄수하지 않으면 신의 은혜에 관계할 수 없다고 하였다. 그러나 청교도는 이러한 영국국교회가 매개하는 은혜에 관계할 수 없다고 생각하였다. 그들은 이러한 국교회가 매개하

---

38) Ibid., p.31.

39) Alan Simpson, op. cit., pp.5~6 참조.

는 은혜에 의해서 구원 받는다고 생각하지 않았다. 자신이 참으로 구원받았다고 확신하는 사람들만의 '성도의 집단'(Congregation)[40]이 바로 회중파(Congregationalist)였다.

이러한 관점에서 볼 때, 플리머스 식민지는 그 보잘 것 없는 발전에도 불구하고 종교개혁을 철저히 하려는 점에서 큰 의의를 발견할 수 있다. 이 성도만으로 이루어진 집단이란 주장에서 보이는 이념 즉, "자유의지에 기초한 집단"(voluntary association)은 막스 베버의 지적을 기다릴 필요도 없이 근대사회 형성에 중요한 의의를 가지는 것이다.[41]

그런데 이 분리파에 대한 탄압이 강화되자 필그림즈가 스크로비를 탈출하여 네덜란드의 라이덴으로 이주하고 이어서 플리머스에 도착하는 과정은 너무나 유명한 이야기다. 그러나 여기서 주의하지 않으면 안 될 것은 그들이 플리머스에 이주했을 때 자기들의 목적을 어떻게 달성할 것인가라는 기본 문제에 대해서는 어떠한 준비도 없었다는 것이다.

그들은 조국을 사랑하고 국왕에 충성하는 평범한 영국인들이었으며 네덜란드에 영주함으로써 영국적 생활을 잃는 것보다 자기들의 신앙에 따라서 예배를 할 수만 있다면 끊임없이 박해가 있어도 영국의 어딘가에 돌아가기를 원했었다. 그들은 자신들의 신앙의 자유를 구했으나 이것을 신앙의 자유라고 볼 수 없었다. 왜냐하면 브래드포드에 의하면 네덜란드를 버리고 신대륙으로 이주한 최대의 이유는 그들에

---

40) Congreation은 조합이라고 번역하나, 회중이 더 적절하다고 생각된다. 우리나라에 미국의 장로파와 침례파는 전파되었지만 회중파는 전파되지 않았다.

41) Roger Scruton, "association", *A Dictionary of Political Thought* (London, 1982), pp.28~30 참조.

게 자유를 보증한 네덜란드의 종교적 관용이 도리어 화가 되었기 때문이었다. 네덜란드의 자유로운 풍토에서는 다양한 사상과 종교가 개화해 있으나 필그림즈들은 자신들의 자녀들이 나쁜 곳으로 빠져 신앙을 잃을까 염려된다고 생각했었다. 그래서 신앙의 자유를 인정하는 경우 미국에 건설하고자 하는 신사회가 네덜란드와 같은 위험에 빠지지 않는다는 보장은 어디에도 없었다. 그래서 그들은 도시사회보다 농촌사회를 이상으로 했다. 또한 그들은 분리파로서의 사회적 의의가 부단히 강조되었으나 플리머스 식민지에서는 성직자의 생활 유지 때문에 주민에게 과세한다든지 정부의 관직을 부여하는 것은 당연히 교회 멤버에 한해야 한다는 것을 전제로 하고 있었다. 이와 같이 그들은 '신앙의 자유'란 관점에서도 구체적인 구상을 가지지 않았다.

브래드포드는 이주의 목적으로 인디언에게 그리스도 왕국의 복음을 전파하고 진전시키는 것이라고 하였으나[42] 이것은 그들의 주요 목적이 아니었다. 물론 필그림즈는 자기들이 버지니아의 북쪽에 첫 식민지를 개척하기 위해 새로운 시도를 하고 있다는 사명감을 가지고 있었다. 이것은 브래드포드가 남긴 『플리머스 식민지의 역사』[43]에 생생히 나타나있다. 그는 플리머스 역사에 대해서 다음과 같이 말하고 있다. "한 개의 작은 양초가 천 명을 비추듯이 여기에서 비춘 빛은 많은 사람들과 우리 인민 전체를 비추고 있다고 말해도 좋다"고 했다.

---

42) William Bradford, "history of Plymouth Plantation", *The Puritans* by Perry miller and Thomas H. Johnson (New York, 1963), p.96.

43) 『플리머스 식민지의 역사』(*History of Plymouth Plantation,* 1620~1647)는 브래드포드가 아마 1630년부터 쓰기 시작하여 1650년경에 마친 것으로 보이며, 그가 죽고 난 후 200년이 지난 1856년에 처음으로 출판되었다. 이 필그림 스토리는 허친슨 등의 역사가들과 호슨과 롱펠로우 등과 같은 역사가들이 거듭해서 이야기한 미국 신화의 일부가 되었다.

그러나 그의 목표는 조심스런 것이었다. 그들은 황야에 새로운 국가를 형성하려는 비전이나 계획을 가지고 있지 않았다. 오히려 그들은 하나님이 나갈 길을 준비한다는 것만을 믿고 가는 곳이 어딘지도 모르면서 "사람이 없는 거대한 미국의 황야"[44]로 탈출하였던 것이다. 이들의 태도는 이집트를 탈출한 모세를 비롯한 성경에 기록되어 있는 하나님의 길을 떠난 사람들의 태도였다. 청교도는 섭리(Providence)라는 말을 잘 사용하고 있는데[45] 이 프로비던스란 하나님이 미리 길을 준비한다는 것을 뜻한다. 필그림즈는 섭리를 믿고 하나님의 길을 구하면서 여행한 순례자였다.

그러나 필그림즈와 달리 매사추세츠의 건설자들은 새로운 사회를 만들려는 야망과 그를 위한 청사진을 가지고 이주하였다. 그들은 전력을 다하여 식민지건설에 종사하였다. 그러므로 매사추세츠만 식민지는 페리 밀러가 말한 바와 같이 퓨리터니즘의 강한 전통을 남겼던 것이다. 그러나 퓨리터니즘에는 필그림즈와 같이 섭리를 믿고 나아가는 태도 즉, 전통을 끊고 새로운 길을 찾아 나선 개척자적 측면이 있다는 것을 간과해서는 안 될 것이다. 로저 윌리엄스의 로드아일랜드의 건설에서 조나단 에드워즈의 대각성 운동에서 생겨난 분리파 집단에서 또한 정통적인 신앙을 지키기 위해 도시화 세속화하는 동북부 해안에서 농업적인 서부로 이주하고 있었던 사람들 가운데 그것은 계속 계승되었던 것이다.

---

44) Ibid., p.97.

45) 『플리머스 식민지의 역사』에는 'by provience'a Spetiall Worke of Gods providence', 'the marvelous povidence of God'란 말이 거듭 나오고 있다.

## 제3절 매사추세츠의 비분리회중파

앞에서 언급한 바와 같이 매사추세츠만 식민지의 건설은 뉴잉글랜드 역사에서 가장 중요한 의의를 지니고 있다. 필그림즈들의 신대륙 이민의 성공에 용기를 얻은 존 윈스럽(John Winthrop), 윌리엄 핀천(William Pynchon, 1590?~1630) 그리고 토마스 더들리(Thomas Dudley, 1576~1653) 등의 지도하에 1630년에 새로운 식민지를 건설하기 위해 아벨라(Arbella)호[46)]는 범선 3척(Ambrose, Jewel, Talbot 호 등)을 거느리고 800명의 이민과 함께 매사추세츠의 보스턴만에 도착하였다. 그 후 그 해 말까지 2천 명의 이민이 매사추세츠에 정착하였다. 매사추세츠의 수도인 보스턴은 17세기 아메리카에서 가장 큰 '타운'이었는데, 1640년에는 약 1,200명이었으며, 1680년에는 3,200명, 1700년에는 6,700명으로 불어났다. 매사추세츠만 식민지는 1630년에서 그 후 10년간 계속된 청교도들의 대이주에 의해서 발전의 기초가 만들어졌는데 그 숫자는 약 2만 명에 달했다. 윈스럽을 비롯한 초기 이주자의 의도는 분명하였다. 그들은 상업적 목적에서 만들어진 식민지회사의 주도권을 장악하여 이것을 자신들의 목적을 달성하는 수단으로 이용하였던 것이다. 이미 소개한 J. T. 애덤스와 모리슨의 견해의 차이에서 보는 바와 같이 매사추세츠만 식민지의 성격을 어떻게 파악하는가는 매우 중요한 문제다.[47)] 그런데 이 다수의 이주자들은 주로 요맨과 직인을

---

46) Arebella호는 350톤의 배로서 메이플라워호 보다는 덜 유명하지만, 훨씬 더 중요한 배다. 일반적으로 필그림즈를 실어 나른 메이플라워호는 알지만 뉴잉글랜드 식민지의 모체인 매사추세츠만 식민지를 건설하기 위해 청교도를 태워 간 Arbella호에 대해서는 잘 모른다.

47) Vernon Lousi Parrington, *Main Currents in American Thought* (New York, 1930), p.17 참조. 패링턴은 매사추세츠 청교도들을 장로주의자들로 보았으며 陳元

주체로 하는 청교도들이었으며 그들의 이주목적은 윈스럽과 대동소이한 것이었다. 윈스럽의 이주 동기는 찰스의 즉위 후에 캔터베리 대주교 로드에 의해 강화된 청교도탄압과 모직물공업의 부진에 의한 경제적 곤란과 식민지의 건설이 뛰어난 지도력을 구하고 있다는 인식과 처자식들의 찬성 등 많은 동기가 있었다.[48] 다시 말하면 정치적, 경제적, 종교적, 가정적 등 다양한 동기가 복합된 것이었다. 일반 이주자의 경우도 대개 이와 같은 동기가 주된 원인이었을 것이다. 그러나 이와 같은 다양한 원인을 병렬적으로 파악해서는 이주의 참된 의미를 충분히 이해할 수 없을 것이다. 윈스럽이 스스로 많은 원인을 들면서도 특히, 이주의 목적을 하나님의 뜻에 합당한 사회를 만드는데 있다고 했던 것이다. 이것은 또한 일반 이주자의 경우에 대동소이할 것이다. 원래 이주에 관한 연구는 사료적으로 대단히 어려움이 많으나 최근의 연구에 의하면 출신지와 이주의 원인을 보면 종래에 생각한 것보다는 훨씬 다양한 그룹이라는 것을 알 수 있다.[49] 그러나 동시에 이러한 다양성에도 불구하고 이주자는 압도적으로 중산계급이며 또한 대부분의 경우 종교적 동기가 그들의 다양한 이주의 원인을 종합하고 결합시키는 시멘트 역할을 하고 있었음을 확인할 수 있다.

이러한 매사추세츠만 식민지는 이주자의 종교적 의식과 중산층의 토지획득에 대한 강한 욕구에 의해 형성되었으나, 하나님의 나라를

---

淑의 논문도 그의 설을 따랐다.

48) Edmund S. Morgan, *The Puritan Dilemma ; The Story of John Winthrop* (Boston, 1958), pp.36~37.

49) 사례연구를 기초로 한 이주연구의 성과를 아는 데는 "Social Origins of Some Early Americans" by Mildrid Campbell in *Seventeenth America*, ed. by James Morton Smith (Williamsburg, 1959) ; Summer Chilton Powell, *Puritan Village* (Middletown, 1963) 등이 있다.

건설한다는 사명을 가지고 이주해 왔다는 자각을 높이려고 전력을 다했다. 밀러가 밝힌 바와 같이 매사추세츠의 청교도 사상의 핵심은 언약신학이었다. 이 신학의 특징은 신과 인간과의 관계를 언약관계 또는 계약관계로 이해한 것이다. 이러한 생각에 이른 청교도들은 하나님의 구원에 관계함으로써 제일의 언약에 들어가고 아메리카에 이주함으로써 제이의 언약에 들어갔다고 생각했다. 그들에게 있어서 식민지의 건설은 하나님과의 언약의 의무를 다하는 것이며, 그것은 이 언약에 들어간 사람들과의 공동의 과업이었다. 윈스럽이 아벨라호 선상에서 한 설교50)는 이것을 분명히 보여 주고 있다.

이리하여 하나님과 우리들 사이에는 특별한 임무(Special Commission)가 있고 이 일을 위해서 우리들은 하나님과의 언약(Covenant)에 들어가는 것이다. 우리들은 임무를 받은 것이다. 주님은 우리들 자신의 계약서(Articles)를 만들도록 허락하셨다. 우리들은 그 목적을 위해 이들 행위를 기획할 것을 서약한 것이다. 우리들은 여기에 대해 주님의 우의와 축복을 구했던 것이다.

그리고 윈스럽은 뉴잉글랜드의 식민지가 성공하는 기독교적 식민지로서 종교개혁의 하나의 모델을 제공하려는 분명한 의도를 가지고 있었던 것이다. 그는 그 연설에서 주장하기를 "우리들은 언덕위의 도시(City upon a hill)51)가 될 것이고 만인의 눈은 우리들을 주시하게

---

50) A Modell of Christian Charity는 매사추세츠 이주자들이 아메리카에 도착하기 전 아벨라 선상에서 설교한 평신도설교였다. 그 자신은 이것은 discourse라고 했지만 설교의 형식을 취하고 있다. 여기서 윈스럽은 영국과 여타 유럽의 종교개혁을 위해 하나의 모델을 세울 사람들에게 부여된 하나님으로부터 나온 그들의 특별한 임무에 사회적 이상을 제시하고 있다.

80

될 것이다. 그러므로 만약 우리가 행한 이 사업에 있어서 우리가 하나님과 거짓되게 상대한다면 그리고 하나님이 우리로부터 현재의 협력을 철회하도록 한다면 우리는 세상에 이야기거리나 웃음거리가 될 것이다. 우리는 하나님의 방식이 나쁘다는 것과 하나님을 위해 공언한 모든 사람들은 나쁘다고 말하도록 적들의 입을 열게 하는 것이 될 것이다. 우리는 많은 신실한 종들의 얼굴을 부끄럽게 만들 것이다. 그리고 우리가 가려고 하는 좋은 땅을 다 소모할 때까지 그들의 기도는 우리들에게 저주로 바뀌게 할 것이다"[52]라고 그들의 청교도적 사명을 강조하였다.

이처럼 윈스럽과 같은 지도자들의 목적은 언덕 위의 도시를 세우는 것이었으나 그 후의 다수의 이주자의 목적이 무엇이었는가에 대해서는 논란이 되고 있다. 교회원이 소수라는 사실을 발견하고 신앙심이 깊은 사람들이 아니라고 추론하는 사람도 있고 또 그렇지 않다는 주장도 있다. 그러나 이주민의 몇 퍼센트가 지도자들의 종교관과 일치하였는지는 역사가들에 의해 열심히 논의되고 있다. 그러나 모든 학자들은 일반인들이 무엇을 원했던지 간에 뉴잉글랜드 역사와 문화를 형성한 것은 청교도 지도자들이었다는 점을 부정하는 사람이 없다.[53]

그런데 이런 "언덕위의 도시"를 건설하기 위한 독특한 제도인 "언약

---

51) Perry Miller and Thomas H. Johnson, op., cit., p.198. 마태복음 5:14 "너희는 세상의 빛이라, 산위에 있는 동네가 숨기우지 못할 것이요"(We are the light of the world, A city that is set on a hill cannot be hid)에서 나온 말이다. 한글성경은, city를 동네로 번역했으나 일본어성경은 町로, 불어성경은 Ville로 독일어성경은 Stadt로 되어 있다. '동네'나 'ムチ'는 적절한 번역이 아니라고 생각되어 '도시'로 번역하였다.

52) Ibid., p.199.

53) Richard Schlatter, op. cit., p.26.

에 의한 사회"54)의 제도적 특징은 무엇인가? 그것은 인구 2만의 매사추세츠만 식민지에는 보스턴 제일교회, 제이교회, 도체스터(Dorchester) 교회, 데담(Dedahm) 교회 그리고 세일럼(Salem) 교회 등 모두 18개의 교회를 세우게 했다. 이들 교회에는 교회원(Church member)이 되기 위해 엄밀한 자격 테스트가 요구되었다. 또한, 공민의 자격에는 교회원이 되어야 했다. 그들의 교회형성 과정을 보면 그것은 분명히 회중주의에 입각하였던 것이다. 교회원은 교회운영을 담당했을 뿐만 아니라 교회원이 되는 자격을 인정하는 권한을 가지고 있었다. 교회원이 되는 자격은 하나님의 구원을 받았는가 받지 않았는가에 달려 있었다. 즉, "성도"(saint)인가 아닌가가 중요하였다.55) 성도는 자연인이 아니라 거듭 태어난 자였다. 거듭 태어난 자는 중생한 자로서 회심의 체험을 해야 했으며 그리고 그들의 회심의 체험은 교회에서 준비되었다. 회심의 경험은 그 사람의 개인의 문제로서 그것은 본질적으로 교회의 통제 밖에 있었다. 성도들은 택함을 받은 선택된 자들이며 신의 총애를 받은 자들이며 특별한 사람들이었다. 그런데 그들은 성도 중에도 "눈에 보이는 성도"(visible saint)였다.56) 이 눈에 보이는 성도는 새 생명의 자유를 찬미하였다. 그러나 이 신생의 자유는 하나님의 율법 안에 사는 것이므로 성도들은 규율 안에서 자기부정의 훈련이 필요했다. 수많은 청교도 일기에는 영속적인 자기비탄과 자기부정의 훈련이 나타났다.

그래서 교회를 설립함에 있어서 먼저 서로 성도라는 것을 확인할

---

54) Alan Simpson, op. cit., pp.19~38.

55) Ibid., pp.5~6.

56) Edmund S. Morgan, *Visible Saints ; The History of a Puritan Idea* (New York, 1965), pp.61~63, 88~89.

필요가 있었다. 그러나 이것은 용이한 일이 아니었다. 매사추세츠의 주민이 이 점을 중시하고 이를 위해 얼마나 노력했는가 일례를 보겠다. 1639년에 시작한 데담(Dedahm) 타운[57)의 기록이 있는데 거기에 보면 타운의 근교에 정착했던 30여 가족은 서로 대체로 친한 사이가 아닌 사람들의 집단이었다. 그들은 일상생활의 일을 상담하기 위해 모이고 서로 협력하거나 교회를 만들기 위해서 3년간 매주 회의를 하였는데 서로 영적으로 일치되지 않으면 안 되었다. 교회를 만드는 목적에 일치한 그들은 먼저 새로운 교회를 건설하는 중심이 되는 천명을 선출했는데 그 결정과정을 보면, 후보자가 나오면 각 후보자는 회중이 보는 앞에서 자기의 죄를 고백해야 하고 구원의 체험을 하지 않으면 안 되었다. 주민은 그 고백을 들어보고 그가 적임자인지를 판단하였다. 이와 같은 수련은 교회원을 결정할 때에도 반복되었다. 이리하여 타운의 주민 서로가 성도라는 것을 확인하고 성도만의 집단으로서 데담(Dedahm) 교회를 설립하였던 것이다.

그런데 여기서 주목해야 하는 것은 데담의 주민이 교회원으로 요구한 것은 단순한 성도가 아니라 '눈에 보이는 성도'였다. 매사추세츠의 회중주의는 이 눈에 보이는 성도를 강조한 데 특징이 있었다. 사람이 구원 받았느냐 구원받지 않았느냐는 자기의 마음속으로 주관적으로 확인할 뿐만 아니라 그것을 외부로부터 봐서 객관적으로도 알 수 있는 자가 아니면 안 되었다. 이것이 '눈에 보이는 성도'의 의미였다. 그들에게 있어서 하나님의 구원받은 자는 이와 같이 눈으로 봐서 알 수 있어야 하고 그래야 성도가 되는 것이다. 그러나 데담의 주민이

---

57) 데담은 식민지상 최초로 세금으로 지원하는 무상의 공립학교를 세운 타운으로도 유명하다.

서로 구원을 확인하는 눈에 보이는 성도는 몇 가지의 곤란한 문제가
따랐다. 첫째는 종교개혁이 명확히 한 바와 같이 구원은 하나님의
일방적인 행위에 의한다는 것이다. 칼뱅이 『기독교강요』에서 주장한
예정설58)에 의하면 인간이 구원에 선택되었는지, 아니면 영원히 죄의
저주에 있어야 하는지는 오직 하나님의 절대적 주권에 속하는 것이다.
구원은 인간에게는 일방적인 하나님의 행위이므로 그것은 스스로
타인으로부터 확인되지 않는다. 이 예정론에 입각해 보면 눈에 보이는
성도의 개념은 칼비니즘과 일치하지 않는 면이 있다. 따라서 눈에
보이는 성도만의 집단을 만드는 것은 불가능하게 된다. 둘째는 구원은
인간의 영혼의 문제이므로 외부로부터 보아서 알 수 있는 기준으로
측량할 수 없다는 것이다. 이러한 입장은 "자신의 영혼에 하나님의
영을 직접 받는다"는 영감주의와 열광주의자의 주장에서 찾아 볼
수 있다. 또 하나 더 중요한 문제는 아무리 엄밀히 테스트한다 해도
위선자를 눈에 보이는 성도와 잘 구별하기 어렵다는 것이 충분히
예상된다. 로저 윌리엄스가 매사추세츠의 입장을 비난한 이유의 하나
도 이 점에 있었다. 윌리엄스는 위선자와 함께 하나님을 예배하는
것을 용납하지 않았다. 물론 청교도 지도자도 이 점에 대해서는 동감이
었다. 오히려 청교도 지도자도 이러한 생각에서 그들이야말로 눈에
보이는 성도의 자격을 엄격히 요구하였으나 그래도 충분하지 않았다.
그들의 태도는 윌리엄스가 비판한 대로 불철저하였으나 매사추세츠의
회중주의자들은 윌리엄스와 같이 철저할 수 없는 이유가 있었다. 회중
교회로부터 완전히 분리하지 않는 것은 죄인과 함께 하는 것으로

---

58) John Calvin, *Institutes of the Christian Religion*, ed., by John T. Mc Neil, translated
  by Ford Lewis Battles (Philadelphia, 1960), II, pp.332~347.

공격하면서 윌리엄스는 회중주의자들과 분리하였다. 그는 이리하여 참 성도만의 순수한 사람들을 계속 찾다가 결국 자기의 아내 외는 누구와도 성찬을 함께 하는 것을 거부하는 데까지 이르렀다. 그러나 매사추세츠의 청교도들은 성도만의 순수한 집단을 만들기 위해 분리를 할 수 없었다. 그들은 하나님의 목적에 부응하는 국가(Common-wealth)를 아메리카에 건설하는 임무가 있었다. 이 하나님으로부터 위임된 사업을 수행하는 데는 윌리엄스의 예가 입증하는 바와 같이 분리주의가 어떠한 해결책이 아니라 방해일 뿐이었다. 여기에 비분리 회중주의의 입장과 그들의 식민지건설의 과제를 이해하는 열쇠가 있다.

다음으로 공민권을 가진 "자유인"(free men)은 교회원에만 한정하였는데 이는 매사추세츠의 한 특징으로서 뉴잉글랜드 청교도의 교회와 국가에 대한 사고를 보여주었다. 애당초 매사추세츠만 식민지회사에서 주어진 국왕의 특허장59)에 의하면 윈스럽과 같은 일부의 주주가 자유인으로 식민지의 운영권을 장악할 수 있었다. 그러므로 자유인의 자격을 교회원에 제한한 것은 모건(E. Morgan)이 말한 바와 같이 공민권의 제한이 아니라 오히려 확대였다고 볼 수 있다.60) 거기에는 대단히

---

59) 이 특허장은 청교도들이 찰스 1세에 애걸하여서 정치 및 종교상의 자유를 구하여 매사추세츠에 식민지를 설립하기 위해 획득한 것이다. 주목해야 하는 것은 찰스 1세가 그의 정적이라고 칭해야할 그들에 대해서 이주를 허가하고 그의 식민지의 형태를 지식했다는 것이다. 찰스 1세는 본국에서 대의제를 무시하고, 청교도혁명 때 처형되는 반동적 군주였음에도 불구하고 이 특허장에는 확실히 의회제도를 인정하고 있다. 이 특허장은 매사추세츠 식민지의 헌법이라는 성격을 가지며, 식민지회사의 총회가 식민지의회의 성격을 가지고 있었던 것이다.

60) 비분리회중주의의 입장에서 창설기의 매사추세츠를 본 것으로서는 모건의 윈스럽의 전기가 좋은 참고가 된다. Edmund S. Morgan, *The Puritan Dilemma ; The Story of John Winthrop* (Boston, 1958).

명확한 의도가 있었다는 것이 인정되는데 그것은 교회와 국가를 일체화하는 것이 아니라 양자의 기능을 분리하려는 시도였다. 매사추세츠 청교도들은 가톨릭처럼 교회의 세속 지배를 강하게 부정하였을 뿐만 아니라 영국교회처럼 국가에 의한 교회의 지배도 역시 반대하였다. 거기다 그들은 종교개혁의 계승자로서 하나님의 주권을 누구보다도 중히 여겼다. 하나님의 주권과 지배는 교회만이 아니라 국가에도 미치고 행사할 수 있다는 것이다. 여기에 우리들은 청교도의 딜레마를 보는데, 이 딜레마를 해결하는 구체적 방법이 매사추세츠의 비분리 회중주의 제도였다. 거기에 교회와 정부는 서로 영역을 침범하지 않고 분리되어 공통의 목적을 위해 협력하게 되었다. 이 공통의 목적이란 하나님의 지배를 보급하는 국가를 만들어 결국 매사추세츠만 식민지 건설의 사명을 달성하는 것이었다.[61]

1629년 7월 20일에 있었던 세일럼(Salem)의 목사 선택의 예를 보면 회중이 직접 엄격한 처리 과정을 거쳐 선택이 이루어졌다. 히깅슨(Francis Higgingson, 1586~1630)과 스켈턴(Samuel Skelton) 두 사람의 후보가 있었는데, 전자는 교사로 선택되었고 후자는 설교자로 선택되었다. 이러한 처리는 정착민들 중에서 자유인의 투표로 선택했다. 스켈턴 목사의 서임은 새로 선출된 교사의 안수에 의해 발표되었다. 물론 투표한 자유인의 수는 적었으며 자유인은 어느 정도 재산의 소유자에게만 제한되었다. 그래서 실제적으로 목사들은 간접적이나마 강한 영향력을 행사할 수 있었으나 교사들은 관직을 보유하지 않았다. 교회에 대한 궁극적인 지배는 국가에 주어졌으나 사실 초기 청교도 정착자들은 영국국교회의 멤버들이었으며 국가 교회를 마음에

---

61) Perry Miller, *Errand into the Wilderness* (Cambridge, 1959), chapter II 참조.

두고 있었다. 놀라운 것은 그들이 그러한 생각을 가졌다는 데 있는 것이 아니라 짧은 기간 안에 그들의 거룩한 공동체건설의 꿈이 상실되었다는 데 있다. 그 과정은 워턴베이커의 저서 『첫 미국인들』[62]에서 잘 나타나 있다.

목사들은 비록 관직을 보유하지 않았지만 교회는 식민지 권력의 보고였으며 이 권력은 주로 투표권을 통해서 행사되었다. 교회원이 아닌 자는 투표권이 없었으며 성직자들 중에 이러한 질서에 반대하면 누구든지 이를 받아들이지 않을 수 있었다. 존 코튼은 "사람들이 총독이 된다면 누가 지배를 받는가?"라고 반문했다. 윈스럽은 "전능하신 하나님은 그의 가장 거룩하고 지혜로운 섭리 안에서 인간의 조건을 결정하였다. 이에 따라서 모든 시대에 있어서 어떤 자는 부하고 어떤 자는 가난하고 어떤 자는 높고 권세와 위엄이 뛰어나고 어떤 사람은 평범하고 또 복종하도록 결정되었다"[63]고 그의 『기독교 자비의 모델』에서 주장하였다.

윈스럽은 "민주주의는 성경에서 보증되지 않았으며 모든 나라들 사이에도 그것은 가장 시시한 것이며 항상 가장 좋지 않은 것으로 간주되었고 가장 나쁜 정부형태"라고 주장했다. 그가 건설하려고 했던 것은 새로운 "바이블 국가"(Bible Commonwealth)로서 신정정치라고 불릴만큼 정치와 종교가 밀접하게 결합되어 있었다.

그러나 이와 같은 그들의 시도는 처음부터 어려움에 부딪혔다. 일반 식민지 정착자들이 그들의 지도자들에게 존경과 사랑 그리고 모든 찬사를 보냈지만 결코 불만이 없었던 것이 아니었다. 그래서

---

62) Thomas Jefferson Wertenbaker, *The First Americans*, 1607~1690 (New York, 1927).

63) Perry Miller and Thomas H. Johnson, op. cit., p.195.

식민지인들은 초기의 뛰어난 지도자인 존 코튼(John Cotton, 1585〜
1652)을 "교황을 미워하는 사람들의 주교직 없는 교황"이라고 비난했
다. 그러면서도 그가 설교단에서 충고한 것은 대부분 입법화되었다.
어떤 연대기작가는 "코튼은 위대한 독재자요 보스턴의 아버지요 영
광"64)이라고 말했다.

특허장에 의하면 모든 중요한 정부의 문제는 총회(General Court)에
서 매사추세츠만 식민지의 주주 혹은 자유인의 판단으로 결정하도록
되어 있었다. 이들 자유인 중에 12명만이 1630년에 매사추세츠에
왔는데 모두가 행정을 담당하였다. 그들은 성직자들과 완전히 동조하
였기 때문에 그들의 정책은 교회를 지지했다. 따라서 윈스럽이나 코튼
같은 종교 지도자들이 그렇게 열렬히 주장했던 대로 정부를 구성할
수 있었다. 매사추세츠만 식민지 정부는 총회 · 총독 · 부총독 · 참사
그리고 역원으로 구성되었다. 또 식민지 정부는 참사가 법을 만들도록
하고 총독을 선출토록 했다. 그리고 참사가 좋은 행동만 계속하면
관직을 보유하도록 했다. 자유민은 다만 참사의 공석이 생겼을 때
새 참사를 선출할 권한을 갖도록 했다. 몇 달 동안 사법권을 가진
'행정관'(magistrate)이 세금을 매기거나 입법을 하였으나 1632년에 참
사가 새로운 요새를 건설하기 위한 과세를 부과했을 때 심한 저항에
부딪혔다. 그해 5월 총회가 열렸을 때 자유민의 단체는 총독과 참사를
매년 선출해야 한다고 주장했다. 또한 자유민은 모든 타운은 과세를
부과할 때는 자유민과 함께 할 두 대표를 선출해야 한다고 주장하여
투표로써 1634년에는 이 권리를 획득했다. 그해 5월에는 여덟 개의

---

64) Thomas J. Wertenbaker, "The Fall of the Wilderness Zion", *Puritanism in Earl
America*, ed. by George M. Waller (Boston, 1950), p.27.

타운에서 각각 두 명의 대표가 선출되어 보스턴에서 집회하고 매사추세츠만 식민지의 특허장을 열람할 것을 요구하기도 했다.

존 코튼은 성경에 의하면 분명히 행정관들은 평생 관직을 보유할 수 있다고 주장했으나[65] 자유민은 양보하지 않았고 존 윈스럽을 총독으로 선출하지도 않았다. 실제로 일부 행정관들은 권력남용으로 벌금을 물기도 하였다. 이리하여 그들은 앞으로 총독·참사·역원으로 구성되는 총회에서만 과세권·입법권·자유인 승인권을 가진다고 규정하였다. 이리하여 매사추세츠만 식민지 특허장은 4년 만에 약간 공화정의 성격을 띠게 되었다.

## 제4절 이단의 도전과 정통의 변질과 변용

매사추세츠만 식민지를 중심으로 하는 정통 뉴잉글랜드 퓨리터니즘에 대한 이단의 도전은 미국 퓨리터니즘의 변화 내지 쇠퇴를 가져오게 했다. 최초의 도전은 토마스 후커(Thomas Hooker, 1586~1647)에 의해 시작되었다. 그는 존 코튼과 함께 1633년 뉴잉글랜드에 도착하여 뉴타운(지금의 케임브리지)에서 목사가 되었지만, 매사추세츠의 신정적 정부형태에 불만을 품게 되었다. 이리하여 그는 1636년에 그의 지지자들을 이끌고 코네티컷으로 옮겨가 하트퍼드(Hartford)를 건설하였다. 역사가들은 그를 "미국 민주주의의 아버지"[66]라 부르기도 한다. 왜냐하면 그는 투표권을 교회원에게만 부여하는 것을 비판하였기

---

65) Thomas J. Wertenbaker, "The Fall of the Wilderness Zion", *Puritanism in Earl America*, ed. by George M. Waller (Boston, 1950), p.27.

66) Encyclopaedia Britanica, 1979ed., s. v. "Thomas Hooker".

때문이다. 그는 1638년 코네티컷 총회에서 "인민은 하나님이 주신 행정관(magistrate)을 선택할 권리를 가졌다"[67]고 주장했다. 이것은 그 당시로써는 앞서 나간 대단히 진보적인 사상이었다. 그러나 그는 교회와 국가를 분리할 의사는 없었으며 투표권은 하나님의 뜻에 따라 행사해야 한다고 생각했다. 그는 유명한 「코네티컷 기본법」(The Fundamental Orders of Connecticut)을 만들었는데 "근대 민주주의의 최초의 성문헌법"[68]이라 불리기도 한다. 그러나 토마스 후커는 교회정치에 있어서는 장로주의의 질서보다는 자치적 회중주의를 더 좋아했다. 그의 코네티컷으로의 이주는 매사추세츠를 약화시키는 데 일조하였다. 그는 지배자의 손에 모든 권력을 부여하는 것은 폭정을 초래한다고 생각했다.

또 하나의 도전은 로저 윌리엄스(Roger Williams, 1603~1682)에 의해 이루어졌다. 학식이 높고 자유주의적이었던 그는 1631년 영국에서 뉴잉글랜드에 도착하여 세일럼(Salem)에서 목회직을 수행하였다. 공개적으로 분리주의자였던 그는 한 때 기존교회가 영국교회와 관계를 끊지 않는다고 공격하였다. 그 밖에 법적인 서약이나 총회에서 부여된 토지소유권의 타당성에 대해서도 비판적이었으며 교회와 국가의 결합도 비난하였다. 그는 또한 설교에서 행정관이 안식일을 범하는 것을 비판하고 십계명 중 제4계명인 안식을 범한다고 하여 행정관이 인민을 처벌할 권한은 없다고 주장했다.

매사추세츠 목사들은 이 같은 로저 윌리엄스의 지도자들에 대한 공개적인 공격은 "위험한 견해"로서 그냥 넘길 수 없었다. 매사추세츠

---

67) Ibid.

68) Webster's American Biographies, 1979ed., s. v. "Thomas Hooker".

의 목사들은 그의 교회는 이단이며 그는 배교자이며 견해가 너무 완고하고 너무나 위험하여 관용을 베풀 수 없다고 판단하였다.[69]

결국 윌리엄스는 당국에 의해 출두명령을 받았고 재판 후에 추방명령을 받았다. 그러나 그에 대한 추방 명령은 그해 봄까지 연기되었다. 단, 그것은 그의 견해를 확산하지 않는다는 조건하에서였다. 그러나 그것은 지켜지지 않았다. 이리하여 행정관들은 그를 영국행 배에다 감금하려고 했다. 그러자 그는 나라간세트(Narragansett)만 지역으로 도망하여 당국은 쉽게 승리를 거두었다. 그러나 그것은 값비싼 승리였다.[70] 왜냐하면 그것은 행정관에 호소하여 승리했기 때문이다. 이리하여 분열은 순간적으로는 봉쇄할 수 있었으나 물리적 힘은 다양한 견해를 막을 수 없었다. 오래지 않아 이단은 보다 더 위험한 형태로 다시 나타났다.

로저 윌리엄스 다음으로 매사추세츠의 정통에 도전한 사람은 도덕률 폐기론자인 앤 허친슨(Anne Hutchinson)이었다. 그녀가 영국에 있을 때는 존 코튼 목사의 교인이었으며 "지혜롭고 용감한 정신"을 가진 여성으로 칭찬받기도 했다.[71] 그녀는 보스턴에 도착한 후 얼마 안 되어 매주 설교를 듣고 나면 그 설교 내용을 가지고 서로 이야기하고 토론하기 위해 자신의 집회를 가지기 시작했다. 이것은 곧 목사들의 설교를 비교하게 되고 그리고 그녀 자신의 교리를 주장하게 되었다. 그녀는 목사들이 지나치게 행위의 언약을 설교한다고 비판하였다. 그녀는 성경이 가르치는 구원은 행위의 언약에 기초한 것이 아니라 은혜의 언약에 기초하고 있다는 것을 주장하였다. 비록 윈스럽이 "아무

---

69) Ibid., "Roger Williams".

70) Thomas J. Wertenbaker, op. cit., p.28.

71) Ibid.

도 어떤 상이점이 어디 있는지 말할 수 없다"[72]고 했지만 교회 지도자들은 충분히 그녀의 아이디어가 기존질서와는 일치하지 않는다는 것을 알게 되었다. 허친슨이 주장하는 은혜의 언약은 인간과 창조주와의 직접적인 교통을 가능케 한다. 그러나 행위의 언약은 목사들이 공식적인 해석자가 된다. 따라서 허친슨의 교리가 폭넓게 수용된다면 단결이 깨질 뿐만 아니라 매사추세츠 정치에 큰 타격이 되게 되었다.

한 때 보스턴의 교회는 허친슨 부인을 전적으로 지원하기도 하였고 위대한 지도자 존 코튼은 그녀의 교리를 수용하려고 했었다. 그녀가 주장하는 사랑을 중시하는 교리는 법과 심판을 중시하는 기존 교리보다는 자연적으로 친절한 성격을 띠게 되었다. 허친슨을 지지했던 그녀의 시동생 존 휠라이트(John Wheelwright, 1592~1697)와 젊은 해리 베인(Harry Vane)은 싸움에 앞서게 되었다. 휠라이트는 총회에 소환되어 질문을 받았으나 공개장소가 아니라는 이유로 질문에 대한 답변을 거부하자 그는 선동과 경멸죄로 다스려졌다. 매사추세츠의 중심인 보스턴에 대한 그들의 영향력을 약화시키기 위해 최종 판결은 다음 선고법정으로 이월되었으며 뉴타운으로 넘겨졌다.

보스턴의 정통파는 투표에서 윈스럽을 다시 총독으로 선출하는데 성공한 후에 베인, 코딩튼 그리고 호폐를 대리인으로서 허친슨 추종자들에게 보냈다. 보스턴의 총회의는 그들 추종자들을 소환하여 죄인 취급을 하여 앉히지도 않았다. 그러나 일단 그들을 다시 돌려보냈다. 총회의는 어떻게 해야 할지 몰랐기 때문이었다. 그러나 다음 여름에 성직자들은 종교회의에서 허친슨의 이론은 오류가 있고 신성모독이라고 결론을 내렸다. 이리하여 11월 총회의에서 휠라이트는 투표권을

---

72) Winthrop, *History of New England*, I. p.209.

상실하고 추방되었다. 허친슨도 정통사회에 맞지 않는 여성으로서 그들의 관할권으로부터 추방되었다.[73] 이러한 방식으로 교회 지도자들은 이단을 숙청하여 교회의 가장 위험한 위기로부터 벗어날 수 있었다. 보스턴의 지도자들은 허친슨 일파에 대해서 "그렇게 상반되는 두 부분이 동일한 몸 안에 함께 할 수 없다"고 생각했다. 그들은 통일성과 동질성을 구하려고 했으나 상처는 쉽게 치유할 수 없었다.

매사추세츠의 정통에 대한 도전은 이처럼 안에서만 있었던 것이 아니라 밖에서도 있었다. 1656년 퀘이커 선교사들이 개종을 공공연한 목적으로 뉴잉글랜드에 침투했다. 퀘이커 교도들이 민주적 경향을 띠고 행정관에 대한 특별한 존경을 바치기를 거부하고 기존의 성직자들의 요구를 거부하자 청교도 지도자들은 불쾌하게 생각하였다. 메리 피셔(Mary Fisher)나 앤 오스틴(Ann Austin) 같은 두 여자 선교사가 보스턴에 도착하자 보스턴은 그 기초가 흔들렸다. "마치 무서운 군대가 국경을 침범한 것처럼 왜 두 여자가 온 것이 당신들을 그렇게 흔들어 놓았는가?"[74]라고 비판이 나올 정도로 큰 파문을 불러일으켰다. 실제로 행정관들은 무장한 군대의 침입에도 이보다는 덜 당황했을 것이다. 왜냐하면 퀘이커 교도들은 그들의 영혼을 공격하고 있었기 때문이다. 그들은 이들 두 여자를 체포하고 그들의 책을 불태우는 데 그치지 않고 그녀들이 다른 사람들에게 설교를 못하도록 그녀들을 가두었던 감방문에 판자를 치기도 했다. 5주간 수감 후 그녀들이 왔던 바바도스(Barbados)로 송환되었다.[75] 며칠 후 또 8명의 퀘이커 교도들이 런던에

---

73) J. T. Adams, *The Founding of New England* (Boston, 1922), p.171.

74) George Bishop, *New England Judged by the Spirit of God* (London, 1703), p.2.

75) 한 여자는 굴욕을 증명하기 위해 그리스(grease)와 등불의 검정(amp black)으로 얼굴을 칠하고 낡은 마포 가운을 입고 나타나야 했다. 다른 두 사람은 "하나의

서 왔을 때는 앤디코트(John Endicott, 1589~1665) 총독이 즉각 그들을
투옥시키고 출국시켰다. 10월 총회의는 어떠한 주민이라도 퀘이커
교도를 데리고 오면 100파운드의 벌금을 물도록 결정하고 퀘이커
교도는 채찍형에 처하도록 했다.76) 그 후에 제정된 조례는 영국에서처
럼 그것을 어기는 자는 인두로 혀를 잘라내고 또 추방하도록 했다.
그래도 만약 또 다시 들어오면 사형에 처하도록 했다. 뉴헤이븐(New
Haven), 플리머스 그리고 코네티컷도 역시 퀘이커 교도에 대한 엄한
법을 제정하여 통과시켰으나 매사추세츠만이 사형을 정하였다. 그러
나 종교적으로 관대하고 자유로운 로드아일랜드는 이러한 어떤 박해
도 가하지 않았다. 오히려 퀘이커 교도들이 뉴포트(Newport)에 착륙하
자 친절히 그들을 영접하기도 했다. 그러나 다른 식민지들은 퀘이커
선교사들이 로드아일랜드를 전진기지로 이용할까 두려워하면서 맹렬
히 비난하면서 '오염'을 방지하기 위한 강력한 조치를 취하도록 협박하
였다.77) 그러나 로저 윌리엄스는 이러한 요구에 대하여 냉담하였다.
왜냐하면 그는 양심의 자유를 유지하려는 의지를 가지고 있었기 때문
이었다. 양심의 자유는 그들이 가장 중히 여기는 바였다.78)

---

　　표시"로서 나신으로 교회와 시장에 보내졌다.

76) Thomas J. Wertenbaker, op. cit., p.30.

77) *United Colonies of New England, Acts*, II. p.180.

78) 청교도들은 교회의식을 낮은 자리로 보내는 대신 두 가지를 강조하였다.
　　즉 사람의 양심과 문자 그대로의 성서주의이다. 그들의 양심에 대한 강조는
　　특별히 칼뱅사상에 의해서였다. 칼뱅은 하나님이 인간에게 말하는 메커니즘
　　을 양심 안에서 보았다. 칼뱅에게는 밝은 양심은 선택받은 자의 유일한
　　표시였다. 양심은 은혜에 대한 어떠한 외부적 도움으로 거부한 청교도 사상에
　　있어서 중심이었다. "인간의 양심은 하나님의 판단에 입각한 인간자신의
　　판단이다"고 어떤 청교도는 이렇게 규명하기도 했다. J. P. Cooper ed., *The
　　New Cambridge Modern History* (London, 1971), vols Ⅳ, p.193 참조.

매사추세츠 행정관들은 다른 식민지의 협조나 공감을 얻지 못하면서 퀘이커 교도와 계속 싸워야했다. 1659년 9월 메리 다이어(Mary Dyer), 윌리엄 로빈슨(William Robinson), 마마듀크 스티븐슨(Marmaduke Stevenson)은 순교를 각오하고 보스턴에 왔다가 모두 추방되었다. 이어 그들의 부인들이 로드아일랜드에 도착하였다가 둘은 세일럼으로 갔으나 모두가 사형선고를 받고 로빈슨과 스티븐슨은 교수형을 당했다. 그러나 다이어 부인은 그녀의 손과 다리가 묶이고 눈은 가려지고 밧줄이 그녀의 목에 고정되기도 했으나 형집행유예라는 말을 들었다. 한번 더 아일랜드로 송환되었으나 그녀의 가족들은 그녀를 거기에 붙들어 놓는 데 실패했다. 봄에 그녀는 다시 보스턴에 되돌아왔다가 결국 처형되었다. 1660년 11월 또 다른 퀘이커 교도인 윌리엄 레들라(William Leddlra)도 동일한 운명을 당하였다.

이렇게 정통과 이단과의 싸움은 극단적으로 되어갔지만 결국 정통 세력이 싸움에서 불리하게 되었다.[79] 왜냐하면 퀘이커 교도들의 고난에 대해 그들의 교리에 단순히 경멸만 하던 수천 명이 동정하기 시작했기 때문이다. 어떤 퀘이커는 법정에 뛰어들어와 에디코트 총독에게 "당신이 흘리게 한 피는 이미 하나님께 당신에게 보복을 해 주소서 하고 외치고 있다"고 소리쳤다. 그는 체포되어 재판을 받았다. 행정관들은 오랫동안 어떻게 해야 할지 토론을 했다. 민심이 그들에게 등을 돌리고 있었기 때문이었다. 또한 부분적으로는 영국 국왕으로부터의 간섭이 두려웠고 민중이 분명히 반대했기 때문이었다. 이리하여 박해는 온건한 형태가 되지 않을 수 없었으며 그 후는 더 이상의 사형은 없어졌다.

---

79) Wertenbaker, op. cit., p.31.

이와 같은 일련의 사건들은 정통을 유지하기 위하여 이단에 담을 쌓는 가운데 일어난 것인데 청교도의 "바이블 국가"의 이상은 허물어지기 시작했다.[80] 또한 매사추세츠의 민중이 목사들과 행정관들을 따르지 않는 경계선이 있다는 것을 분명히 보여주었다. 허리까지 옷을 벗기고 수레에 매달아 끌고 다닌다든지 자주 맞은 채찍으로 등에 피멍이 들고 눈과 얼음 위를 걷는 고통받는 퀘이커 교도들의 광경은 민중의 마음에 급격한 변화를 일으켰던 것이다. 청교도 박해자들은 더 이상 호감을 받을 수 없게 되었다.

거기다가 영국으로부터 간섭이 왔는데 매사추세츠의 기존 질서의 바탕이 되었던 특허장의 조기 종식의 위협과 퀘이커 교도의 무구한 피를 국왕의 영토 내에서 더 이상 흘려서는 안 된다는 왕명이 그것이었다. 영국 퀘이커 교도들은 이 메시지를 배를 전세내어 6주 만에 엔디코트 총독에 전했다. 이리하여 이단에 대한 법은 수정되었다.

영국의 찰스 2세는 퀘이커 문제를 계기로 그의 관심을 식민지문제에 돌리기 시작했다. 매사추세츠가 국왕으로부터 거의 독립된 상태였다는 것, 권력은 편협한 종교적 집단에 있다는 것, 영국의 항해조령 등 법을 지키지 않는다는 것, 충성의 서약이 무시되었다는 것, 국교회의 신앙이 금지되었다는 것 등을 깨닫게 되었다. 그래서 국왕은 식민지에서 왕의 권위를 확립할 조치를 취하게 되었다.[81] 이리하여 찰스와 매사추세츠는 30년간 갈등과 투쟁을 하게 되었다. 찰스 1세는 영국에서의 그의 발판이 불확실할 때는 매사추세츠의 문제에 대해서 삼가하면서 다만 경고하거나 특허장에 대한 위협과 그의 대리인을 식민지에

---

80) Ibid.

81) Ibid.

보내는 것으로 만족했다. 매사추세츠 행정관들은 왕의 명령을 공개적으로 조롱하지는 않았으나 계속 회피하거나 지연시켰다.

그러나 제2의 스튜어트 절대왕정이 등장하자 상황은 급변하였다. 민첩한 찰스 2세는 루이 14세의 연금을 받음으로써 의회지배로부터 자유로웠다. 그는 생애의 최후까지 영국과 아메리카에서 자유를 종식시키는 일에 몸 바쳤다. 찰스는 매사추세츠의 편협한 지도자에 대한 공세에만 그치지 않고 기존 질서까지 제한하려고 했다. 에드먼드 안드로스(Sir Edmund Andros, 1637~1714)에 의해 뉴잉글랜드의 총회의(General-Court)는 폐지되었다. 모든 자유부동산소유자(free holder)는 토지소유권의 취소도 위협 받았다. 그러나 찰스 2세와 제임스 4세의 폭정은 일찍 끝났다.

1688년 영국의 명예혁명은 영국뿐만 아니라 신대륙 뉴잉글랜드에서도 크게 영향을 미쳤다. 인크리스 매더(Increase Mather, 1639~1723)[82]는 영국으로 가서 본래의 특허장으로 갱신해 줄 것을 호소하였다. 그는 모든 매사추세츠 인민의 대표라고 주장했으나 사람들은 종전의 반독립적인 지위를 좋아하면서도 지방문제에 있어서 옛날의 편협한 행정을 좋아하지 않았다. 1689년 5월 워트타운에 의해 통과된 결의는 자유민의 수를 전보다 크게 확대해야 한다고 하였다. 제임스 2세가 사망했다는 소식에 보스턴 사람들은 폭동을 주장하고 실제로 폭동을 일으켰다. 그들은 총독 안드로스를 수감하고 본래 특허장의 정부를 회복하였다. 이러한 행동은 로드아일랜드와 코네티컷에서도 같이 일

---

82) 인크리스 매더는 구특허장의 취소에 항의하고 1688년 영국에 가서 그것을 회복하려고 했으나 처음에는 실패했다. 그러나 1690년 식민지의 공식적 에이전트로 임명되어 윌리엄 3세로부터 1691년 새 특허장을 획득하는데 성공하였다. 새 특허장에 의해서 플리머스는 매사추세츠에 병합되었다.

어났다.

이리하여 1691년 새 특허장이 발부되었는데 이에 의해 플리머스, 메인 그리고 노바스코티아는 병합되었다. 매사추세츠는 버지니아와 마찬가지로 국왕의 정부를 세웠다. 대의적 의회가 있게 되고 투표권은 교회원의 자격에 기초하지 않고 재산소유에 기초하게 되었다. 총독은 국왕이 임명하게 되어 새 총독으로 윌리엄 핍스 경(Sir William Phips, 1650~1694)이 임명되었다. 총독은 의회의 입법을 거부할 수 있었고 행정관과 다른 관리의 임명권을 가졌다. 의회(Councils)의 의원은 입법부에 의해 지배되었으며 가톨릭을 제외하고 모든 프로테스탄트의 종교적 자유가 보장되었다.83) 아직 성직자들의 권력은 완전히 붕괴되지 않았지만 그들의 신정정치적 정치권력의 상실은 컸다. 그런데 이보다도 도덕적 권위의 상실은 더욱 컸다. 이리하여 뉴잉글랜드의 신정정치는 종언을 고하게 되었다.84)

한편 1692년 세일럼에는 마법재판(witchcraft trials)이 있었다. 이것은 청교도들이 예배와 행동에 있어 통일성을 강조한 극단적인 사례였다.85) 소위 '세일럼 마녀재판'(Salem witchcraft trials)으로 알려진 일련의 재판이 5월에서 9월까지 있었다. 수백 명의 사람들이 체포되고 많은 사람들이 수감되었으며 19명이 교수형을 받았다. 이들 각자는 재판에 회부되고 판결을 받았는데 그 이유는 마법에 관계되었거나 마녀라는 것이 기소이유였다. 기소된 소녀들은 티투바(Tituba)라는 늙은 흑인노

---

83) Ibid., p.33.

84) H. L. Osgood, *The American Colonies in the Seventeenth Century* (New York, 1904~1907), Chapter III, pp.xiii~xiv.

85) Gerald Lenwand, *The Pageant of American History* (Boston and Atlanta, 1975), p.28.

예로부터 이상한 이야기를 들었다는 것이다. 그들이 발작을 하고 까무러치고 주문을 외기도 했으나 지방 의사들은 그들에게서 아무것도 잘못된 것을 발견할 수 없었다. 이것을 마녀가 소녀들을 해치려는 사탄과 공모한 것으로 믿었다.

그런데 목사들은 이를 분명히 위기로 생각했다. 목사들은 마을에서 마귀를 몰아내도록 기도하고 마을 사람들은 이상한 행동을 하는 사람들을 감시하도록 했다. 누구든지 이상한 말이나 행동을 하는 사람은 마녀로 간주하였다. 만약 기소된 자가 고백을 하면 목숨을 살려주었으나 마녀라고 고백하는 것은 일생동안 사회적 아웃 캐스트로 운명 지어진다는 것을 의미했다. 마녀가 아니라고 부인하는 사람들은 마녀가 아니라는 증명을 해야 했으나 증명은 어려웠다. 세일럼의 마법재판은 식민지사에 있어서 부끄러운 오점이며 에피소드였다.[86] 나중에 박해에 가담했던 사람들은 그들의 잘못을 깨달았고 그러한 재판은 다시 열리지 않았다.

1645~1674년 동안 영국에서는 300명이 마녀라는 죄명으로 교수형에 처해졌고, 14~18세기의 스페인과 포르투갈에서는 처형된 마녀가 수십만 명에 이르렀다. 역사가 모리슨은 마녀재판은 17세기 상황의 공통적 결과이지 매사추세츠의 퓨리터니즘 때문에 일어난 사건은 아니라고 했다.[87] 이는 그들이 종교적 일체감과 동질성을 유지하려고 얼마나 애를 썼는가를 보여준 좋은 사례라는 것이다.

이상에서 살펴 본 바와 같이 뉴잉글랜드 건설은 최초의 청사진을 수정하면서 진척되었는데 그 과정에는 언약신학의 이론도 변하였다.

---

86) Ibid.

87) 梓川恙, 「魔女の世界ーセイレムの魔女」, 大下尚一, op. cit., pp.101~128 참조.

즉, "중도언약"(Half-way Covenant)의 채용88)이 그것을 단적으로 보여주는 것이었다. 1662년에는 세례를 받았지만 회개하고 회심의 체험을 간증하지 않는 교회원의 자녀들에게까지 세례를 허가하여 교회원이 되고 참정권을 허락한 이 "중도언약"이 채택되었다. 초기의 청교도들은 회심의 경험을 간증할 수 있어야 교회원이 될 수 있었다. 그리고 그들의 자녀들은 유아 세례를 받았다. 그러나 이들이 교회에서 완전한 교회원의 자격을 얻고 또한 성찬례에 참가하는 것이 허락되기 전에 그들도 역시 회심의 증거를 보여주어야 했다. 그런데 많은 사람들은 결코 회심의 경험을 간증하지 않았다. 그러나 그들은 세례를 받았기 때문에 성인이 되면 교회원으로 생각되었다. 회심의 체험을 간증하지 않는 자가 성찬식에 참가하는 것은 허용되지는 않았다. 그들은 다만 교회언약 안에서 '중도'(Half-way)일 뿐이었다.

이들 세례는 받았지만 회심하지 않은 자의 자녀들이 교회원이 되고 세례를 받을 수 있는지 없는지가 논쟁거리가 되었다. 1657년 목회자 회의에서 그러한 자녀들은 세례를 받을 수 있고 교회원으로 받아들인다고 결정했다. 이 조치는 식민지에서 줄어들던 교회원의 수를 다시 증가시켰다. 그들은 투표권자로서 또한 관직을 보유할 수가 있었다. 이 중도적 해결책은 18세기에도 계속되었는데 교회원 자격

---

88) Skotheim, op. cit., p.184. 일본성경에서는 Covenant를 계약이라고 번역했다. 따라서 Half-way covenant를 반도계약이라고 번역하기도 한다. 그러나 우리나라 성경에서는 Covenant를 언약이라고 번역했다. 그래서 여기서는 중도언약이라 번역했다. Robert G. Pope, *The Half-Way Covenant: Church Membership in Puritan New England* (Princeton, 1969) ; Ross W. Beales, Jr., "The Half-Way covenant and Religious Scrupulosity: The First Church to Dorchester Massachusetts, as a Test Case", *William and Mary Quaterly*, XXXI(1974)와 Perry Miller, "The Half-way Covenant", *The New England Quaterly*, VI(1933)등이 중도언약에 관한 좋은 참고문헌이 된다.

(Church-membership)은 확신이 가는 신자들만이 받을 수 있다는 정책이 채택될 때까지 지속되었다. 여하튼 정통 칼비니스트들에게는 중도언약이나 중도 청교도란 있을 수 없었다. 그러나 이것이 매사추세츠 건설 후 35년만에 승인되었다는 것은 뉴잉글랜드 퓨리터니즘이 얼마나 급격하게 수정되었는가를 보여준 것이다. 또한 17세기 후반에는 언약사회의 틀을 깨는 새로운 경향이 더욱 현저하게 되었다. 구원의 체험이 결여된 타운의 원심화, 상인세력의 대두와 합리적 자유주의적 사고가 증가하는 경향을 보여주었다. 1685년에 인크리스 매더 목사는 당장 이 중도언약을 저지하지 않으면 주민은 야만과 이교의 포로가 될 것이라고 경고하기도 했다. 무역과 토지의 투기에 의해서, 생산하지 않은 상인의 사회적 지배력이 증대될 뿐만 아니라 이들 부유계급 사이에는 영국 유행의 보잘 것 없음과 매사추세츠 정통주의를 침해하는 자유주의적 신사조 경향이 보였다. 이러한 경향에서 요컨대 뉴잉글랜드인의 생활과 의식의 심층에 있어서 퓨리턴으로부터 양키에로의 전환을 읽을 수 있다.

이러한 변화의 예는 비단 그들의 정통교리나 정치체제 면에서 만이 아니라 여러 측면에서 나타났다. 뉴잉글랜드에서 가장 유명한 윈스럽가의 존 윈스럽 2세(John Winthrop Jr., 1605~1676)는 아버지와 함께 뉴잉글랜드 건설에 생을 바쳤는데 15년간 매년 코네티컷의 총독으로 선출되었다. 그러나 그는 아버지와 같이 강한 퓨리터니즘의 신념이 결여되어 제철소 건설에 열정을 불태웠고 개인적 관심도 의술과 화학 연구에 있었다. 존의 아들 피츠 윈스럽(Fitz John Winthrop, 1638~1707)을 비롯한 두 아들도 계속 공직에 대한 관심을 가져서 피츠도 코네티컷의 총독까지 되었으나, 두 아들 모두 자기 자산의 증식 쪽에 보다 열심이었다. 윈스럽가는 청교도 유산을 계승하였으나 거기에는 신앙적 확신이 약화되고 그것에 반비례하여 자산에 대한 관심이 커졌다. 더욱 흥미 있는 것은 각각 세대가 보인 아메리카에 대한 관심이다. 존 윈스럽은 청년기에 스튜어트조 영국에 반항하여 신대륙에 이주하고 공동사회의 건설과 그 질서의 유지에 반생을 바쳤다. 청년 존 윈스럽 2세는 이 공동체의 경제적 개발에 몸바쳤으나 보스턴의 작은 세계에 빠져들지 않고 새로운 개척지 입스위치(Ipswich)를 건설하였다. 피츠는 뉴잉글랜드에 만족하지 않고 크롬웰 치하의 영국에 가서 거기서 왕정복고를 맞았다. 궁정의 귀족적 생활에 매력을 느낀 그는 곧 왕실의 신하로서 식민지에 돌아와 코네티컷 총독에 피선, 정통적 질서의 유지에 노력한 청교도가 되었다. 그러나 그는 그것에 덧붙여 본국의 규제에 대한 식민지의 경제적 이익을 옹호한 양키였다.89)

이러한 식민지의 경향을 정통적 청교도들은 어떻게 보았던가? 말할 것도 없이 그것은 통탄할 타락이었다. 윈스럽가와 나란히 3대에 이르기까지 명문으로서 지도적 성직자를 배출한 매더가 2대째인 인크리스와 그의 아들 코튼(존 코튼은 외조부)은 집요하게 뉴잉글랜드 퇴폐를 비난하고 참회의 절규를 하였다. 성직자들은 이것에 호응하여 식민지 의회는 자주 날을 정하여 사람들에게 회개를 촉구했다. 페리 밀러(Perry Miller)와 새크밴 베르코비치(Sacvan Bercovitch)는 이것을 불신앙 때문에 유태 왕국이 망했다고 절규한 예언자 예레미야의 비탄에 비교하였다.90) 지금 남아있는 많은 기록은 17세기 후반부터 18세기 초반에

---

89) Richard S. Dunn, *Puritan and Yankees: The Winthrop Dynasty of New England* 1630~1717 (Pinceton, 1962)는 윈스럽가 3대의 전기적 연구를 통해 청교도의 양키화를 규명하여 흥미롭다.

90) 뉴잉글랜드에 있어서 참회의 의미를 분석하고 청교주의의 변천을 해명한

걸쳐 뉴잉글랜드 각지에 예레미야[91]의 비탄의 소리를 전해주고 있다.

그러면 이 현상을 어떻게 이해하면 좋을까? 그것이 신앙심의 일반적 후퇴와 식민지사회의 변화 즉, 퓨리턴에서 양키화에 대한 반응이었다는 것은 말할 필요도 없다. 그러나 일반적으로 말하면 양키화가 위험한 징조를 내포하고는 있지만 예레미야의 비탄의 소리만큼 심각한 퇴폐는 없었다는 것이다. 대체적으로 주민들은 설교를 노트하면서 듣고 충실히 예배를 드렸고 도덕적 퇴폐가 그처럼 눈에 띄지는 않았다. 윈스럽가의 사람들에게 보이는 것처럼 많은 주민이 양키화했음에도 불구하고 아직 충실한 신도들이었다. 또한 이 회개의 절규는 영향력을 잃은 성직자가 자기의 지위를 유지하려는 노력으로 설명할 수 있다는 것이다. 그러나 주민에게 회개를 요구했던 것은 성직자만이 아니라 식민지의회에서도 있었고 주민도 이 예레미야의 비탄의 설교에 귀를 기울였던 것이다.[92] 성직자들은 단지 반만 이해한 의무감에서 고백의 의식을 실천하고 있었다. 이렇게 보면 예레미야의 비탄의 의미 즉, 퓨리턴에서 양키화에 대한 반응은 좀 더 자세한 설명이 필요하다.

먼저 그 답에는 식민지의 성공과 번영이 그 건설목적의 상실을 가져다주었다는 사실에서 얻을 수 있다. 식민지 번영 자체는 청교도에게 있어서 기뻐할 수 있는 것이고 그것은 하나님의 은혜의 증거였다. 세일럼의 목사 존 히깅슨(John Higgingson, 1616~1708)[93]은 하나님의

---

것은 밀러의 업적으로서 유명하다. Perry Miller, *Errand into the Wilderness.* Chapter 1. *The New Englad Mind: From Colony to Province*, Book 1 Declension과 Sacvan Bercovitch, *The American Jeremiad*, The University of Wisconsin Press, 1978 참조.

91) 예레미야는 구약성경에 나오는 히브리민족의 예언자 중의 일인으로서 그의 비탄과 전죄의 소리는 『예레미안서』와 『예레미아애가』에 잘 나타나 있다.

92) Perry Miller, *The New England Mind: From Colony to Province*, p.41.

은혜에 감사하면서 말하기를 "오오 사람들이여 보라! 당신들의 마을과 농장과 당신들의 주거, 점포, 선박을 보라! 여러분의 커다란 번영인 땅의 놀라운 증가를 보라!" 이처럼 신실한 성직자들은 그들의 목소리를 높였다.94) 주민들이 행위의 언약에 충실하여 하루하루의 생활에 힘쓰면 번영은 그만큼 증대되었다. 그러나 은혜의 혜택인 당연한 번영은 신앙심의 쇠퇴를 초래했다. 더욱이 중요한 것은 그것이 공동사회의 질서를 파괴하는 결과로 나타났다는 것이다. 공동사회의 질서란 식민지 건설에 즈음하여 하나님과의 언약에 의해서 주어졌던 것이며 그것은 주민이 하나님께 충실하면 한층 견고하게 되는 것이었다.

그러나 청교도들은 은혜에 상응한 생활에 힘쓰면 힘쓴 만큼 언약에 의한 질서가 붕괴하게 된다는 딜레마에 직면하게 되었다. 소위 퓨리턴의 딜레마에 빠지게 되었던 것이다. 예레미야의 비탄은 이러한 청교도의 딜레마의 표현으로서 볼 수 있을 것이다. 그것은 하나님의 구원에 합당하게 살려는 의지의 표현이고 하나님과 언약을 범한 것에 대한 정죄의 의식이었다.95) 또 하나 간과해서는 안 되는 것은 뉴잉글랜드 건설자들의 의식에서 이주는 황야에의 도피가 아니라 세계의 모범이 되는 "언덕 위의 도시"의 건설이라는 특별한 사명을 띠고 있다는 것이다. 즉, 영국에 개혁의 기회가 도래했을 때 뉴잉글랜드는 모델을 제공해야 한다는 것이다. 이것이 대이주를 정당화하는 지도자들의 이론이었으며 창설기의 고난의 이유였던 것이다. 그러나 현실은 그들의 기대를 배신하는 결과가 되었다. 1640년 장기의회가 열렸을 때 장로파가

---

93) Higgingson家는 Francis Higgingson과 그의 아들 John, 그의 손자 Nathaniel이 모두 성자 및 관리로서 유명하다. 존은 세일럼에서 목사였다.

94) Miller, *From Colony to Province*, p.38.

95) 大下尙一, op. cit., p.57.

우세한 본국의 청교도들은 아직 그들의 소리를 들으려고 하지 않았다. 반면 매사추세츠에서는 본국의 힘을 빌려서 장로주의를 인정하려는 음모로 고민하였다.[96] 그러나 그들의 사명을 다하는 날은 독립파의 대두로 인해 찾아왔다. 뉴잉글랜드 퓨리턴이 이 날을 얼마나 기다렸는 지는 하버드 대학 졸업자중 7명이나 본국의 혁명을 원조하기 위해 귀국했다는 점에서도 알 수 있다. 그러나 크롬웰은 혁명의 목적에 따라서 제 종파에 종교적 자유를 허락하고 로저 윌리엄스를 후대하였 다. 뉴잉글랜드 청교도들은 공화정하에서 이 같은 좌절감에 빠졌고, 최후의 희망도 왕정복고에 의해 소실되었다. 그 후 본국의 위협을 당하게 되었다는 것은 이미 설명한 바와 같다. 종교개혁의 모델을 건설하려는 사명을 가지고 황야에 심부름 온 청교도들은 그 목적을 잃었다.[97] 바야흐로 그들은 스스로 사회를 옹호하는 근거를 어디에서 구하면 좋을까?

이처럼 17세기 후반의 뉴잉글랜드는 사회의 내부와 본국에서 모두 목적 상실이라는 현실에 직면하였다. 예레미야의 비탄은 페리 밀러가 지적하는 바와 같이 청교도의 좌절감의 표현이며 양키 퓨리턴이 아이 덴티티를 구하기 위한 정죄의식이었다. 여기서 그들은 뉴잉글랜드 건설의 경험 가운데 스스로 사회를 옹호하는 근거를 구하지 않으면 안 되었다. 또한 동시에 아메리카 개발의 가능성 가운데 새로운 목표를 찾지 않으면 안 되었다. 1702년 출판된 코튼 매더의 『아메리카에 있어서 그리스도의 위대한 위업』[98]은 예레미야의 비탄으로 충만되어

---

96) Ibid.

97) Perry Miller는 *Errand into the Wilderness*에서 청교도를 황야에 심부름(errand)을 간 사람들로 보았다.

98) *Magnalia Christi Americana*는 1702년에 발행된 당시 뉴잉글랜드의 가장 유명한

있으나, 반면에 아메리카 식민지의 번영을 보여준 하나님 은혜의 풍성함을 자랑하고 장래의 희망을 보여주었다. 뉴잉글랜드의 타락을 경고하고 청교도 체제의 옹호에 온 정성을 다 쏟은 코튼 매더도 청교도의 양키화의 방향을 모색하고 있었던 것이다.[99]

이렇게 뉴잉글랜드 청교도들이 양키화 하는데 큰 영향을 미친 것은 계몽주의였다. 영국 지배하의 뉴잉글랜드에는 유럽으로부터 온 새로운 코스모폴리탄 세계관이 보스턴 같은 도시에 침투하고 있었다. 퓨리턴들이 건설한 커뮤니티들은 변모하게 되었다. 1730년대에 이르면 미국 퓨리터니즘은 세 프로테스탄트 섹트로 나누어지게 되었다. 18세기 첫 몇 년 동안에 뉴잉글랜드 대부분의 회중교회들은 엄격한 칼뱅의 교리를 자유화하거나 완화하기 시작하였다. 그들은 교회를 보다 많은 멤버들에게 개방하려고 노력하였다. 이들 성직자들을 "올드 라이트"(The Old Lights)라고 불렀다. 여기에 하버드 대학은 자유주의적인 올드 라이트의 거점이 되었다. 이에 대해서 조나단 에드워즈(Jonathan Edwards, 1703~1753)[100]의 지도하에 "뉴 라이트"(The New Light) 운동이 청교도들이 세운 예일 대학[101]을 중심으로 일어났다. 이 뉴 라이트는 당시 뉴잉글랜드 퓨리터니즘의 대표적인 지도자 에드워즈가 인간의 죄를 철저히 인정하고 하나님의 은총을 고양하고 그것에 응답해서

---

역사책으로 코튼 매더가 저술한 것이다. 그의 이단과의 투쟁과정과 비탄이 잘 나타나있다.

99) 大下尙一, op. cit., p.59.

100) 조나단 에드워즈에 대한 연구가 최근에 한국에서도 많이 이루어지고 있다. 예컨대, 양낙흥 교수가 쓴 『조나단 에드워즈—생애와 사상』, 서울 : 부흥과개혁사, 2003 ; 이안 머리, 윤상문 · 전광규 역, 『조나단 에드워즈—삶과 신앙』, 이레서원, 2006 ; 마즈던 저, 한동수 역, 『조나단 에드워즈 평전』, 서울 : 부흥과개혁사, 2006 등이 있다.

101) http://www.yale.edu/about/history.html 참조.

전신전력과 모든 지식과 모든 능력을 다해 하나님의 영광을 위해서 바칠 것을 설파한 데서 시작되었다.

미국의 소위 식민시대는 1776년 아메리카 독립혁명의 결과 1783년의 영국과의 조약에 의해서 종언을 고하고 아메리카는 새로운 시대로 들어섰다. 그 새로운 시대는 순조로운 항해로의 출범이 아니었고 오히려 사회전체는 격심한 변혁을 경험하게 되었으며, 국가의 기본적인 가치관조차 흔들리는 시대였다. 그러나 18세기가 끝나가고 19세기에 들어오면 초기의 퓨리터니즘의 신정정치에 분열이 생기고, 한쪽에서는 프랑스의 계몽사상에 영향 받은 폭넓은 시민사회의 성립을 바라는 요청이 일어나고 있었다. 동시에 다른 한쪽에서는 산업의 진전과 서부 프런티어의 이행에 따라서 물질적이고 세속적인 경향이 대두하고 있었다. 앞에서 말한 뉴 라이트와 올드 라이트는 모두 근대적 시민사회의 이념을 보편적인 인권으로서 파악하고 있었으나, 후자는 세속사회에 있어서 공리적 물질주의를 적극적으로 배척하는 세력이었다. 그들은 각각 다른 강조점을 가지고 있었으나 다 같이 옛날 뉴잉글랜드의 청교도적 신정정치와는 근저로부터 결별한 점에서 공통점이 있었다. 그것은 정치적으로 보면 뉴잉글랜드를 중심으로 하는 신정정치로부터 후의 제퍼슨적 민주주의로의 이행을 의미하고, 경제적으로는 동부를 중심으로 하는 통상에서 서부를 개발해가는 자본주의에로의 전환을 의미했다. 더욱이 윤리적으로는 경건주의적이며 퓨리턴적 율법주의로부터 현실적 실용주의와 공리주의로의 변화를 의미하고 있었다. 또한 종교적으로는 순수한 퓨리터니즘에 대해서 18세기 후반에는 이성을 중히 여기는 자유주의적인 유니테리언(Unitarian)과 유니버설리즘(Universalism)이 일어나고, 각 교파 내에 옛 교리를 고집하는 자와 새로운 교리를 주장하는 자와의 사이에 분열이 일어나고, 신학교가 나누어진다든지, 새로운 학교가 이념의 상이에서 생겨나게 되었다.

특히 1805년 하버드 대학에서 자유주의적 신학자 헨리 웨어(Henry Ware, 1764~1845)가 전통파가 미는 후보자를 밀어내고 중심적인 홀리스 강좌의 교수(The Hollis Professor of Divinity)직을 차지하게 되어, 자유주의적 색채는 점점 강하게 되었다. 19세기 초 뉴잉글랜드에는 삼위일체의 신앙에 선 정통파와 자유주의적인 뉴니테리안주의 간의 논쟁이 있었다. 특히 보스턴에서는 먼저 찰스 첸시(Charles Chancy, 1705~1787)와 조나단 메이휴(Jonathan Mayhew, 1720~1766) 등이 대각성운동에 반대하면서 자유주의적인 신학이 대두하게 되었다. 더욱이 윌리엄 채닝(William E. Channing, 1780~1842)의 지도하에 자유주의적 경향이 강화되어 그들은 유니테리언파라 불리게 되었다. 그들은 정통파가 견지하는 삼위일체 신앙을 인정하지 않고 인간의 원죄를 부정하고 또한 칼비니스트들이 주장하는 예정설의 교리를 배척하고 인간의 성선설과 이성을 중시하며 더욱이 구원의 보편성을 믿었다.

퓨리턴 정통파와 자유주의파가 싸움을 하고 있을 때 아직 복음에 접하지 않았던 이방인에의 전도를 열심히 외친 것은 전자인 정통파였다.

조나단 에드워즈는 1703년 코네티컷 주의 사우스윈저의 목사 집안에서 태어나서 1720년 예일 대학을 졸업하고 잠시 조수로 있다가 1727년 23세에 84세의 조부가 목회하는 노스햄프턴의 교회의 부목사가 되었다. 그 후 1750년에 신구 양파의 논쟁 때문에 오랫동안 목회했던 노스햄프턴 교회를 사임하고 매사추세츠주에서 먼 서쪽의 벽지인 스톡브리지의 한촌에 가서 인디언을 위한 전도에 종사해 왔다. 스톡브리지에는 지금도 조나단 에드워즈가 세운 간소한 목조 교회가 있다. 그것은 통나무로 세운 작은 건물로 그 문에는 열린 성경과 복음을 세계만방에 전하자는 마크가 새겨져 있다.

에드워즈는 역경의 몸을 조금도 한탄하지 않고 고독을 참으면서 아직 복음을 듣지 못한 인디언의 전도에 몸을 바쳤던 것이다. 그는 이 겨울이 길고 눈이 깊은 한촌에 약 8년간 머물렀다. 그는 프린스턴 대학 학장에 취임하도록 되어 초빙을 받았으나 그 수주 전에 아깝게도 천연두 예방 접종의 본을 보이다가 건강을 해쳐 1758년 55세의 젊은 나이로 세상을 떠났다.

에드워즈는 뉴잉글랜드 청교도 신학의 최고 최후의 신학자로서 루터나 칼뱅이 청교도 신학의 히말라야 산맥이라고 한다면, 그는 히말라야 산맥의 최고봉인 에베레스트 산에 비유되고 있다. 그는 하나님의 보편적인 힘을 믿고 인간의 죄를 지적하고 회개를 권하여 소위 '대각성 운동'(The Great Awakening Movement)을 지도하였다. 미국의 조나단 에드워즈와 영국 감리교 목사 조지 화이트필드(George Whitefield)는 소위 대각성운동이라 불리는 제일차 신앙부흥운동을 이끌게 되었다. 그들의 상상력과, 신화의 사용과 청교도 설교의 어휘 구조는 예레미야 와 같이 비탄을 유지하고 있었다. 그들은 회개한 인간은 하나님의 계획에 적극적으로 참여해야 한다는 것을 강조해 왔다. 더욱이 하나님 이 영광을 나타낼 종말의 날을 기대하면서 두려움과 희락을 가지고 아직 복음을 접하지 않은 이방인에 대한 전도를 몸으로 보여주었다.

에드워즈가 벽촌 스톡브리지에서 인디언에게 전도할 때 쓴 작품이 유명한 「자유의지론」(*Treatise on the Freedom of the Will*, 1754)이다. 이 가운데 그는 모든 것 위에 그리고 모든 사상 중에 역사하는 하나님의 힘을 역설하고, 또한 인간에게는 자유의지가 존재한다는 것을 지적하고 있다. 이 두 가지의 일견 모순되는 것처럼 보이는 요소 즉, 하나님의 지배와 인간의 의지는 대립하는 것이 아니라, 양립하는 것으로 파악되고 있었다. 이 때문에 에드워즈는 의지를 "선택의 의지"(the will as choice)와 "욕망의 의지"(the will as inclination)로 나누었다. 인간은 선택의 자유를 가지고 있으나 자신이 욕망하는 바에 따라서 선택하고 그 욕망하는 바는 인간의 본질에 의해서 규정된다는 것이다. 따라서 인간의 본질은 인간의 성격에 의해서 규정되고 있다. 그래서 인간은 성격을 바꾸어야 만이 선한 선택을 할 수 있다. 인간의 본질을 근저로부터 변화시키는 것은 인간에 의해서는 불가능하다. 그것은 성령의 역사(役事)에 의해서만 가능하다. 그렇기 때문에 인간의 죄를 회개하고 성령을 받아서 회심을 경험하는 부흥운동을 주창하였다. 실제로 이러한 영적 부흥운동은 하나님의 전능(omnipotence), 구원의 예정과 모든 인간의 죄(the predestination and the depravity of men)를 인정하고 그리고 주위의 각성과 부흥(Awakening and Revival)을 일으키게 하였다. 더욱이 아직 복음을 듣지 못한 이방인—그것이 인디언이든, 인도인이든, 중국인이든, 일본인이든 그리고 한국인이든—에게 전도를 추진해 나가야 한다고 믿고 있었다. 이러한 칼비니즘의 새로운 부흥운동에 참여한 자들은 앞에서 언급한 "뉴라이트"(NewLights)였다.

　이리하여 에드워즈의 영향으로 뉴잉글랜드 전체에 신앙부흥운동이 일어났다. 그래서 뉴잉글랜드를 중심으로 노스필드, 디어필드, 스프링필드, 윈저, 레바논 그리고 뉴헤이번 등의 도시와 마을까지 미쳤다. 뉴헤이번에 있는 예일 대학은 에드워즈의 모교이고 대각성운동이 일찍부터 일어나서 학생들에게 다대한 영향을 주었다. 한 예로 새로운 빛의 체험을 한 예일 대학생의 한 사람인 데이비드 브레너드(David Brainerd)가 있었다. 그는 에드워즈의 설교에 깊이 감동하고 새로운 비전을 가지고 벽지에 있는 인디언의 전도에 헌신하기도 하였다. 이러한 아직 복음을 접하지 못한 사람들에게 복음을 전하고자 하는 대각성 운동은 훗날 중국, 인도, 일본 그리고 한국에 선교사들을 많이 파송하는 데 큰 영향을 미쳤다. 그러한 선교사들 중에는 언더우드와 아펜젤러 등이 있었다. 또한 일본에도 선교사들이 파송되어 개신교를 일찍이 전파하였다.[102] 선교사 외에도 일본 정부의 초청으로 홋카이도에 간 청교도의 후예 윌리엄 S. 클라크(William Smith Clark, 1826~1886)[103] 같은 인물은 일본에 큰 영향을 미쳤다. 뉴잉글랜드 퓨리턴의 후예인 클라크는 비록 평신도였지만 농학자로서 뿐만 아니라 선교사의 역할도 감당하였다. 그는 일본 농업을 개혁하기 위해 일본 정부의 초청으로 홋카이도에 6개월이라는 짧은 기간 동안 체류하면서 오늘날의 홋카이도 대학의 전신인 삿포로 농업학교를 창설하였다. 그는 일본 학생들에게 "신사가 되어라"(Be gentleman), "소년들이여 야망을 품어라"(Boys, be ambitious) 하면서 서양의 신학문을 가르쳤을 뿐만 아니라 또한 일본 최초로 카레라이스 등 미국문화를 보급하면서 성경을 가르쳤다. 당시 법으로 학교에서는 성경을 가르칠 수 없었기 때문에 그는 학생들을 자기 집으로 불러서 예수를 믿겠다는 서약을 하게 하고 성경을 가르쳤다.[104] 그의 훈화 "Boys, be ambitious"[105]는 오늘날까지 홋카이

---

102)  竹中正夫, 「ニューイングランド・ピューリタニズムと日本傳道:アメリカン・ボード」, 日本開敎 100年を迎えて, 『同志社アメリカ研究』 第5號, 同志社大學 アメリカ研究所, 1968 참조.

103)  http://en.wikipedia.org/wiki/William_Smith_Clark 참조.

104)  클라크가 작성한 "예수 안에서 신자들의 언약"(The Covenant of Believers in Jesus)에 서명했던 31명의 학생들은 후에 기독교로 개종하였다. 그들 학생

도 대학의 표어가 되고 있다. 그의 학생 중에는 훗날 일본 개신교 발전에 크게 이바지한 우치무라 간조(內村鑑三, 1861～1930)[106]가 포함되어 있었다. 우치무라는 일본의 기독교 사상가로서 서구적인 기독교가 아닌, 일본인들에게 말씀하시는 하나님의 가르침 즉, 일본적인 기독교를 찾고자 한 사상가로 평가받고 있다. 그는 미국에 유학하여 신학자가 되어 일본 기독교 발전에 크게 영향을 미쳤을 뿐만 아니라 또한 한국인 유학생에게도 큰 영향을 미쳤다. 그가 바로 동경에 유학하고 있었던 김교신(金敎臣, 1901～1945)[107]이었다. 김교신은 1919년부터 1927년까지 정칙영어학교(正則英語學校)와 도쿄고등사범학교(東京高等師範學校)에서 지리학을 공부하였다. 이때 그는 성서 중심의 무교회주의를 주창한 우치무라의 문하에서 함석헌, 송두용 등과 함께 성서를 공부하였다. 그는『성서조선』이라는 잡지를 펴내 성서한국의 꿈을 폈다. 귀국 후 그는 경신학교에서 조선을 성서 위에 세우기 위한 무교회주의 운동을 시작하였다. 훗날 김교신의 제자들 중에는 손기정과 같은 인물이 포함되어 있었다. 이렇게 미국의 청교도 후예들은 미국은 물론 동아시아와 세계사에도 큰 영향을 미치게 되었다. 그들의 한국 개신교와 근대 교육에 미친 영향은 뒤에 좀 더 자세히 살펴보도록 하겠다.

---

중의 한 사람이 우치무라 간조(內村鑑三)였다.

105) "Boys, be ambitious"는 일본 청소년들에게 많은 영향을 미친 교훈인데 이 말은 원래 클라크가 처음 사용한 말이 아니고, 당시 미국의 뉴잉글랜드 사회에서 청소년들에게 덕담으로 하는 인사말이었다고 한다. 원래는 "Boys, be ambitious in Jesus"였다고 한다.

106) http://ja.wikipedia.org/wiki//內村鑑三 참조.

107) http://ko.wikipedia.org/wiki/김교신 참조.

# 제Ⅳ장 미국 청교도 사상의 신학적 원리

## 제1절 퓨리터니즘과 경건

미국 뉴잉글랜드 퓨리터니즘의 가장 두드러진 신앙적 특징은 경건과 언약신학에 있다고 하겠다. 모든 종교에 있어서 경건(piety)은 하나의 공통된 요소이다. 그것은 "신 혹은 대자에게 자신을 바치는 귀의, 또는 무조건적 충순의 감정"[1]이라고 정의되기도 한다. 칼뱅은 『기독교 강요』(*Institutes of the Christian Religion*)에서 "경건은 하나님을 알기 위해서는 필수적이다"[2] 또, "참으로 우리는 정확히 말해서 신앙심과 혹은 경건이 없는 곳에서 하나님을 알 수 있다고 말하지 않을 것이다"[3]고 주장하면서 그는 경건을 하나님의 이익들에 관한 지식을 유도하는 하나님에 대한 사랑과 결합된 경외(reverence)라 했다.[4] 경건(pietas)의 특징은 그가 1537년에 쓴 『신앙에 있어서의 교훈』에도 설명된 바 있는데, 참 경건의 요체는 하나님의 심판을 기꺼이 도피하는 공포 가운데 있는 것이 아니라,……오히려 하나님을 아버지로서 사랑하고

---

1) 『世界哲學大事典』, 서울, 1985, s.v. "경건".

2) Calvin, *Institutes*, p.39.

3) Ibid..

4) Ibid., p.41.

114

주님으로 진실로 경외하는 순수하고 참된 열정과 그의 정의를 받아들이고 그것을 범하는 것을 죽기보다 더 두려워하는 가운데 있다고 하였다. 그는 실로 경건을 매우 강조하고 있음을 알 수 있다.[5]

퓨리터니즘의 최근 해석 가운데 브라우어(Jerald Brauer, 1921~ )는 퓨리터니즘의 네 가지 근본 교리를 추출하여 영적 회심의 체험이라는 맥락에서 신학적 다양성을 해석하였다. 특별히 "회심의 체험에 도달하는 방법, 그것의 내용과 그 결과"[6] 등으로 대표되는 여러 접근 방법을 연구했다. 이들 네 가지 지배적인 특징은 경건한 회심(religious conversion)에 집중되어 있다.

그 네 가지 특징은 (1) 종교개혁에 대한 국교회의 개념과 신앙에 대한 가톨릭의 해석에 대한 깊은 불만이며 (2) 이 불만의 뿌리는 이 운동에서 모든 개인을 위한 깊은 종교적 경험에 일차적으로 기초하고 있다. (3) 이들 개인적 경험으로부터 복식에서 예배에 이르기까지 당대의 생활의 모든 면을 포함하기 위해 광범위한 개혁을 위한 열정이다. (4) 언약신학은 기독교 신앙의 이해에 관한 그들의 경험을 구성하기 위하여 사용되었다.[7]

브라우어는 퓨리터니즘의 종교적 경험과 기독교 교리에 관한 퓨리터니즘의 공식적 특징을 밝혔다. 퓨리터니즘의 충분한 해석을 위한 체계적인 원리는 정신적 중생의 개인적 체험과 중생에 의한 그 경험에 있다. 이 신앙적 회심은 바로 경건생활에서 가능하다는 것이다. 이러한 퓨리터니즘에 대한 최근의 여러 연구는 브라우어의 해석을 구체화하

---

5) Ibid., p.40.

6) Jerald Brauer, "Reflexions on the Natures of English Puritanism", *Church History*, XXIII (June, 1954), pp.99~108.

7) Ibid., p.100.

고 있다.

앨런 심프슨(Alan Simpson)은 그의 간결하고 객관적 연구서인『신구잉글랜드에 있어서의 퓨리터니즘』에서 "청교도들은 선택받은 사람들이며 회심의 경험에 의해 인간의 무리로부터 분리했으며 인류역사를 개혁하기 위해 하나님이 그들을 사용하고 있다는 감정에 불탔으며 하나님의 뜻을 실천하는데 헌신했다"고 썼다.[8] 심프슨의 경건한 경험이 그 청교도운동의 역동성의 근원이라는 견해는 제프리 너톨(Geoffrey Nutall)과 고든 웨이크필드(Gorden Wakefield)의 견해와도 일치하고 있다. 웨이크필드는 영국 청교도들의 개인적 경건생활을 탐색하였다. 특히, 그는 청교도들에게 있어서 성경의 위치, 기도의 역할, 그리스도에 대한 헌신 그리고 도덕생활을 집중 연구했다.[9] 그는 자신의 연구는 너톨의 청교도의 영성에 대한 보충연구로 생각했다. 비록 너톨이 그의 성령을 검토하면서 주로 청교도운동의 과격한 특성에 관심을 가졌지만 특히 퀘이커파에 대한 청교도의 공헌을 집중 연구하였다. 그는 자신의 연구를 통해서 중생의 중요성과 회중파를 포함한 제종파의 종교운동의 특성을 잘 설명해주었다.[10]

한편 시드니 앨스트롬(Sydney Ahlstrom)은 청교도의 경건사상과 경험을 보다 넓은 스펙트럼 가운데서 파악하고 중생의 중요성 (Centerality)에 초점을 두고 뉴잉글랜드 퓨리터니즘에 대한 연구를 하였다. 인간의 죄악과 하나님의 전능의 무서운 사실에 직면한 청교도

---

8) Simpson, p.39.

9) Gorden Wakefield, *Puritan Devotion* (London, 1957), p.156에서 그의 결론 중 청교도의 경건의 세 가지 주요측면을 지적하고 있다. 즉 (1) 규율의 엄격성 (2) 거룩해지려는 욕구 (3) 그리스도에 대한 개인적 헌신.

10) Geofrey Nutall, *The Holy Spirit in Puritan Faith and Experience* (Oxford, 1946), pp.167~177.

들은 중생의 경험을 중시하고 그리스도 안에서 심오하게 느낀 지식과 선택에 대한 확신과 은혜의 언약은 그들을 위한다는 사실을 발견했다. 기독교 역사상 몇 세기만에 처음으로 회심의 경험이 광범위하게 교회원 자격의 기준이 되었는데, 이는 청교도의 설교나 교리에서 그리고 교회법에서 가장 강조되는 출발점이었다.[11] 시드니 앨스트롬이 지적한 대로 청교도의 경건의 핵심은 영적 회심의 체험이며 그 개인적 체험은 교회정치나 공중예배의 기초가 되었다.

그런데 심프슨은 밀러의 연구를 평하면서 "그는 청교도정신(mind)에 대해서는 너무 많이 우리들에게 이야기했지만 청교도의 감정에 대해서는 충분히 이야기하지 않았다"[12]고 지적했다. 로드니 풀처(John Rodney Fulcher)는 그의 『초기 뉴잉글랜드에 있어서 청교도경건』[13]에서 "특별히 밀러를 비롯한 이들 초기의 연구가 청교도의 경건을 무시하지 않았지만 청교도의 영(spirit)에 관한 연구는 청교도의 정신(mind)에 관한 연구보다 상당히 덜 관심을 받았다"고 주장하였다. 그는 박사학위 논문에서 뉴잉글랜드 퓨리터니즘에 절대적으로 영향을 미친 초기 매사추세츠만 식민지의 세 회중파 성직자의 대표자인 존 코튼, 토마스 후커 그리고 토마스 세퍼드의 설교와 논문을 분석 연구하였다. 그는 특히 도덕률 폐기론자들의 논쟁(1636~1638)과 케임브리지 종교회의(1646~1648)에서 나타난 영적 회심을 집중 연구했다. 이 연구도 밀러

---

11) Sodeny Ahlstom, "Theology in America A Historical survey", *The Shaping of American Religion*, Vol.I *Of Religion in American Life*, ed., James Ward Smith and A.Leland Jamison vols "Princeton Studies in American Civilization", (Princeton, 1961), pp.239~240.

12) Simpson, p.21.

13) John Rodney Fulcher, "Puritan Piety in Early New England" (Unpublished doctoral dissertation, princeton university, 1963), p.XV.

의 연구에 영향을 많이 받았으며 그 범위를 확대한 것이다.14)

따라서 페리 밀러가 파악한 청교도의 경건에 대해서 좀더 구체적으로 알아볼 필요가 있다. 밀러는 그의 『뉴잉글랜드 정신』에서 청교도의 경건을 '어거스틴적 경건'(Augustinian piety)15)이라 했다. "우리가 퓨리터니즘이라고 부를 때 기독교 전체 역사를 통해서 생각하면 그것은 하나의 독특한 현상으로서 그것은 17세기 청교도들에게만 특별히 있었던 것이 아니라 인간실존에 의해 주어진 영원한 의문에 대한 반복적인 영적 해답의 한 예에 불과한 것"16)이라 했다. 퓨리터니즘의 신학의 내용과 그것의 정치이론의 내면에는 지금까지의 경건과는 또 다른 하나의 예라는 것이다. 밀러가 아우구스티누스의 경건과 다른 "어거스틴적 경건"이라 부르게 된 동기는 아우구스티누스가 성경 다음으로 청교도 사상에 영향을 미쳤으며 실제로 칼뱅이 미친 영향보다 더 큰 영향을 미쳤기 때문만이 아니었다. 아우구스티누스의 저작인 『신국』이나 『고백』에서 교회의 권위와 성례의 효과에 대한 그의 옹호는 다른 프로테스탄트와 마찬가지로 청교도들에게는 무시된 것이다. 그러나 밀러가 "어거스틴적 경건"이라고 부른 것은 청교도의 종교적 정신구조의 최고의 표본이며 퓨리터니즘은 1500년 기독교 역사에 있었던 많은 예 중의 하나였기 때문이다.17) 뉴잉글랜드 청교도들은 사실 미국의 종교적 특징에 아우구스티누스적 인상을 강하게 심어 놓았다. 아우구스티누스는 신국(City of God)을 성도의 천국의 왕인 그리스도 하에 '눈에 보이는' 그리고 '눈에 보이지 않는' 성도의 단체로

---

14) McGiffert, *American Puritan Studies*, p.38.

15) Miller, *The Seventeenth Century*, p.3.

16) Ibid., p.4.

17) Ibid.

118

간주하였으며 이 성도의 단체가 그리스도의 교회로 간주되었다.[18) 그 많은 청교도의 일기와 설교 가운데서 우리는 아우구스티누스의 『고백』에 있는 인간의 내면을 읽을 수 있다. 밀러는 이 경건을 "주관적 기분"(Subjective mood)이라 하면서 청교도 신학은 이 주관적 기분을 외형화하고 체계화하기 위한 노력의 일환으로 보았다.[19) 이 경건은 청교도 영웅주의를 위한 영감이었으며 그것은 청교도의 칼날을 날카롭게 만들었으며 청교도의 이단에 대한 박해를 정당화시켜 주었다. 그것은 청교도를 청교도답게 하였으며 그들의 신사다움을 고무시켰다. 경건은 반대자들에게는 어리석음이나 청교도 자신들에게는 영원한 생명이었다.[20) 뉴잉글랜드의 첫 정착자들은 확실히 그 경건을 가지고 있었다. 그러나 다음 세대는 대부분이 그것을 가지지 않았고 그것을 가진 것처럼 행동했다. 그러나 이 경건은 1730년대의 제일차 대각성운동의 지도자였던 조나단 에드워즈(Jonathan Edwards)를 통하여 가장 분명하고도 강하게 나타났다. 그것은 또한 나다니엘 호손(Nathaniel Hathorne)의 직관에서도 보인다.

그런데 이 청교도의 경건을 단순한 "기질의 문제"로 보는 것은 커다란 오류를 범하게 된다. 우리는 청교도들이 그들 자신들의 신경쇠약(neurasthenia)을 보편화시켰다고도 말할 수 있을 것이다.[21) 청교도들은 그들의 공포와 근심을 사물에 대한 밝은 눈으로 인식한 데서 나왔다고 믿었다. 우리는 그들이 그들의 아이디어가 성경을 위시하여 아우구스티누스, 칼뱅, 라무스, 윌리엄 퍼킨스로부터 끌어내었다는 것과 그들

---

18) Herbert W. Schneider, *The Puritan Mind* (Chicago, 1958), p.11.

19) Ibid., p.5.

20) Ibid.

21) Ibid., p.7.

환경의 제요소에 의해 영향을 받았다는 것을 알 수 있다. 성경에 있는 사실은 하나님의 말씀이나 그것들은 경험 안에도 있다. 사람은 자신의 조건을 깨닫기 위해 경건한 목사의 설교가 꼭 필요한 것은 아니며 단순히 주위를 살펴보기만 해도 된다. 어떤 청교도 설교가는 말하기를 "교리는 자연 안에 있는 것처럼 보인다. 이성은 가르치고 경험은 증거한다. 그것을 부정하는 것은 모든 시대의 경험을 부정하는 것이며 모든 인간들의 공통된 생각을 부정하는 것"22)이라고 했다.

인간은 장엄한 우주 안에 사는데 그것은 분명히 특별한 계획 위에서 만들어졌고 어떤 계획을 유지한다는 것은 우리 인간이 비록 파악하지 못하지만 분명해 보인다. 그러나 세상은 인간들에게는 즐겁거나 만족스러운 것이 아니며 세상은 인간들에게 먹을 것과 마실 것을 주지만 인색하게 준다. 세상은 평화! 평화! 라고 말하지만 그런데 갑자기 멸망이 소용돌이처럼 오기도 한다. 인간이 이 우주에서는 평안함을 느끼지 못하는 것은 분명한데 이러한 것이 그들의 세계관이었다.

소위 칼비니즘의 다섯 가지 관점(Five Points of Calvinism)23)은 단순히 이러한 그들의 세계관을 스콜라적으로 말한 것이다. 살아있는 칼비니스트들에게는 그것은 다섯 가지 추상적 경구를 의미하는 것이 아니라 인간성의 한계를 말한 것인데 그 다섯 가지를 보면 다음과 같다.

첫째는 인간의 완전타락이다. 이것은 아담의 범죄를 통한 인간의 죄를 주장하고 인간 자신이 구원에 관한 일을 할 수 없다는 것이다. 인간은 아무 것도 아니며 만악의 근원이다. 하나님은 만물을 조화롭게 하려고 하나 인간은 그의 본성에 의해 불화를 만들고 오직 추방당할

---

22) Ibid.

23) Rob W. Horton and Herber W. Edwards, *Backgrounds of American Literary Thought*, 3rd ed. (Englewood Cliffs, N.J., 1972), pp.24~25.

일만 한다.

둘째는 하나님의 조건 없는 선택이다. 하나님은 선택할 어떠한 의무도 없이, 신앙이나 선행에 관계없이 선택한다. 모든 것은 하나님 마음에 달렸으며 그는 구제받을 사람을 미리 알고 있으며, 선택과 유기는 미리 예정되어 있다. 그러나 누구도 이 예정을 알 수 없으며 모든 사람은 하나님의 뜻에 동의해야 한다.

셋째는 제한된 용서다. 그리스도는 모든 인간을 위해 죽은 것이 아니라 구원받을 자만을 위해 죽었다. 만약 그가 부활하지 않고 십자가에 달려 죽었다면 누구도 구제받을 수 없다. 이리하여 우리는 하나님의 인간에 대한 또 하나의 사랑의 증거를 가지게 되었다.

넷째는 거부할 수 없는 은총이다. 하나님의 은총은 값없이 주어진 것이나 얻으려 해도 얻을 수 없고 또한 거부할 수도 없다. 은혜는 하나님의 구원과 변용력에 의해 주어진다. 은혜는 삶의 새로움을 주고 죄의 용서와 시험에 대한 저항력과 정신과 마음에 놀라운 평화를 제공한다. 하나님 안에서의 안식을 찾아야 하는 인간은 영일이 없다. 이러한 인생관은 아우구스티누스적 개념이다. 그러나 구원에 이르는 일차적 전제로서 그리스도와의 정신적 연합을 중시하는 것은 루터의 주장과 유사하다.

다섯째는 성도의 보호다. 하나님이 선택한 자는 하나님의 뜻을 실천할 수 있는 능력을 소유하게 된다. 그리고 끝까지 바르게 살 수 있는 힘을 가지게 된다. 그것은 하나님의 절대적 주권에 대한 논리적 결론이다. 밀러는 이러한 청교도들의 견해를 다음과 같이 해석했다.

만물의 궁극적 이성을 그들은 하나님이라 불렀고 인간과 그의 환경 사이의 가능한 조화에 대한 꿈을 그들은 에덴동산이라고 하였다.

부조화의 구체적 사실을 그들은 죄라 비난했다. 환희의 순간은 그들에게는 은혜였고 그러한 환희의 힘 가운데 살려는 노력은 신앙이었으며 그 안에 살아가는데 실패하면 유기였다.[24]

이러한 경건의 핵심은 인간은 곤고하다는 감정이다. 경건을 논할 때 항상 인간이 주체가 된다. 근심으로 찢어진 인간성에 대한 경건의 호소는 항상 위안과 궁극적 승리에 대한 약속이었다. 어거스틴적 경건주의의 특징은 인간이 불완전한 자신을 초월하려는 욕구로부터 흘러 나온 것이었다.

17세기 훨씬 이전의 신학자들은 이 경건을 공식화하기 위한 노력으로 다음 세 가지 중요한 개념에 중점을 두어 왔다는 것을 알 수 있다. 즉, 하나님과 죄와 중생이다. 이들 세 가지 개념은 모든 프로테스탄트 저자들의 신조와 고백 그리고 제도 안에 정교하게 담겨져 있다.[25] 그들에 의하면 하나님이란 주제는 항상 불가사의하다는 어려움에 먼저 직면한다. 청교도의 하나님은 전적으로 인간이 파악할 수 없다. 하나님은 결코 어떠한 형태나 윤곽이나 또는 모양으로서 그려질 수 없다. 그의 활동은 이성이나 개연성이나 법칙으로서 알 수 없으며 하나님은 신비의 세계에 있다. 그 안에서 우리는 모든 딜레마와 모순을 해결할 수 있다. 하나님은 만물의 존재이유다. 퓨리터니즘에 있어서 하나님은 세력이요, 힘이요, 우주의 생명이다. 이러한 생각은 근본적이다. 하나님은 인간들에게 숨겨져 있고 알 수 없고 예측할 수 없도록 남아야 한다. 그는 궁극적 비밀이요 지극한 신비다. 그의 본질은 적절히 정의할 수 없다. 그는 이해할 수 없는 절대적인 존재이기 때문에 인간은

---

24) Miller, op. cit., p.8.

25) Ibid., p.9.

122

직접적으로 접근할 수도 없고 그와 대면해 설 수도 없다.

뉴잉글랜드 청교도들이 가장 영향을 많이 받았던 존 프레스턴(John Preston) 목사는 우리 인간이 하나님 앞에 서는 것은 사람이 무한한 바닷가에 서는 것과 같다고 했다.

만약에 인간이 깊은 곳으로 들어가면 그는 물에 빠진다. 당신은 하나님의 본질을 볼 수 있고 그것을 보고 찬미할 수도 있다. 그러나 당신이 하나님을 파악할 수 있다고 하는 것은 마치 사람이 그의 빈손에 온 바다를 잡을 수 있다고 생각하는 것과 같은 것이다.[26]

하나님은 하나요 창조주요 섭리와 주관이요 사랑과 자비 및 의로 그 속성을 정의할 수 있다. 하나님은 완전하며 지혜로우며 거룩이요 자유요 전능의 속성을 가졌다. 이러한 속성의 이론은 하나님은 파악할 수 없다는 교리를 구해 준다. 17세기 말 보스턴의 새뮤얼 윌라드(Samuel Willard) 목사는 다음과 같이 말했다.

하나님의 모든 속성은 동등하다. 그의 속성과 그의 본질과 그 자신은 동일하다. 그의 자비는 그의 의를 능가할 수 없고 그의 의는 그의 지혜를 능가할 수 없다.[27]

뉴잉글랜드의 제1세대 청교도들이 반복해서 말한 이러한 하나님의 속성은 하나님의 본성이라기보다는 인간의 이해의 한 방식이었다는 것을 알 수 있다. 청교도들의 문학에는 하나님을 이렇게 찬미한 것도

---

26) Ibid., p.12.
27) Ibid.

있다.

그의 손은 천지 만물을 구성하고 조화하였다. 그는 이 세상의 지구를 허공에 매달았고 천개를 씌웠으며 태양을 만들었다. 태양은 이 땅에 빛과 열을 주는 힘의 원천이요 중심이다.……바다와 거대한 산들과 바람과 모든 다른 유성은 하나님의 작품이다. 이 세상의 왕국들과 백성들과 영토와 인간들을 진보시키고 억압하고 높이 들어올리고 낮추는 모든 변화는 모두 그에 의해 이루어진 것이다.……매년 이어지는 봄, 여름, 가을, 겨울 등 모든 계절과 씨 뿌리고 수확하는 시기와 서리와 눈과 얼음으로 묻고 덮는 것과 지구의 표면을 다시 풀고 새롭게 하는 것은 다 그의 역사이다.[28]

청교도의 신학은 하나님의 의지를 그의 이성이나 그의 선함 이상으로 치켜세우지 않는다. 예정설은 단순히 교리로서 볼 때는 엄격하거나 합리적이지 못하며 경건은 변증법이 아니다.[29] 왜냐하면 마음속에 믿는 것은 논리가 필요 없다. 그러나 하나님의 절대적 주권에 대해서는 신학자들이 지속적으로 초점을 맞추고 강하게 강조한다. 뉴잉글랜드 청교도들은 하나님의 독단적인 의지는 선한 것이어야 함을 증명하기 위해 그들의 주장에 상당한 분량을 할애하고 있다. 그래서 뉴잉글랜드 청교도들은 "하나님의 선한 낙이 만물의 으뜸이요 최고의 목적"이라고 했다.

다음으로 성경에 대한 청교도들의 입장을 살펴보겠다. 본래 프로테스탄티즘은 성경의 권위로써 교황의 권위를 대치시켰다. 성경은 하나

---

28) Ibid., p.15.

29) Ibid., p.17.

님의 영감으로 된 말씀이며 성경은 명령이며 의심될 수 없으며 그것만이 권위를 가진다. 이렇게 칼비니스트들이 성경의 종국성을 열렬히 주장한다는 것은 상식이다. 사실 뉴잉글랜드에서 그것을 의심하는 사람은 거의 한 사람도 없었다.

그들은 성경 없는 경건은 곧 혼돈과 직면한다는 사실을 알고 있었다. 그래서 청교도들은 성경에서 그 지침을 발견하려고 했다. 왜냐하면 경건은 이성에서는 지침을 발견할 수 없었기 때문이다. 하나님은 그 자신에 대해 벗겨진 진리를 성경 안에서 다 말하지 않았고 또 그의 본질을 다 드러내지 않았지만 성경은 그의 제시된 의지를 담고 있다. 청교도들은 이렇게 성경의 권위를 절대적으로 믿었기 때문에 그들의 모든 명제는 성경의 장과 절로 뒷받침되어야 했다. 책의 주변은 신학이든 정치든 과학이든 도덕이든 심지어 러브레터에도 성경인용구로 점철되어 있었다.

청교도 성직자들은 하루에 열 시간 내지 열두 시간을 성경 공부하는 데 쓰지 않으면 잘못 보낸 날로 계산했다. 그들은 방대한 저술을 내놓기 위해 그들의 건강을 희생시켰다.[30] 인간의 원죄와 타락과 저항할 수 없는 은혜에 관한 교리는 아우구스티누스적인 것이었다. 토마스 후커는 아우구스티누스를 항상 "세인트"(Saint) 즉, 성자라 불렀으며 청교도들도 그의 이름 앞에는 '성'(Saint)이라고 붙였는데 그들이 얼마나 아우구스티누스를 존경했는가를 알 수 있다. "성자"라는 용어의 사용은 교황의 타락으로서 일반적으로 사용이 중지되었음에도 불구하고 그렇게 불렀던 것이다.[31] 뉴잉글랜드의 작가는 『고백』이나 『독백』(*Soliloquies*)

---

30) Ibid., p.21.
31) Ibid., p.22.

을 쓴 아우구스티누스만큼 문학적 재능을 가지지는 못했지만[32] 그들은 원죄에 대한 설명이나 영혼의 분석을 통한 인간의 내적 타락을 증명하는 데는 아우구스티누스 못지 않았다.

뉴잉글랜드에서 널리 사용된 신앙가이드북에서 존 볼(John Ball) 목사는 믿음은 하나님의 선물이며 인간의 행위로 설명하였다.[33] 믿음은 하나님의 놀랍고 초자연적인 선물이며 은혜에 의해 새로워진 살아 있는 마음의 운동이라고 했다. 사람이 영적으로 거듭나는 순간 하나님은 인간에게 은혜를 내려준다. 그 안에서 인간은 믿음으로 응답하는 것이 아우구스티누스적 경건의 단순한 목표이다. 믿음 없이는 개인생활은 짐이며 믿음과 함께 있을 때는 생활 자체는 풍요로움이요 즐거움이다.

밀러 교수는 중생(regeneration)은 신비롭기 때문에 신학적으로 공식화가 어렵다고 했다. 거듭난 자는 어떻게 그렇게 되었는지 정확히 무엇이 일어났는지를 모른다.[34] 중생에 대한 청교도 이론은 전능한 하나님과 무능한 인간이라는 전제하에서 시작된다. 죄의 예속 가운데 있는 사람은 그 스스로를 해방할 수 없다는 것이다. 그가 다시 바로 서려면 먼저 그의 죄의 예속에서 벗어나야 하며 죄의 힘은 중지되어야 하고 죄는 용서되어야 한다. 중생은 그래서 절대적인 행위와 더불어 시작해야 한다. 중생은 신학적인 용어로는 "의인"(justification)이 따르게 된다.[35] 중생은 만인이 갈구하는 휴식과 행복을 의미한다. 초자연적 은혜는 하나님으로부터 나오며 택함 받은 자에게는 특별한 하나님의

---

32) Ibid., p.23.

33) Ibid., p.25.

34) Ibid., p.26.

35) Ibid., p.27.

126

역사이다.36)

　이러한 밀러의 경건에 대해 페티트(Norman Pettit), 대니엘 B. 시어 (Daniel B. Shea. Jr) 그리고 존 R. 풀처(John Rodney Fulcher) 등이 재검토 하였다.37) 풀처는 청교도운동의 역동성은 퓨리터니즘의 경건의 의미 에서 설명되어야 한다고 했다. 또한 그는 청교도의 경건을 재검토하는 가운데 청교도 정신의 내면에서 경건의 신선한 의미를 발견했다. 풀처 는 에임즈, 퍼킨스, 시브스 같은 목사들이 청교도의 스승(mentor)이었 으나 종교적 경험에 일차적으로 관심을 가졌지 도그마에는 별로 관심 을 가지지 않았다고 주장하였다. 청교도 지도자들은 그들의 설교대에 서는 모든 사람을 위해서 예수가 십자가에 매달리셨다고 주장하는 아르미니안(Arminians)들이었으나 그들의 골방에서는 칼비니스트들 이었다고 평가하였다. 그러나 맥기프트는 그들은 설교대에서는 도덕 주의자들이었으나 그들의 골방에서는 경건주의자들이었다고 말하는 것이 정확할지도 모른다고 했다.38)

　풀처는 회중교회의 정치가 비록 언약신학에 기초하였지만 이 교회 의 특별한 교회정치의 형식은 중생의 교리에서 끌어내었다고 했다.39) 그는 또 청교도 지도자들은 청교도 복음의 핵심으로서 영적 중생에 대한 공통된 견해를 표명하고 그것을 지도했다고 주장했다. 요컨대 청교도의 경건의 핵심은 체험적 경건(experimental piety)과 영적인 중생 을 중시하는데 있다고 할 수 있을 것이다.

---

36) Ibid., p.34.

37) Fulcher, *Puritan in Early New England* ; Pettit, *Heart Prepared* ; Daniel B. Shea, Jr., *Spiritual Autobiography in Early America* (Princeton, 1968).

38) Mcgiffert, op. cit., p.52.

39) Fulcher, op. cit., pp.307~311.

# 제2절 계약에 기초한 언약신학의 체계

뉴잉글랜드 청교도들은 앞에서 설명한 것처럼 중생과 하나님의 구원의 확증을 얻기 위해 경건된 신앙생활을 했다. 그러나 그것만으로는 뉴잉글랜드 퓨리터니즘을 충분히 이해할 수 없다. 청교도들은 칼뱅의 예정설을 받아들였지만 그들은 그것을 언약신학(Convenant Theology, Federal Theology)[40]을 통해 이해하고 완화하였다. 청교도들은 언약신학을 칼뱅이나 장로파와는 상당히 이해를 달리하고 있으며 그것을 칼뱅의 단순한 신학적 소산으로 더 이상 보이지 않았다.[41]

---

40) 언약신학을 계약신학이라고도 한다. 우리 말 성경에는 Covenant가 언약으로 번역되어 있기 때문에 언약신학이라 번역하였다. 일본어 성경에는 계약이라고 번역하였다. 영어사전에도 계약으로 번역되어 있다. 중국어사전에는 성약이라고 번역하였다. 언약이라는 말은 성경에 275번 나온다.

41) William G. Wilcox, "New England Covenant Theology: Its English Precursors And Early American Exponents" (Unpubl. ph. D. diss, Duke University, 1959), p.2.

42) Perry Miller, *The New England Mind: The Seventeenth Century: Orthodoxy in massachusetts*, 1630~1650 (Cambridge,1933) ; "Preperation for Salvation in Seventeenth Century New England", *Journal of the History of Ideas*, IV (June, 1943) ; Richard L. Greaves, "John Bunyan and Covenant Thought in the Seventeenth Century" *Church Hist.*, XXXVI(1967) ; H. Richard Niebuhr, "The Idea of Covenant and American Democracy", *Church His.t*, XXXII(1954) ; C. Conard Cherry, "The Puritan Nortion of the Covenant in Jonathan Edward's Doctrine of Faith", *Church Hist.*, XXV(1965) ; William W. Mekee, The Idea of Covenant in Early English Puritanism (1580~1643) (Unpubl. Ph.D. diss., Yale University, 1948) ; Jens G. Moller, "The Beginnings of Puritan Covenant Theology," *Journal of Ecclesiatical History*, XLIV(1966) ; John von, "Covenant and Assurance in Early English Puritanism", *Church Hist.*, XXXIV(1965) ; William G. Wilcox, "New England Covenant Theology: Its English Precursors and Early American Exponents" (Unpuble Ph. D. diss., Duke University, 1959) ; John D. Eusden, "Natural Law and Covenant Theology in New England, 1620~1670", *Natural Law Forum*, V(1960).

청교도들은 구원을 하나님과의 계약관계로 파악함으로써 구원의 확증을 확실히 그리고 논리적으로 자기의 것으로 할 수 있었다. 그래서 일찍이 많은 학자들이 청교도의 언약신학에 대해 연구를 하여 왔다.[42] 그 중에서도 페리 밀러 교수가 가장 깊이 연구 분석하고 종합하였다. 밀러는 뉴잉글랜드의 퓨리터니즘의 핵심과 특징을 경건주의와 언약신학과 지적으로 강한 응집력에서 찾았다. 윌슨 스미스(Wilson Smith)는 언약사상이야말로 뉴잉글랜드 퓨리터니즘의 시금석(touch stone)으로 보았다.[43] 또한 언약신학은 퓨리턴 정신(mind)을 위한 "이디엄"이라고 주장했다. 그는 또한 언약사상은 하나의 연동체제이기 때문에 단순한 종교적 신학사상이 아니라 당시의 정치와 사회와 학문과 교육 사상의 중심을 이루고 있다고 했다. 그렇기 때문에 언약사상에 대한 이해 없이는 미국의 청교도 사상의 깊이를 이해할 수 없다는 것이다.

언약이란 말은 히브리어로는 "베리트"(berit), 영어로는 "커버넌트"(covenant)인데 그것은 구속력 있는 약속(promise), 계약(contract), 서약(compact), 약정(bond), 협정(agreement)으로서 개인과 개인 사이, 집단과 집단 사이, 국가와 국가 사이, 하나님과 인간 사이에 맺어진 것으로서 유대교와 청교도 역사에서는 대단히 중요한 개념이다.

그러나 가톨릭 교회와 루터파 교회에서는 별로 언약에 대한 언급이 없었으며, 16세기 개신교의 여러 신앙고백에서도 별로 찾아볼 수 없었다. 칼뱅의 『기독교강요』에 와서 언약에 대해 많이 언급하고 있다. 그러다가 17세기에 하나의 교의로서 많은 청교도 저술과 논문에서 나타나기 시작했다.

---

42) Wilson Smith ed., *Essays in American Intellectual History* (New York, 1975), p.13.

43) Wilson Smith ed., *Essays in American Intellectual History* (New York, 1975), p.13.

기독교의 언약신학의 근거는 구약성경 창세기의 1장, 2장, 3장과 17장에 잘 나타나 있다. 신약에서는 예수의 최후의 만찬과 부활을 새 언약으로 간주하고 있다. 특히 창세기 17장은 언약신학자들의 텍스트가 되었다.[44)

학자들은 언약의 형식을 두 가지로 구분한다.[45) 지배예속(suzerainity) 계약과 동등계약(parity covenant)으로 구분한다. 지배예속 계약은 불동등자 사이의 것으로서 우등한 자가 열등한 자에게 '언약'을 줌으로써 열등한 자는 승낙하는 대신에 안전과 보호를 받는다. 동등한 계약은 호혜를 바탕으로 하였다. 동등계약은 성경의 구약에 기록되어 있다. 이스라엘 민족의 믿음의 조상인 아브라함과 블레셋 왕 아비멜렉(Abimelech) 사이에서처럼 개인들 사이에 계약을 맺었다. 이 계약에는 대개 상호서약의 증거로 암양 일곱 마리를 사용하였다. 브엘세바(Beersheba)는 아브라함과 아비멜렉 사이에 계약을 맺은 곳으로 일곱 개의 샘 혹은 맹서의 샘을 의미하였다. 이삭은 브엘세바에 단을 쌓았고 야곱은 브엘세바를 떠난 후에 하늘에 오르는 계단에 대해 꿈을 꾸었던 곳이다. 하나님과 개인들 사이의 불평등계약은 구약에서 아담과 이브, 노아, 아브라함, 다윗과의 사이에 맺어졌다. 하나님과 아담과 이브(창

---

44) 구약 창세기 1, 2, 3, 9, 14, 17장 참조. 성경 이외에서의 "Covenant"는 정치, 사회적으로 보면 질서를 유지하기 위한 것으로서 선사시대까지 거슬러 올라간다. 후기청동기시대까지 거슬러 올라가는데 Covenant는 열국 사이에 조약의 형태를 취했다(예컨대 고대근동의 힛타이트 제국과 봉신국가들 사이에 있었다). 조약언약(treaty-covenant)은 비록 유동적이지만 보통 다음 구조를 보이고 있다. (1) 봉신(the vassal)에 대한 조약- 언약을 준 주군(overlord)의 이름을 대는 서문 (2) 양자 사이의 전관계를 설명하는 역사적 서언 (3) 조문, 가끔 명백한 법의 형태 (4) 조약의 보관과 정기적인 낭독을 위한 규정 (5) 증언자의 목록(천지신명을 포함한다) (6) 복종을 하도록 하는 저주와 축복의 공식 등이다.

45) *Encyclopaedia Britanica*, 1979, ed. s.v, "Covenant".

세기 1~3장)와의 언약에서 하나님은 최초의 남자와 여자를 축복했다. 그 축복은 이 땅에서 번성하라는 것이고 모든 살아있는 피조물에 대한 지배권이었다. 그러나 이 축복은 저주를 동반하였다. 만약 인간이 하나님의 법(절대법)을 어기면 죽게 된다. 이 절대법은 선악과를 먹지 말도록 금지한 법이다. 아담과 이브 그리고 그들의 후예는 창조주와의 계약관계를 파괴하는 불순종 때문에 고난을 당해야 했다. 홍수의 영웅인 노아와의 언약에서 하나님은 땅을 물로서는 다시는 심판하지 않을 것을 노아에게 약속했다. 이 언약의 증거가 무지개였다. 이 언약에 따라 만약 사람이 잡은 짐승의 피를 빼면 그것을 먹을 특권이 주어졌다. 그러나 사람은 동시에 다른 산 짐승의 피를 흘리거나 사람을 죽여서는 안 된다는 명을 받았다.[46]

하나님과 아브라함과의 언약은 창세기 17장에 기록되어 있는데 그것은 무조건적이었다. 아브라함은 열국의 조상이 된다는 것과 그와 그의 후예는 가나안 땅의 영원한 소유권을 가진다는 것을 약속 받았다.[47] 이 언약의 표시는 모든 남자 아이는 태어난 지 8일째에 할례를 받도록 했다. 할례를 받지 않은 자는 언약을 파괴한 자로서 공동체로부터 단절되게 되었다. 다윗과 하나님과의 언약은 왕국의 보좌가 영원할 것이라는 약속이었다. 그러나 히브리가 기원전 6세기에 멸망하자 다윗과 같은 메시아가 다시 오리라는 희망이 그 약속을 대신하게 되었다.

언약신학은 성경을 해석하는 한 체계로서, 하나님과 사람 사이의 '언약'에 중점을 둔다. 주로 개혁주의 신학자들에 의해 체계화 되었다. 언약(covenant)은 성경에 등장하는 개념으로서 양측 사이의 조약이라

---

46) 창세기 9:15.
47) 창세기 17:70~11.

고 볼 수 있는데, 그 내용은 각측이 지켜야할 의무 조항들로 이루어지며 한 쪽이라도 의무를 불이행할 경우 언약은 파기된다. 특이한 것은, 일반적으로 조약이라 함은 양방의 합의하에 체결되는데, 하나님과 사람 사이의 언약의 경우 창조주와 피조물 사이의 관계라는 성격 때문에 인간의 동의 여부를 떠나 하나님의 선언과 함께 바로 체결된다. 언약 신학자들은 성경에 크게 세 가지의 언약이 있다고 본다. 즉, 구속의 언약, 행위의 언약, 은혜의 언약이다. (두 가지라고 보는 학자들도 있는데, 이 경우 아래 '구속의 언약'과 '은혜의 언약'을 하나로 보는 시각도 있다.) 구속의 언약(covenant of redemption)은 삼위일체 중 성부와 성자 사이에 맺은 언약이다. 구속의 언약은 창세전에 체결되었으며 예수 그리스도가 오심으로 완수되었다. 행위의 언약(covenant of works)은 하나님과 아담 사이에 맺은 언약이다. 아담은 이 언약을 파기했으며 이로써 인류에게는 죽음과 심판이 왔다. 은혜의 언약(covenant of grace)은 아담이 실패한 이후로 곧바로 모든 인류와 하나님이 맺은 언약이다. 구약성경에서 가장 의미 깊은 언약은 시내산의 언약이었다. 이것은 하나님이 기원전 13세기에 이스라엘 민족의 지도자 모세를 통해서 이스라엘 민족에게 준 것이었다. 언약은 시내산에서 주어진 유명한 십계명이다. 이것은 이스라엘 백성이 지켜야할 명백한 법을 포함하고 있다. 시내산 언약에는 이스라엘의 하나님 야웨(Yahweh)[48)]는 이 언약의 수여자며 이스라엘 민족을 이집트에서 구출한 자였다. 사람들은 그 하나님을 받아들이고 복종할 수도 있고 거부하고 불순종할 수도 있다. 만약 그가 불순종하면 그 결과는 언약공동체에서 배제됨을 의미

---

48) 우리 성경에는 여호와(Jehovah)로 번역되어 있지만 그것은 Yahweh를 잘못 번역한 영어성경을 그대로 따랐기 때문이다.

132

했다.

새 언약은 예언자 예레미야가 언급했다. 그는 언약을 돌판에 새긴 것 보다 인간의 마음에 쓴 언약을 중시했다. 신약성경의 저자들은 이 새 언약을 재해석하여 십자가에 못 박혀 죽기 전의 예수의 최후의 만찬과 예수의 부활은 새 언약으로 간주하였다. 이리하여 그리스도 안에서의 성도는 그들 스스로를 새 언약공동체이며 새 이스라엘로서 보았다.

언약신학에서는 하나님이 아담과 맺은 행위의 언약과 그리스도의 은혜를 통해 만들어진 은혜의 언약을 강조했다. 특히 개혁교회에서는 사도 바울의 서신에서 묘사된 바와 같이 그리스도를 제2의 아담으로 생각하였다. 이러한 성경상의 언약을 신학의 체계로 발전시키고 주창한 것은 라인란트(Rhineland)의 개혁신학자들이었다.[49] 이 지역은 취리히, 바젤, 스트라스부르, 하이델베르크인데 중요한 신학자들은 츠빙글리(H. Zwingli), 불링거(H. Bullinger), 부처(M. Bucer), 마르티르(P. Martyr), 우르시누스(Z. Ursinus), 올레비아누스(C. Olevianus)였다. 이들은 하나님과 인간과의 관계의 전제 조건을 언약이라고 했는데 이 언약의 발기자는 하나님이다. 이 언약은 하나님과 인간을 묶는데 이 언약 안에서는 하나님의 법을 복종하면 축복을 받는다. 언약의 조건에 따라 그의 행동을 제한하게 되는데 인간 쪽은 믿음으로 하나님의 약속을 받아야 하고 그의 계명에 복종하면서 살아야 한다.[50] 츠빙글리

---

49) 지배적인 대륙의 언약신학의 주창자는 모든 개혁신학자들이었다. J. H. Neve, *A History of Christian Thought* (Philadelphia, 1943), p.304, 318 ; Leonard Trinterud, "Origins of Puritanism", *Church Hist.*, XX(1951), p.40 ; Wilcox, *New England Covenant Theology*, p.5.

50) Wilcox, *New England Covenant Theology*, p.5.

의 저서에는 언약사상에 대해 이야기 하고 있으나 불완전한 면이 있다. 그는 『세례에 대하여』(*Of Baptism*)에서 세례에 관한 그의 교리를 설명하는 가운데서 언약의 개념을 이용했는데, "신약성경에서 세례는 언약의 표시로서 이야기했다. 언약에 의해 우리는 우리 스스로를 하나님께 묶는다"[51]고 했다.

칼뱅은 청교도 언약신학의 발전에 있어서 제2의 추진자였다. 최근의 청교도 언약신학에 대한 칼뱅의 영향을 가능한 극소화하려는 경향에도 불구하고 모든 종교문제에 있어서 그들의 최고의 권위라는 데는 의심할 여지가 없다.[52] 칼뱅의 영향은 라인란트 개혁자들의 영향 보다는 후에 영국에 미쳤지만 그 영향이 적었던 것은 아니었다.[53] 칼뱅은 그의 저술에서 언약사상에 대해 많이 언급하여 언약신학이 칼뱅 사상에 낯설지 않다는 것을 알 수 있다. 그는 물론 라인란트 신학자들이나 영국의 신학자들만큼 언약사상을 강조하지는 않았지만 많은 측면에서 그의 신학은 언약신학과 공명하는 측면이 있다는 것을 알 필요가 있다.[54] 하나님의 인간과의 언약을 취급함에 있어서 그의 일차적 관심은 아브라함과 맺은 은혜의 언약이었다. 그래서 그의 사상에는 은혜의 언약이나 행위의 언약 중에도 훗날 청교도시대의 독특한 언약인 이중언약(double covenant)에 대해서는 언급이 별로 없었다. 칼뱅은 한 마디로 말해서 언약은 계약(contract)이었지만 그것은 양쪽(as both parties)이 하나님 안에서 서명하는 계약이었다.

---

51) Huldreich Zwingli, "Of Baptism", *The Library of Chistian Classics*, translated by G.W. Brousiley (Philadelphia, 1953), XXIV, p.148.

52) Wilcox, p.18.

53) 영국에서의 칼뱅의 영향에 대한 연구서로서는 Chalrles Davis Cremeans, *The Reception of Calvinistic Thought in England* (Urbana, III. 1949)가 좋은 예이다.

54) Wilcox, p.20.

칼뱅에게도 옛 언약과 새 언약은 하나님의 은혜에 의해 발기되었다. 옛 언약은 예수 이전의 것이요 새 언약은 예수 이후의 것이다.[55] 세례와 주의 만찬은 은혜의 언약의 표시이며 봉인이었다. 세례나 성찬은 옛 언약을 대신하였다. 결국 교회의 참 성도가 되기 위해서는 하나님의 약속을 받아들여야 했다. 그 안에서 하나님은 언약을 개개의 신자와 제기하고 완성한다. 뉴잉글랜드 언약신학은 처음에는 인간의 독립성보다도 하나님의 주도권을 강조한 칼뱅의 교리를 따르려고 했다.[56]

그러나 뉴잉글랜드 언약신학을 이해하려면 유명한 영국의 언약신학자들을 살펴볼 필요가 있다. 윌리엄 퍼킨스(William Perkins), 윌리엄 에임즈(William Ames), 존 프레스턴(John Preston)이 가장 유명하고 잘 알려진 영국의 언약신학자들이었다. 퍼킨스는 청교도 언약신학자 중에서 가장 명성이 높은 사람으로 그는 케임브리지 대학에서 신학을 공부하였다.[57] 그는 유능한 청교도 지도자 로렌스 채더튼(Laurence Chadderton) 지도하에서 공부했다. 일생을 케임브리지 대학에서 보냈고 당시 그의 명성에 필적할 만한 사람이 없었으며 많은 저술을 했다. 그의 저술은 네덜란드어, 스페인어, 아일랜드어 등 여러 나라 말로 번역되었다.[58] 그러나 그는 불행하게도 요절하여 많은 청교도 형제들이 애도하였다.

두 번째 위대한 인물은 에임즈인데, 그는 1576년 노리지(Norwich)에서 태어나서 1633년 네덜란드 로테르담에서 죽었다. 케임브리지 대학

---

55) *Institutes of the Christian Religion*, II,X, p.4, Xi, p.14.

56) Wilcox, p.22.

57) Haller, *The Rise of Puritanism*, pp.64~91 ; Miller, *The New England Mind*, pp.255~256.

58) Wilcox, p.41.

에서 퍼킨스의 지도하에 교육을 받았고 퍼킨스의 수제자였다. 그는 그의 청교도 사상 때문에 영국을 떠나야 했으며 네덜란드에서 영국대사관의 목사가 되었다. 1622년 그는 프라네커(Franeker) 대학의 신학교수로 초빙될 정도로 명성이 높았다. 1632년 프라네커를 떠나 로테르담에서 여생을 마쳤다. 그의 『신학의 진수』(*Medulla Theologiae*, 1623)와 『양심에 대하여』(*de Conscientia*, 1632)는 가장 널리 알려진 저술이었는데 전자는 신학논문이며 후자는 윤리논문이었다.[59] 전자는 영어로는 The Marrow of Sacred Divinity로 1638년에 번역되었다. 이것은 뉴잉글랜드 여러 학교에서 중요한 교재로 사용되었다.

세 번째 주요 인물은 프레스턴인데 그는 가장 화려하고 가장 논쟁적인 인물이었다. 그는 케임브리지의 킹스 칼리지(King's College)를 나왔으며 존 코튼에 의해 개종했다. 그 후 17년 동안 청교도 복음을 위해 그의 생을 불태웠다. 그는 리처드 시브스(Richard Sibbes)와 대등할 정도로 인기 있는 설교가였으며 당시 최고의 웅변가이기도 했다. 그는 웅변술 때문에 제임스 1세의 총애를 받기도 했다.[60] 그는 국왕의 어전에서 가끔 설교도 했고 청교도들을 중재하기도 했다.

이들 세 사람의 언약신학자들은 장차 뉴잉글랜드 언약신학의 발전을 위한 기초를 제공하였다.[61] 뉴잉글랜드의 언약신학자들은 뉴잉글랜드 건설의 아버지들로서도 유명하였다. 최초로 가장 유명한 사람은 존 코튼(John Cotton)이었다. 그의 저술은 언약의 전통에서 더 우수한 것을 찾기 힘들 정도다. 그는 영국 북부의 중심지인 더비(Derby)에서 1584년 출생했고, 트리니트 대학에서 학사와 석사 학위를 취득하였다.

---

59) Ibid.

60) Ibid., p.42.

61) Ibid., p.43.

케임브리지에 있을 때 퍼킨스에게 크게 영향을 받았다. 그는 임마누엘 (Emmanuel) 대학에서 특별 연구원으로 선출되었고 1612년 보스턴의 성 볼로프 교회(St. Boloph's Church)의 교구목사가 되었다. 1632년까지 거기에서 머물다가 그 해에 뉴잉글랜드로 가 거기서 1652년까지 살았다. 그는 로즈 윌리엄스와 교리 논쟁으로 가장 널리 알려졌다. 부분적으로는 앤 허친슨과 보스턴 타운과의 논쟁에도 역할을 하였다.62)

토마스 후커(Thomas Hooker)는 면밀한 주의를 해야 할 만한 두 번째 뉴잉글랜드 성직자였다. 존 코튼과 마찬가지로 영국에서 뉴잉글랜드 언약신학자였다. 후커는 1586년 레스터셔(Leiscestershire)의 마필드(Marfield)에서 태어났으며 케임브리지의 퀸스 칼리지와 임마누엘에서 교육받았다. 그는 쳄스포드(Chelmsford)에 정착하여 강사가 되었으며 많은 청중을 얻었다. 청교도적 색채 때문에 고등종교재판소(Court of the High Commission)에서 침묵할 것을 종용당하기도 했다. 이후 네덜란드로 망명하였으며 윌리엄 에임즈와 밀접한 관계를 가지고 있었다. 1633년 그는 영국에 귀국하였다가 곧 코튼과 새뮤얼 스톤 (Samuel Stone)과 함께 뉴잉글랜드로 이주하였다. 그는 매사추세츠에서 3년간 살다가 존 코튼과의 개인적 갈등과 만 식민지 정치지도자들과의 불화로 1636년 하트퍼드(Hartford)로 그의 추종자 일단과 함께 떠났으며 코네티컷 식민지를 개척하고 죽을 때까지 거기서 살았다.63)

세 번째 뛰어난 뉴잉글랜드 대표적 신학자는 피터 벌크리(Peter Bulkely)였다. 그의 저서 『열림 복음언약』(*The Gospel Covenant Opened*)은 장차 나타날 뉴잉글랜드 언약신학에 관해 가장 훌륭한 설명을 한

---

62) Ibid., p.44.

63) Perry Miller, *Errand into the Wilderness* (Cambridge, Massachusetts, 1953), pp.16~47.

책이었다. 벌크리는 1582년 베드퍼드셔(Bedfordshire)의 오델(Odell)에서 태어났고 케임브리지의 성 요한 대학을 다녔으며 1608년 석사학위를 받았다. 그는 고향에서 목사로 일하며 살다가 1635년 로드 대주교의 분노를 피해 신세계로 망명하였다. 그는 1659년 죽을 때까지 콩코드(Concord)에 정착하여 교회에 봉사했다. 탁월한 학자인 동시에 훌륭한 설교자였으며 판단력 있는 신학자였다. 또 철저한 안식일의 엄수자였으며 표본적인 크리스천이었다. 그는 뉴잉글랜드의 청교도들의 아버지로서, 예언자로서, 새 나라의 카운슬러로서 존경을 받았다.[64]

이들 영국과 뉴잉글랜드의 6명의 언약신학자들의 놀라운 공통점은 모두 케임브리지 대학교 졸업생들이었다는 것이다. 그들 중 벌크리와 후커는 케임브리지 대학교의 임마누엘 대학 졸업생이었다. 존 프레스턴을 제외하고는 모두 정치권력과 사이가 좋지 않아 네 사람은 박해를 피해 뉴잉글랜드로 망명하였다. 그들은 공통적으로 그들의 지침서인 성경과 논증의 도구인 페트루스 라무스(Petrus Ramus)의 논리학을 중시했기 때문에 교리는 일치하였고 공통적인 신학을 낳게 했던 것이다.[65]

## 제3절 행위의 언약과 은혜의 언약

뉴잉글랜드 언약신학에는 구속의 언약(the covenant of redemption), 행위의 언약(the covenant of works), 은혜의 언약(the covenant of grace)과 여기에서 파생된 교회언약(the church covenant), 사회언약

---

64) Benjamin Brook, *The Lives of Puritans* (Lond, 1813), III. p.319.
65) Miller, *The New England Mind*, pp.ix,111~206.

138

(the civil or social covenant)이 있다.[66]

구원의 언약은 행위의 언약과 은혜의 언약을 위해 길을 준비하고 그것에 앞서는 것이다. 삼위일체 안에 있는 이 언약은 택함 받은 자의 구원은 언약을 통해서 하나님이 주는 것이다. 그래서 청교도들은 하나님의 구원의 역사에서 최초의 언약을 구원의 언약이라고 불렀다. 이 언약은 삼위일체 안에서 하나님 아버지와 그 아들 사이의 협정(agreement)이었다.[67]

구원의 언약에 대해서 벌크리는 "하나님 아버지와 그 아들 사이에 통과된 우리들의 구원에 관한 언약이 있다.……우리의 구원의 모든 사역은 하나님 아버지와 그리스도 사이에 우리에게 구원이 나타나기 전에 제일 먼저 거래되었다는 것을 나는 기꺼이 인정한다"[68]고 했다. 이 언약은 하나님의 본질에 관한 것이기 때문에 은혜의 언약도 이 구원의 언약에 기초하고 있다. 구원의 언약의 뒤에 숨어 있는 목적은 택함 받은 자들의 구원이었기 때문에 그것은 선택의 명령을 영원한 명령이 되게 하였다.

다른 언약과 마찬가지로 구원의 언약에는 양측이 있는데 하나님 측과 아들 측이 있다. 즉, 성부와 성자 측이 있다. 성부는 부르는 측이고 성자는 응답하는 측이다. 첫째로 성부는 성자를 중보자로 임명한다. 둘째로 성부는 아들 성자에게 그가 순종해야 할 계명을 준다. 그것은 택함 받은 자들에게 가르쳐야 할 계명이다.[69] 셋째는 성자에게

---

66) W. G. Wilcox, op. cit., p.iii.

67) John Cotton, *New Covenant* (London, 1654), pp.36~37 ; Peter Bulkeley, *Gospel Covenant* (London, 1646), pp.28~29.

68) Bulkely, *Gospel Covenant*, p.28.

69) Wilcox, p.104.

성령을 풍성히 준다는 약속이다. 이것은 구원의 역사에서 성자를 돕기 위한 것이다. 또한 택함 받은 자를 지배함에 있어서 그를 돕고 그의 영광과 택함 받은 자의 영광을 더하기 위한 것이다.[70] "성부와 그리스도 사이에 통과된 이 언약에 따라 약속된 영광을 기대하게 된다."[71] 구원의 언약은 성부와 성자 사이에 만들어진 것으로 택함 받은 자들의 구원을 위한 것이다. 벌크리는 이 언약에서 성령의 역할에 대한 언급은 하지 않았다. 그의 글에서는 성령이 이 언약에서 어떤 역할도 하지 않은 것으로 되어 있다.[72] 요컨대 구원의 언약은 하나님과 그리스도 사이에 맺어진 언약이다.

하나님과 인간이 맺은 첫 번째 언약은 행위의 언약이다. 이것은 은혜의 언약이 뒤따르는데 은혜의 언약은 교회와 사회 언약의 초석이 된다.[73] 행위의 언약 하에서 인간이 창조되었으며 자연인은 그 아래서 살게 된다. 인간은 완전한 상태에서 창조되었으며 유지하는 은혜의 도움 없이 완전한 자유의지가 주어졌다. 이러한 자유의 덕으로 인간은 그 자신을 승화시킬 수도 있고 하나님에게 불순종할 수 있고 행위의 언약을 피할 수도 있다.[74] 이리하여 인간은 그의 본래의 의로움 상태에서 타락하게 되고 그 자신뿐만 아니라 그의 후손들에게 원죄를 가져다 주었다. 언약신학자들은 이 죄가 한 세대에서 또 다른 한 세대로 전달되는 것으로 생각했다. 왜냐하면 만인은 아담이 하나님 앞에서의 그들의 대표자였던 사실처럼 근본적으로 아담 안에 있기 때문이다. 비록 아담

---

70) Bulkeley, *Gospel Covenant*, pp.29~30.

71) Ibid., pp.30~31.

72) Ibid., pp.28~31 ; Cotton, *Treaties of the Covenant of Grace* (London, 1659), p.13.

73) Wilcox, p.iii.

74) Wilcox, p.337.

이 행위의 언약을 깨뜨렸고 인간이 죄 안에서 죽었다고 해도 하나님은 거기서 역사를 멈추지 않았다. 이것이 행위의 언약의 골자인데 이것은 인간의 온전함 위에 기초하고 있다. 유기자에게는 행위의 언약은 죽음의 언약이다. 이 언약은 에덴동산에서 하나님과 아담 사이에 하나님에 의해서 제기되었으며 하나님과의 계약을 떠나서 존재할 수 없었기 때문에 필요했다. 벌크리는 이렇게 말했다. "하나님은 신실하고 진실하다. 그리고 신실과 진실은 그의 이름이다. 만약 하나님이 우리와 언약관계에 들어가지 않았다면 현재까지도 우리는 하나님의 신실성과 진실성을 알 수 없을 것이다."[75] 하나님은 인간 존재의 모든 상태에 있어서 인간을 위한 언약을 만들었다고 생각했다. 즉, 완전한 상태와 유기된 상태 둘 다를 위해서 만들었다. "행위의 언약은 타락 전에 무구한 상태에서의 인간과 맺은 것이며 은혜의 언약은 그 후 그가 타락했을 때 만들어진 것이다."[76] 왜냐하면 "하나님은 그의 축복을 오직 언약에 의해 가져다준다. 이 언약 밖에서는 생명이 없다"[77]고 벌크리는 주장했다. 이리하여 행위의 언약은 신학자들에게는 가장 중요한 것이었다. 이 신학의 전개를 통해 언약신학자들은 행위의 언약을 검토하고 또 검토했다. 이 언약 하에서의 하나님의 인간과의 관계성은 무엇일까? 언약의 성취를 위해 무엇이 필요한가? 인간은 언약을 어떻게 깨뜨렸는가? 깨어진 언약의 결과는 무엇인가? 어떻게 이 결과가 대대로 전달되었는가? 이러한 물음은 행위의 언약에 관계된 문제였다.

행위의 언약의 일차적 속성은 그것의 의다. 행위의 언약은 의롭다. 왜냐하면 그것은 창조의 언약이기 때문이다. 그것은 인간이 그것의

---

75) Peter Bulkely, *The Gospel Covenant* (London, 1646), pp.26~27.

76) Ibid., p.96.

77) Ibid., p.43.

조건을 이행하는 데 필요한 불가결한 안전성을 가진 인간과 맺은 것이었다. 프레스턴은 이렇게 썼다. "행위의 언약은 이러한 조건 안에 있다. '이것을 하라 그러면 너는 살리라. 그리고 나는 너의 하나님이 될 것이다.' 이것은 아담과 더불어 맺은 언약이다. 그리고 모세를 통해서 도덕률(the Moral Law)[78] 안에서 밝힌 언약이 '이것을 행하라 그러면 살리라'[79]이다." 언약신학자들은 순종의 개념을 강조하고 있다. 하나님의 명령을 실천하면 영생과 축복이 있으나 불순종하면 영원한 사망이 있을 뿐이다.

이러한 하나님의 약속 안에서 청교도 언약신학자들은 의인(justification)과 성화(sanctification)의 형태를 발견하였다. 존 코튼은 이렇게 주장했다. "행위의 언약 안에는 의인과 일종의 성화가 있다."[80] 코튼은 행위의 언약에 의한 의인과 성화는 언약 협정(covenant agreement)에 대한 인간이 순종함으로 가능하다는 것을 시사하고 있다.[81] 더욱이 코튼은 성화와 의인의 이러한 조건부의 약속에 대해서는 대단히 조심스러웠다. "그 성화는 율법에 의한 증거도 아니며 혹은 그리스도와 우리들의 연합의 증거도 아니다."[82] 이러한 주장은 행위의 언약 하에서는 개인 중재자가 없다는 의미가 된다. 하나님은 인간이 그 자신의 내면(자연적)의 능력에 의지하여 그의 언약의 책임을 수행하도록 명령했다. 하나님은 아담과 이브와 행위의 언약을 처음 맺었다. 하나님은 다만 행위의 언약의 지식을 시내산에서 새롭게 했다. 십계명은 행위의

---

78) 도덕률 십계명을 일컫는다.

79) John Preston, *The New Covenant or the Saints Portion* (London, 1629), p.317.

80) Cotton, *A Treatise of the Covenant of Grace*, p.32.

81) Wilcox, p.51.

82) Cotton, *A Treatise*, p.43.

언약의 수행을 위해 필요한 계명을 담고 있다. 만약 인간이 이들 계명을 지키면 그는 행위의 언약 하에서 하나님에게 묶여 있게 된다. 십계명은 죄 많은 인간이 회개를 하도록 하는 촉매제(a catalytic agent)로 사용하도록 모세에게 준 것이다.[83] 또, 십계명은 행위의 언약의 단순히 선언이 아니다. 하나님의 명령은 더 이상의 은혜의 도움 없이 하나님의 계명에 순종해야 한다는 것이다. 벌크리는 행위의 언약 아래서는 구원의 은혜를 부정하였다. 그러나 그는 자연의 은혜 즉, 생명의 유지와 보전은 신앙 안에서 구하는 것을 중시하였다. 자연적 은혜는 의로운 창조주 하나님으로부터 오지만 이것을 자비로우며 사랑하며 구속하는 하나님으로부터 오는 은혜와 혼돈해서는 안 된다는 것이다. 그렇다고 해서 행위의 언약 안에서는 은혜가 없다는 뜻은 아니다.

행위의 언약은 하나님의 언약이다. 하나님이 제기자다. 하나님이 준 언약은 실패할 수 없고 실현될 수 있으며 성취되어야 하는 것이다. 이러하여 그리스도의 첫 번째 행위는 은혜의 언약의 중보자로서 행위의 언약을 수행하는 것이다. 언약신학에서는 아담과 아브라함 그리고 그리스도 등 세 인물을 "공인"(public person)이라고 한다.

"아담이 행위의 언약에서 단순히 그 자신만을 위해 언약에 들어간 것처럼 아브라함도 모든 신자들의 아버지로 하나님과의 은혜의 언약에 들어갔다."[84] 저 아담은 그가 첫 인간인 만큼 만인을 위해 활동하는 공인이었다. 그러나 아브라함과 그리스도는 오직 택함 받은 사람들만을 위해 활동한다. 아담은 공인으로서 그의 두 가지 독특한 성품을 그의 후손들에게 전할 수 있다. 첫 번째 아담은 문자 그대로 인류의

---

83) Wilcox, p.53.

84) Bulkeley, *The Gospel Covenant*, p.35.

조상이다. 조상으로서 그의 지배적인 성격은 그의 후손들에게 전해지는 것이다. 두 번째 특징은 그는 하나님에 대한 인간의 대표였다는 것이다. 이러한 아담의 연좌적 성격은 그의 후손의 이름으로 하나님과 언약에 들어갈 수 있게 한다. 그로 인해 그의 후손은 그가 결정한 것에 구속받게 된다. 그래서 아담이 범죄하면 만인이 죄인 된다. 하나님은 한 인간으로서 그리고 만인의 대표로서의 아담과 언약을 맺었다.[85] 벌크리는 이렇게 주장했다. "행위의 언약은 만인과 맺어졌다. 만인은 아담의 자손이다. 하나님이 그와 그 언약을 맺을 때 그는 모든 그의 자손의 공인이 된다."[86] 아담 안에서 하나님은 완전한 존재를 창조했다. 이러한 완전성은 행위의 언약 하에서 하나님의 인간에 대한 약속이었다. 아담은 완전한 복종을 계약하게 되었다. 하나님은 아담을 신체적으로나 영적으로 완전하게 창조하였다. 아담은 지상의 주인일 뿐만 아니라 고통이나 피로함 없이 노동할 능력을 받았다. 또한, 그는 죽지 않도록 되어 있었다. 다시 말하면 그는 하나님의 피조물로서 완전하게 지음을 받았다. 아담의 영적인 완전성은 세 가지가 있는데 거룩함과 능력의 완전성과 의지의 자유이다.[87] 이러한 세 가지 특징은 모든 인간들에게 주어졌으며 이 세 가지 선물을 통해 인간은 그 언약을 성취할 수 있다. 청교도들은 하나님이 율법을 주었을 때 그 율법을 성취할 능력도 주었다고 믿었다.[88] 그런데 하나님은 인간의 불순종을 바라지는 않았지만 인간이 불순종할 수 있도록 허용해 주었다. 즉, 인간에게 자유의지를 주었다. 이 자유의지를 청교도 신학자들은 매우

---


85) Wilcox, p.59.

86) Bulkeley, *The Gospel Covenant*, p.98.

87) Wilcox, p.61.

88) Perkins, "Commentaries on Galatians", *Works*, II (London, 1612~1621).

중시하였다.

　요컨대 행위의 언약은 아담과 하나님 사이에 세운 것이었다. 그 조건은 아담을 통해서 만인들에게 확대되었다. 아담은 신체적으로나 법적인 의미에서 만인의 대표였다. 이 행위의 언약은 완전한 순종을 요구하였다. 순종은 다만 자유롭고 미결정의 의지를 통해 받을 수 있었다. 만약 인간의 의지가 그것의 자유롭고 미결정된 성격을 상실하면 완전한 순종은 불가능하게 되며 언약은 더 이상 유효할 수 없었다. 이 언약은 하나님이 제기한 것이며 그것은 인간이 영속시켜야 하는 것이다. 만약 인간이 실패하면 하나님은 그의 언약-약속(covenant-promise)으로부터 해방되며 인간의 운명은 달라진다. 인간이 완전성과 거룩함과 불멸성을 상실하면 인간은 모든 것을 박탈당하게 된다.[89]

　다음으로 뉴잉글랜드 언약신학에 있어서 매우 중요한 은혜의 언약에 대해서 검토해 보겠다. 아담은 죄를 짓고 타락하여 에덴동산에서 행위의 언약을 수행할 능력을 잃어버렸다. 그 때문에 인간이 죄를 용서받고 영원한 생명을 얻게 되는 것은 행위의 언약이 아니고 하나님의 일방적이며 무조건적인 은혜의 언약에 의해서다. 하나님은 아담을 창조하고 즉시 행위의 언약을 맺었다. 그것은 아브라함을 통해 강화되었으며 그리스도를 통해 인준되었다.[90] 은혜의 언약은 하나님이 그가 선택한 자들과 맺은 것이며 하나님은 그들에게 은혜를 주었으며 언약의 조건을 순종하면 은혜를 주었다. 인간이 하나님의 행위에 의해 이 언약 안에 있었다는 사실에도 불구하고 그것은 단순하고 소극적인 것은 아니었다. 왜냐하면 인간은 하나님과 적극적으로 협조해야 하기

---

89) Wilcox, p.73.

90) Wilcox, p.337.

때문이다.

아담이 행위의 언약을 파기했을 때 그는 하나님과 연합할 수단을 잃게 되었다. 그러나 하나님은 인간을 이러한 소외된 상태로 두지 않았다. 그는 새 언약을 새 조건으로 준비했다. 새 언약에는 하나님은 극적으로 조건을 바꾸어 인간이 그 조건을 성취하도록 했다. 이 결과 새 언약은 행위의 언약과는 대조적이다. 행위의 언약은 자연의 은혜를 주었으나 은혜의 언약은 동맹적 은혜와 구원의 은혜였다. 은혜의 언약은 택함 받은 자들에게 구원을 제공해주었다. 뉴잉글랜드 청교도 성직자들은 행위의 언약 보다는 은혜의 언약을 더 중시했다. 이 언약신학에 있어서 두 가지 중요한 요소는 하나님의 변함없는 의지와 인간의 자유의지였다. 퍼킨스는 "언약은 두 파트로 되어 있다. 즉 하나님의 인간에 대한 약속과 인간의 하나님에 대한 약속"91)이라고 했다.

청교도들은 구약성경에서 이스라엘 민족의 조상이며 믿음의 아버지인 아브라함에 대하여 자주 말하였다. 창세기 17장에 보면 아브라함은 하나님에 인도되어 가나안 땅으로 가서 그곳에서 이스라엘 민족의 아버지가 된다. 연로해서 겨우 외아들 이삭을 얻는다. 하나님은 아브라함의 믿음을 시험하기 위하여 이삭을 하나님께 바치라고 명한다.92) 하나님에 의해 이 고통을 받은 아브라함은 하나님의 명령에 따라 제단을 쌓고 이삭을 바치려고 한다. 그러나 이때 은혜로운 하나님은 그의 믿음을 보고서 이삭 대신에 희생제물을 바치라고 명한다. 이것은 청교도들이 항상 애호한 믿음의 이야기다. 그러나 그들이 아브라함의 이름을 늘 이야기한 것은 단순히 그의 믿음을 모범으로 삼으려는

---

91) Perkins, "A Golden Chaine", *Workes*, I, p.32.
92) 창세기, 17장.

데서가 아니다. 그것은 하나님이 아브라함의 그 믿음 때문에 은혜의 언약을 주었기 때문이며 이 은혜의 언약은 아브라함의 자손에 약속되었다고 생각했기 때문이다. 청교도들은 자신들을 아브라함의 정신적 후예로 생각하고 아메리카의 황야는 가나안 땅에 비교했다.

창세기 제17장에 대한 가장 심도 깊은 주석은 코튼 목사를 통해서 찾아볼 수 있다.

> 하나님은 아브라함과 맺은 언약 안에서 그는 아브라함과 그의 후손들에게 하나님이 되었으며 아브라함과 그의 자손을 그 자신의 백성으로 받아들였다. 그의 후손 중 가장 중요한 사람은 주 예수 그리스도다. 그는 그들 두 쪽 사이의 이 언약의 중보자와 보증인이 되었다.[93]

이처럼 은혜의 언약은 아브라함과 그의 후예와 맺었다. 그는 그들의 뿌리요 머리였다.[94] 코튼은 은혜의 언약을 물려받은 사람은 아브라함의 자연적 후예라고 했다.[95] 이리하여 뉴잉글랜드 청교도들은 은혜의 언약에 관계함으로써 행위의 언약을 수행하는 매일의 생활에 정진하였다. 그러나 한 번 은혜의 언약에 들어갔다고 해서 행위의 언약에 노력하지 않아도 되는 것으로는 보지 않았다. 존 코튼은 "은혜의 언약에 들어간 것만으로는 아직 적자 상태다"고 했다. 그들은 악한 세력의 위협을 받으면서 바로 살아가고 성장해 가야 함으로 행위의 언약을 바르게 지키고 있는가 없는가를 살피고 부단히 자기의 생활을 반성하

---

93) Cotton, *The New Covenant* (London, 1654), p.4.

94) Cotton, *Grounds and Ends, of the Baptisme of the Children of the Faithful* (London, 1647), p.106.

95) Ibid., p.80.

지 않으면 안 되었다. 청교도들이 하루하루 써놓은 많은 일기와 기록은 순간순간 자기 심사의 기록이었다.

청교도 신학자들은 비록 인간이 무능하지만 인간의 협력은 은혜의 언약에서 구원을 실현하는 전제 조건 내지 필수 조건으로 생각했다. 즉, 이 은혜의 언약에서는 인간의 역할이 대단히 중요하다고 생각했다. 구원의 확신을 얻는 데는 인간의 협력으로서 신앙이 필요하며 신앙을 증진하는 데는 말씀에 대한 설교 듣기와 성경공부와 기도가 필요했다. 청교도 지도자들은 설교가 하나님에 대한 믿음을 갖게 하는 주요 수단이었다고 전적으로 믿었다.[96] 설교가는 교육을 잘 받아야 하며 능변자여야 하고 지적이며 영적으로 준비되어야 했다. 성화되지 않거나 거룩하지 않고는 하나님의 성령이 그를 은혜의 언약의 수단으로 사용하지 않는다고 믿었다. 퍼킨스는 특히 설교를 강조하면서 설교는 영생을 가져다주는 구원에 대해 듣는 것이라고 생각했다.[97] 언약신학은 성경의 연구에서 나왔다. 청교도들이 성경을 읽고 공부할 때 성경은 두 가지 기능을 한다는 것을 알았다. 첫째는 은혜의 수단이며, 둘째는 진리의 규범이라는 것이다.[98] 마지막으로 기도는 하나님이 은혜의 언약으로 그의 선택한 자들을 묶는 하나님의 역사로 생각했다. 기도의 전제 조건은 믿음을 가지는 것이었다. 믿음 없이는 그 자신을 기도를 통해 하나님에게 겸허하게 드릴 수 없다고 생각했다.[99]

요컨대 청교도들은 그들의 협력을 통해서 은혜의 언약을 성취하게

---

96) Cotton, *Grounds and Ends*, p.143 ; Hooker, *Covenant of Grace Opened* (London, 1649), p.69 ; Bulkeley, *Gospel Covenant*, p.138.

97) Perkins, *Estate of Damnation and Estate of Grace* (London, 1595), pp.80~81.

98) Cotton,, *Commentary of First John* (London, 1658), p.191.

99) Ibid.

되고 그들의 역할은 하나님에 대한 믿음과 신뢰라고 생각했다. 청교도들은 신앙을 통해서 하나님과 언약을 맺으며 그는 은혜의 언약을 수행하는 동역자였다. 하나님의 역사와 인간의 협력은 그 언약의 완전한 기능성을 실현하는 데 필요한 것으로 생각했다. 이리하여 청교도들은 그의 능력껏 언약의 조건을 수행하기 위해 모든 노력을 해야 했다.

이러한 청교도들의 언약신학은 경색된 칼뱅의 예정설을 완화하거나 수정하기 위한 의도적 기도라고 페리 밀러 교수는 지적했다.[100] 이렇게 부드럽게 하고 완화하는 경향은 확실히 보였다. 매사추세츠의 건설이 착수된 지 겨우 수년 후에 가장 유명한 도덕률 폐기론자인 앤 허친슨은 목사들의 다수가 도덕적 생활을 강조한 나머지 은혜의 언약을 잃어버리고 행위의 언약에 의해 구원을 얻는다고 그릇되게 가르친다고 비판하였다.[101] 이 비판은 대단히 극단적이었으나 뉴잉글랜드 퓨리터니즘은 그녀가 지적한 방향으로 옮겨갔다. 청교도들은 은혜의 언약을 얻는 증거로서 언제 어떻게 구원을 체험했는가 즉, 회심의 경험을 중시하였다. 이미 지적한 바와 같이 교회를 구성하는 눈에 보이는 성도의 자격을 테스트할 때 회심의 체험이 중요한 기준이 되었다. 행위의 언약에 상응하는 성도의 생활은 회심의 결과로서 약속되었던 것이다. 그러나 토마스 후커는 명확한 회심의 체험을 하지 않은 경우에도 많은 사람이 은혜의 힘을 보이므로 그들을 교회원으로서 인정해도 좋다고 까지 말하였다. 이것은 교회원의 자격인 은혜의 언약을 얻은 증거가 행위의 언약에 충실한지 충실하지 않은지에 의해

---

100) Miller, *The England Mind*, pp.366~374.

101) Lyle koehler, "The Case of the American Jezebels: Anne Hutchinson and Female Agitation during the Years of Antinomian Turmoil, 1636~1640", *William and Mary Quaterly*, 3rd. Ser., XXXI(1974), pp.55~77.

서 판단할 수 있다는 것이다. 이러한 변화는 1662년 "중도언약"(halfway covenant)의 채택과 관련이 있는 문제다. 중도언약은 앞에서 설명한 바와 같이 교회원의 자녀로서 회심의 체험을 하지 않은 자를 어떻게 볼 것인가 하는 중대한 문제였다. 이것은 성도의 자녀에 회심의 체험을 하지 않은 자가 많아졌다는 것을 보여주는 것이었다. 그러나 이것은 흔히 말하는 것 같이 곧 식민지 사회의 세속화나 도덕적 이완의 증거로 보이는 것은 아니었으며 또한 회중주의를 타협이나 율법주의(legalism)로 인도한 것도 아니었다. 또한, 중도언약이 경건의 쇠퇴를 표시한 것은 아니었다고 모건 교수는 지적했다.[102] 그러나 주민은 행위의 언약 즉, 도덕적 생활에 일층 힘쓰고 있음에도 불구하고 회심의 체험을 얻지 못한다는 모순에 고민하게 되었던 것이다. 이것은 청교도들의 딜레마였다. 그러나 목사들은 구원의 확증을 진심으로 구하라고 설교했다. 구원에 선택되는 좁은 문으로 들어가는 자는 적으나 모든 인간에게는 은혜를 받을 기회가 주어져 있다고 설교했다. 코튼은 모든 주민은 구원의 확증을 얻기 위해 영적 향상과 근면한 생활에 힘쓰도록 권면했다. 그러나 동시에 이 가르침에 있어서 두려운 예정설의 그늘을 감추고 하나님의 은혜는 모든 주민에게 주어진다는 가능성을 널리 열어놓았던 것이다.

그런데 구원은 하나님과 인간과의 개인적 관계에서만이 아니라 공동사회와의 관계에서 생각되고 있었다. "구원에 선택된 자는 적다"고 절규할 때 성직자들은 식민지인 가운데 있는 소수자를 가리키는 것이 아니라 뉴잉글랜드 주민이야말로 전 인류 가운데 선택된 소수자

---

102) Edmund S. Morgan, *Visible Saints: The History of a Puritan Idea* (New York, 1963), p.137.

임을 지적하고 이에 자부심을 가지고 있었던 것이다. 이러한 사고는 언약신학을 뉴잉글랜드 특유의 해석으로 뒷받침했기 때문에 가능했다. 즉, 이 은혜의 언약은 하나님의 인류에 대한 구속의 역사로서 이해했다. 그들은 스스로 세계적인 종교개혁의 모델로서 하나님에 의해 선택된 사람들로 보았다. "그들의 사명은 그들 자신들만을 위한 것이 아니었다."[103] 아메리카의 황야를 가나안 땅에 비교하면서 그들은 유럽과 전 세계를 구속의 역사로 이끌 택함 받은 특별한 자들로 생각했다. 이러한 자각은 그들로 하여금 개인의 구원에만 머물도록 하지 않았다. 여기에 교회의 언약과 사회의 언약이 필요했다.

## 제4절 교회언약과 사회언약

교회언약(Church Covenant)은 성도들 사이에 맺어진 것이다.[104] 성도는 특정의 지방교회의 동지로 하나님에 의해 부르심을 받은 자이다. 교회를 구성한 것은 언약이었다. 지방교회는 하나님에 의해 승인된 유일한 교회였다. 뉴잉글랜드 교회는 회중주의를 바탕으로 조직된 공동체였다. 이것은 독특한 교회조직으로서 소위 "뉴잉글랜드 방식"(New England Way)[105]에 의해 조직되었다. 뉴잉글랜드에는 영국국교회와 같은 국교회는 없었다. 교회 사이에 협조는 있었지만 국가교회나 국제교회는 원칙적으로 있을 수 없었다.

---

103) Richard Reinitz, *Tensions in American Puritanism* (New York, 1970), p.135.

104) Wilcox, p.338.

105) Edmund S. Morgan, *The Puritan Dilemma: The Story of John Winthrop* (Boston, 1958), pp.156~173.

뉴잉글랜드 언약신학의 가장 중요하고 가장 현저한 특징은 교회에 관한 교리였다. 밀러는 "이 교회의 교리는 뉴잉글랜드 퓨리터니즘의 독특하고 현저한 특징이었다. 그것은 앵글리카니즘 뿐만 아니라 다른 퓨리터니즘과 대륙의 칼비니즘 보다는 돋보이게 하는 것이었다"[106]고 주장했다. 이 교리가 독특하였기 때문에 성직자들은 그것에 대한 창의적인 변호와 적극적인 발언을 전개할 수 있었다.

교회에 관한 교리란, 교회는 신자의 상호언약(the mutual covenanting, 여기서는 계약이라고 해도 좋을 것이다)에 의해서 설립되었다는 것이다. 성도들은 소명에 의해서 눈에 보이는 자들이며 특정한 교회를 설립하기 위해 교회언약의 규약 하에 한 데 연합한 것이다.[107] 교회언약의 예를 1629년 세일럼 교회(Salem Church)와 보스턴 제일교회(First Church of Boston)의 예를 들어서 살펴보겠다. 교회언약은 각 교회의 서류로 작성된 교회 설립의 선언이며 규약이었다.

우리는 : 주님과 언약한다. 그리고 한 사람이 다른 한 사람과 계약한다. 그리고 모두 하나님의 길을 함께 걷기 위해 하나님 앞에서 우리들 스스로를 한데 묶는다. 진리의 주님이 축복된 말씀 안에서 주님 자신을 우리들에게 나타내시기를 기뻐하시는 대로 따른다.[108]

우리 예수 그리스도 이름 안에서 또한 그의 거룩한 뜻과 거룩한 명령에 순종하는 가운데 여기에 서명한 우리들은 주님의 가장 선한

---

106) Miller, *The New England*, p.433.

107) John Cotton, *The Way of the Churches of Christ* (London, 1645) ; Cotton, *The Way of the Congregational Churches Cleared* ; Cotton, *The Doctrine of the Church*, part III, p.29.

108) Ames, *Marrow of Sacred Divinity*, p.140.

섭리에 의해 매사추세츠의 만에 있는 아메리카의 이곳으로 함께 데려온 주 예수 그리스도 우리들의 수장하에서 한 회중 혹은 교회로 우리 자신들을 연합하기를 원한다. 주님이 구속하시고 성화된 자들로서 여기에 엄숙하고도 신성하게(그의 가장 신성한 임재 안에서처럼) 그의 거룩한 명령과 각자가 서로 서로 호혜적인 사랑과 존경 안에서 복음의 통치에 따라 우리들의 모든 길을 걷기 위해 약속하며 우리들 스스로 구속한다. 그래서 곧 하나님은 우리들에게 은혜를 주실 것이다.[109]

이 교회언약은 청교도의 생활에서 가장 중요한 문서 중의 하나다. 왜냐하면 그것은 신자들을 함께 묶는 규약이기 때문이며 또한 성도들 상호간에 교통을 지속적으로 실천하도록 했기 때문이다.[110]

회중주의 이론은 예배를 목적으로 하여 스스로 형성한 중생한 교인들의 집단에게 교회언약을 마련해주었다. 회중은 전적으로 자치단체라고 생각되었기 때문에 주교나 장로 또는 목회연합에 의해 치리되지 않았다.[111] 회중의 구성원은 그들의 목회자를 선출할 수 있는 권한을 가지고 있었고 그들의 구성원을 영입하거나 축출할 수 있었다. 교회원으로 들어가려면 후보자는 공개석상에서 그의 회심의 체험을 고백하고 테스트에 통과하여야 했다.[112]

교회언약은 은혜의 언약에 기초를 두고 있었다. 교회원은 그와

---

109) William Walker, *The Creeds and Platform of Congregationalism* (New York, 1893), p.116.

110) Athur Blacke Ellis, "The Covenant of the First Church of Boston," from *History of the First Church in Boston*, 1630~1880 (Boston, 1881), p.3.

111) Stow Persons, *Americans Minds: A History of Ideas* (New York, 1875), p.25.

112) Ames, *Marrow of Sacred Divinity* (London, 1642), P.135.

같은 마음을 가진 동지들과 협정(agreement)을 맺음으로써 개인적 차원을 넘어서 그는 사회적 차원에 들어갈 수 있었다. 교회언약만이 참된 눈에 보이는 교회를 만들 수 있었다. 왜냐하면 이 수단에 의해 소명을 가진 성도는 서로 연합되기 때문이었다.

이러한 회중주의 이론과 주장은 감독적인 영국교회에게는 극단적인 것이었고 잠재적으로 혁명적이었다. 또한, 본질적으로는 칼뱅주의적이었으나 칼비니스트로부터 '획기적인 이탈'(an epochal departure from Calvinism)이었다.[113] 비록 그들이 영국교회에 충실한 교인이었고 그들의 교회는 참 영국 교회였다고 주장했지만 영국 교회에서 볼 때 이것은 하나의 기만이었다. 회심한 자와 그렇지 않은 자 사이의 차이를 만들고 택함 받은 자에게만 모든 교회의 특권을 부여하는 것은 영국국교도들에게는 섹타리안(Sectarians)으로밖에 보이지 않았다. 코튼은 회중주의자들은 단순히 죄인으로부터 분리했지만 분리파들은 국교회로부터 분리하였다고 주장함으로써 비분리독립회중파(Independent Non-Separatist)[114]의 성격을 분명히 천명하였다.

회중주의자들과 영국국교도와의 실제적인 차이는 교회에 대한 신념의 차이에 있었다. 국교도들은 국가교회(State Church)는 택함을 받은 자와 회심하지 않은 자들 사이의 지나친 구분을 거부하고 광범한 지배권을 가진다고 생각했다. 이는 솔직히 말해 인간의 취약점을 관용하는 데서 힘의 일부를 끌어냈던 것이다. 일반적으로 청교도는 그러한 타협을 물론 경멸하였다. 그러나 뉴잉글랜드의 청교도들은 국교도와 같은 위치와 책임을 가진 자들이었다고 자각하였다. 그들은 진짜 분리

---

113) Michael McGiffert, "American Puritan Studies in the 1960's", *William and Mary Quaterly*, XXVII(1970), p.47.

114) Ibid., p.28.

파들의 도전을 받게 되었으며 그들의 도전과 싸우기 위해 그들의 권력을 재정비하지 않으면 안 되었다. 앤 허친슨과 로저 윌리엄스는 종교적 반란의 선구자가 되었으며 그들의 도전은 중요한 역사적 의미를 가졌다.[115]

이들 분리파의 공격은 회중파의 이론과 실제에 상당한 수정을 가하도록 했다. 특히, 교회와 국가의 관계에 대해서 그러했다. 후커의『교회규율대전의 개관』(*Survey of the Summe of Church Discipline*)과 코튼의『분명한 회중교회의 길』(*Way of the Congregational ChurchCleared*)은 모두1648년에 출판된 회중주의의 정책을 변호하고 분리파의 도전의 결과로 생긴 지방 회중에 대한 통제를 강화코자 한 것이었다.[116] 분리파들로부터 받은 압력은 그들이 영국국교도들에게 가한 것과 비슷한 것이었으며 그들이 분리파들에게 가한 박해는 국교도들로부터 받은 박해와 유사한 것이었다. 여기에도 뉴잉글랜드 청교도의 딜레마가 있었다.[117]

이렇게 해서 받아들인 수정 중 가장 중요한 것은 교회원의 자격과 관계된 것이었다. 택함을 받은 자와 택함을 받지 못한 자를 구분하는 것은 분리파의 주된 특징이었다. 회중파는 이러한 분리파의 태도를 가졌지만 그들은 영적이고 도덕적인 수단에 의해 죄인들로부터 성도를 분리할 수 있었다. 또한, 그렇게 분리하는 것이 바람직하다는 것을 의심하지 않았다. 이것은 국교도에 대한 청교도의 주요 공격 이슈의 하나였다.

---

115) Persons, p.26.

116) Ibid.

117) Edmund S. Morgan, *The Puritan Dilemma: the Story of John Winthrop* (Boston, 1958). 모건은 청교도 지도자 중 가장 유명한 윈스럽의 전기에서 이 사실을 명확히 규명하였다.

이제 뉴잉글랜드의 분리파들은 거듭남은 전적으로 영적인 조건에서 규명되어야 한다는 것과 택함을 받은 자들은 흠이 없는 직관적 지식을 가져야한다고 했다. 그들은 단순히 도덕적인 사람이라고 교회원으로 받아들인 회중들을 비난했다. 그리고 경우에 따라서는 그들은 독단적인 청교도 성직자들을 거듭나지 않은 자들로 비난하기까지 했다. 그래서 회중파들의 대변인들은 교회원의 자격을 실제적 도덕기준을 보다 강하게 강조하기 위해 재규명하게 되었다.

새로운 규명은 "눈에 보이는 성도"와 "눈에 보이지 않는 성도"(the visible and invisible saints) 사이의 명확한 구분에 의거했다.[118] 전자는 거듭난 기독교인이라 공언한 모든 사람과 모범적으로 신성한 생활을 하는 사람들로 구성되었다. 이들 눈에 보이는 성도의 소수는 이단이나 거짓 기독교인(false christians)이거나 방탕한 생활에 빠진 사람들이라는 것은 이미 알려진 사실이며 또 그렇게 주장되었다.[119]

반면에 눈에 보이지 않는 성도는 그들의 영광이 확보되어 있거나 그들의 성격이 다만 하나님의 눈에만 분명히 드러나는 참된 기독교인들이었다. 이들 둘 사이에는 크게 봐서는 중복된 것 같지만 분명히 파악할 수 있는 차이가 있었다. 분리파들의 도전을 받았을 때 뉴잉글랜드 회중주의자들은 사람이 눈에 보이지 않는 기독교인을 확인할 수 있는 능력을 가지고 있지 않다는 관점에서 눈에 보이는 성도들로 교회를 세우는 것 외에 별다른 선택의 여지가 없었다. 성도는 도덕적으로 완전한 사람이 아니다. 완벽주의는 청교도에게는 비위에 거슬렸다.[120] 성도는 죄를 짓는다. 그러나 그 죄는 부서지고 눌려진 죽은

---

118) Edmund S. Morgan, *Visible Saints: The History of a Puritan Idea* (New York, 1963).

119) Stow Persons, p.27.

죄다. 비성도의 죄는 지배적이며 압도적이며 우세한 죄다. 눈에 보이는 성도는 회중 앞에서 그의 신앙을 고백한 자였다. 존 코튼은 교회원은 "그리스도의 동지로 이 세상으로부터 하나님이 불러낸 자이며, 첫째로 주님에게 자신들을 기꺼이 드리며 연합한 자들이며, 둘째로 교회에 바치며, 셋째는 그들의 죄를 고백하고, 넷째는 그들의 신앙을 간증하고, 다섯째 그의 언약을 가지거나 붙든 자들"121)이라고 했다. 토마스 후커 는 "눈에 보이는 성도는 유일한 진실된 사람이고 또 문제를 충족시킨다. 눈에 보이는 교회에 모여야 한다"고 했다. 더욱이 그는 언제 어떤 방법으로 개심을 했는지는 몰라도 그들의 생활에서 은혜의 능력을 피력한 사람들은 교회원으로 받아들여야 한다고 주장했으며 또한 그는 교회관리자들의 권리와 책임에 대하여 자세한 설명을 해 주었다. 그는 눈에 보이는 성도는 교회원으로서 모든 특권을 부여받는다고 했다.122) 또한, 그는 그들의 임무가 성경에 나타난 것과 같이 그리스도 에 의해 주어진 것이라는 사실과 성도들에 의해 뽑히지 않았다는 사실을 강조했다. 그러나 교회는 그들의 관리자들을 선출해야 했다. 그러나 그 관리직의 권능과 기능은 하나님이 정한 것이었다.

또한, 후커는 교회관리자의 임무를 설명한 가운데 특히 의미깊은 것은 "치리(治理)하는 장로"(ruling elder)에 대한 것이었다. 장로들은 목사와 더불어 교회원이 되려고 하는 사람들을 시험하였다. "신앙의 원리에 있어서의 신자의 지식에 대해서, 그리고 은혜로운 생활방식에 있어서 그들의 경험에 대해서, 그리고 사람들 사이 그들의 겸허한 대화에 대하여 시험하였다."123) 또한, 모든 교회문제에 있어서 회중을

---

120) Wilcox, p.204.

121) Cotton, *Doctrine of the Church*, p.4.

122) Hooker, *The Survey of the Summe of Church Discipline* (London, 1648), partI, p.20.

자문하고 분쟁을 중재하고 교회원들이 교회원의 자격을 심사하고 파문하는 문제에 있어서 주도권을 장악하는 것이 치리하는 장로의 직책이었다. 이 장로직은 분명히 회중에서 가장 실질적으로 영향력 있는 평신도들이 차지하도록 되어 있었다.

회중이 여유가 있는 곳에서는 두 사람의 장로와 목사와 교사를 두어야 했다. 후커에 따르면 목사의 기능은 애정과 하나님의 뜻에 따라 일해야 하고, 구원의 힘과 사랑이 있는 전수된 진리를 적용하여 가슴을 따뜻하게 하고, 그리스도를 위한 선한 말씀을 전하는 것과 양심을 따라 주를 두려워하게 하고, 조심이 없고 반동적인 죄인을 평화의 말씀 안으로 들어오게 하고, 진리를 공언함으로 만족하도록 하는 것이라고 했다. 교사의 직은 적절한 교훈으로 회중의 마음을 준비시키는 것이었다. 진리를 설교하며 진리를 받아들이도록 하는 것이었다. 교사는 회중 안에서 일어날 수 있는 어떠한 교리의 논쟁도 다스려야 했다. 교회의 관리직을 가진 사람들은 성례를 치룰 수 있는 자격을 가지고 있었고 은혜의 언약을 가르칠 수 있었다. 파문을 심사하는 문제를 보면 죄의 무게를 심사하는 것은 장로들이 하며 회중에게 그 문제를 제기하기 전에 적절한 행동절차를 미리 결정해야 했다. 그런데 한 번 교회언약에 들어간 후는 타락하거나 파문되지 않는 한 또는 다른 교회에 이적하기 위한 허가서를 받지 않는 이상 그는 죽을 때까지 그 특정 교회원이 되도록 했다.124)

이와 같은 "교회언약 이론은 당시 유행했던 홉스의 사회계약(the social contract)론을 회상시켰다."125) 성도들은 자발적으로 회중을 형성

---

123) Cappton, *Way of the Churches of Christ in New England* (London, 1648), p.4.

124) *The Cambridge Platform*, ch.13.

125) Persons, p.29.

하는 데 동의해야 했다. 그러나 한 번 목사를 선택했으면 그들은 목회자가 그 직분을 위해 그리스도의 도를 지키게 한 그에게 복종을 해야 했다. 성직의 권능은 동일한 권능이었다.

후커의 교회정치 사상은 후에 혼합정부론(theory of mixed government) 126)으로 알려진 것으로 인민의 집단이라는 관점에서 보면 민주주의적이며, 귀족적인 장로들의 관점에서 보면 진정 군주정과 같았고, 그리고 그리스도의 관점에서 보면 독재정과 같았다. 이러한 세 가지 혼합정부는 실제로 이 지상에서는 발견하기 어려운 것이었다. 회중파들은 개별 교회의 독자성을 중요시 하여 지역종교회의나 회중교회의 연합을 반대하였다. 그렇기 때문에 교회 정통성에 대한 도전에 직면했을 때 교회는 통일을 확보하기 위한 필요한 압력을 휘두를 수 없었다. 따라서 교회의 통일을 확보하는 일은 민간인 권력의 책임이었다.

1630년대의 도덕률 폐기론자의 도전은 교회와 국가의 관계를 구체화하도록 회중주의적 청교도들에게 압력을 가했다. 앞에서 살펴 본대로 앤 허친슨과 로저 윌리엄스와 같은 이단자들이 나타나자 교회의 통일에 문제가 생기게 되었다. 이때 토마스 후커는 국가의 가장 중요한 기능은 기존 교회를 지원하고 교회의 정통교리를 보호하는 것이라고 주장했다.127)

청교도들에게 있어서 행정관(magistrate)128)과 국가는 "교회의 양부"(nursing father)였다.129) 교회를 살찌우고 교회를 오염으로부터 보

---

126) 원래 혼합정부는 민주정, 과두정 그리고 군주정을 결합한 정부형태를 말한다. 삼권분립의 원리가 여기에서 나온 것으로 알려지고 있다.

127) Persons, p.29.

128) Magistrate는 웹스터 사전에 보면 a public official, principal official, local official이라고 했다. 집정관, 관헌으로 번역되나 본고에서는 행정관이라고 번역했다.

129) Alan Simpson, *Puritanism Old and New England*, p.26.

호하고 유지하는 것이 국가의 임무였다. 행정관은 모든 사람들에게 종교예배에 참배하도록 했으며 만약 필요하면 회중의 관리자들에게 행정관의 책무를 수행하도록 촉구할 수 있었다. 정통교리에 대한 도전이 있었을 때 장로들은 필요한 적절한 조치가 무엇인지를 살펴야 했으며 민간관리자들은 그것을 처리해야 했다. 이론적으로 보면 그 권력은 똑같이 동등하고 서로를 견제했다. 그러나 만약 동맹관계가 깨지면 행정관은 교회를 억압해야 했다.[130] 그러한 경우에 통일을 위해 국가가 교회를 억압하는 것을 회중은 허용하기를 주저했다. 종교에 대한 관용의 정신은 1640년대 동안 영국에서 급속히 파급되었다. 이러한 종교에 대한 관용 정신과 모호한 태도는 뉴잉글랜드 청교도들에게 어려운 문제를 안겨주었다. 왜냐하면 뉴잉글랜드 청교도들은 교회와 국가 간의 긴밀한 유대는 참 신앙을 영속하는 가장 효과적인 수단으로 생각했기 때문이다. 그들은 국가는 실제로 신앙과 통일성을 확보하는 것으로 생각했다. 종교적 관용에 대한 반대는 뉴잉글랜드 청교도들이 참 진리를 소유했다는 확신에서 정당화되었다. 이리하여 나다니엘 워드(Nathaniel Ward)는 기존의 확립된 교의나 그 실천에서 일탈하는 자는 필연적으로 무신론자이며 이단자 또는 위선자라 했다. 그는 그러한 사람을 관용하는 것은 신앙의 순수성을 더럽히는 것이고 미미하고 잡동사니 종교로 만드는 것이라 했다. 그는 시민의 질서는 종교적인 통일 없이는 불가능하다는 것과 "눈에 보이는 성도들에 의해 교회와 국가가 같이 지배되어야 한다"[131]는 것을 굳게 믿었다. 뉴잉글랜드에 있어서 이러한 생각은 일세기 이상이 계속되었다.

---

130) Richard Reinitz, op. cit., p.11.

131) Simpson, Ibid.

160

당시 우번(Woburn)의 건설자 중의 한 사람인 에드워드 존슨(Edword Johnson)도 비록 교회와 국가는 분리되었다고 하나 국가는 "교회의 양부"라는 견해를 가지고 있었다.132) 존 코튼도 "크리스천 행정관은 형제요 교회원이지만 하나님으로부터 교회의 양부(Nursing Fathers unto the Church)로 부르심을 받았다"133)고 했다. 비록 회중주의자들이 로저 윌리엄스 같은 자들에 대한 반대는 확인했지만 도덕률 폐기론자와 침례파처럼 극단적인 분리파 같은 영적으로 의심되는 자들을 교회원으로 받아들이는 방종을 비난했다. 청교도 지도자들은 그들의 눈에 보이는 성도와 눈에 보이지 않는 성도 사이의 분명한 구분을 함으로써 그들에 대응했다. 코튼은 최후의 심판에서 위선자들은 멸망할 것이라는 확신을 하면서도 이를 의심하는 자들을 관용하고 정당화하는 방법으로서 성경에 나오는 밀과 가라지의 비유를 들고 있다.134) 영적인 방종에 대한 분리파들의 비판에 대해서도 권력의 책임을 맡아보지 못한 자들의 무책임한 재잘거림으로 치부했다.

여하간 프로테스탄트의 회중주의는 근대 사회이론과 실제에 있어서 주요한 공헌을 하였다. 특히, 청교도 지도자들은 성경에 의해 그들의 회중주의를 정당화시켰는데, "눈에 보이는 성도들은 진지하게 성경을 읽으면 하나님이 인도하는 방향을 알 수 있다"고 생각했다.135) 이는 원시 기독교인들의 생각과 비슷했다. 특히, 택함을 받은 자들에게만 교회원의 특권을 주는 것은 회중주의 목적을 실현하기 위해서였다. 당시의 새로운 정치 경제적 힘은 회중주의 및 개인주의에서 비롯되었

---

132) Johnson, "Wonder-Working Providence", CMHS, IV, 57.

133) Cotton, *Way of the Churches of Christ*, p.6.

134) Persons, p.31.

135) Reinitz,, Ibid.

다. 청교도의 회중은 궁극적으로 개인의 신앙적 양심에 따라서 자발적으로 모여 결합한 자치체라는 데 특징이 있었다.

후커의 교회관을 보면 교회는 영적이어야 하고 자치적이야 한다는 것이다. 영국 국왕으로부터 받은 특허장과 교회언약에 함축된 회중주의 이론과 실제는 뉴잉글랜드에 정착하는 과정에서 중요한 역할을 하였다. 신앙심이 많은 회중은 2세기 이상 동안 뉴잉글랜드 지역 생활의 분명한 특징이었으며 치밀하게 구성된 공동체의 단단한 핵을 형성했다. 청교도 사회의 신앙적 갈등과 충돌은 뉴잉글랜드인들 사이에 강하게 남아 있었던 자치적인 회중이 신대륙을 개척하는 상황에 잘 적응하였음을 증명하였다. 결국 영국국교회와 장로교회의 정치형태는 회중주의의 독립정신에 점차 양보하게 되었다. 19세기 말까지 로마 가톨릭 교회만 홀로 회중주의의 영향을 받지 않았다.136) 회중주의 청교도들은 이론과 실제에 있어서 사회의 두 계급 즉, "거듭난 자와 거듭나지 않은 자"를 인정하였다.137) 이러한 구분은 비록 그들이 자주 신앙적으로 거룩함과 경제적으로 번영함을 동일시하려는 경향을 보여 주었지만 경제적 계층과 사회적 계층의 구분보다 더 생생하게 남았던 것이다.

언약의 마지막 부분으로 사회언약(Social or civil covenant)을 살펴보겠다. 이 사회언약은 하나님과 명시적으로나 묵시적으로 맺은 것인 동시에 사람들 사이에 명시적으로 맺은 것이다. 사회언약은 바로 사회계약이라고 번역하는 것이 좋을 것이다. 계약자들은 특허장에 명시된 정부형태에 의해 제한을 받도록 그들 스스로를 구속하였으며 또한

---

136) Persons, Ibid.

137) 뉴잉글랜드는 구대륙처럼 왕족, 귀족, 시민, 성직자와 같은 계급은 없어도 거듭난 자와 거듭나지 않은 자라는 두 개의 특이한 계급으로 구성된 사회였다.

162

하나님의 통합에 복종하도록 했다.[138] 교회언약의 이론은 영국에서 나타났던 것이다. 거기서 청교도들은 그 이론을 실천에 옮길 기회를 거의 얻지 못했으며 거의 영적이며 교회적인 문제에 국한되어 있었다. 비록 영국 청교도들이 사회 정치적 이론이 회중주의에 내포되어 있는지에 대해 심각하게 생각해 본적은 없었지만, 1630년과 1640년 사이에 그들 중 약 1만 명이 신대륙의 뉴잉글랜드로 떠났다. 이때부터 이 문제를 진지하게 생각하게 되었다. 그들은 종교적 신념을 최고로 실현하고 충실하려면 실용적인 편의가 필요했다. 그들은 이 실용적인 편의로 그들의 정치적 문제를 해결하였다. 실로 "청교도들은 사상의 실용성으로 성공할 수 있었다."[139]

영국은 1630년대에는 신대륙에 식민지 제국을 세우려는 생각을 거의 하지 않았다. 영국은 식민지행정의 경험도 없었고 식민지 경영을 위한 정부기관도 없었다. 그러나 해외무역에 참여했던 활동적인 영국의 상인들은 점차 합자회사와 같은 조직을 발전시켰다. 이들 합자회사들은 유럽과 발틱 국가들과 무역하고 있었다. 1607년 런던의 버지니아회사(Virginia Company)는 제임스 타운에서 그들의 식민을 시작했다. 그리고 1620년 순례교단으로 불려진 분리파가 이 회사의 후원으로 그들의 일시적 피난처였던 네덜란드에서 신대륙으로 이주하게 되었다. 메이플라워 선상에서 맺은 '메이플라워 서약'은 하나의 계약으로서 "하나님 앞과 사람 앞에서 서로 엄숙하게 상호간에 서약하여 우리들의 보다 나은 질서와 생존을 위해 민간정치단체(Civil Body politick)에 우리들 스스로를 연합한다"고 하였다. 이와 유사한

---

138) Wilcox, p.338.
139) Gerald H. Greb & George Athans Billias, op. cit., p.36.

계약은 코네티컷의 「근본법」(Fundamental Orders)과 뉴헤이븐의 「근본협정」(Fundamental Agreement)에서도 찾아볼 수 있다. 그 후 1629년 일단의 부유한 청교도들이 매사추세츠만 식민지를 위한 특허장을 획득하였다. 그들은 회사를 정치의 수단으로 사용하려고 의도적으로 계획을 하였다.

그러나 매사추세츠만 식민지 정부의 기초는 영국 국왕의 특허장이었다. 그래서 매사추세츠의 초대 총독 존 윈스럽은 이렇게 말했다. "이 정부의 기초는 국왕의 특허장이다. 이것은 그들에게 정부형태와 존재이유를 부여하며 정치단체(body politick)에 얼마간의 인원도 배치한다."140)

여하간 청교도 이민들은 이 특허장에 기초하여 하나의 자치체를 형성하였다. 이것이 "회사 또는 자치식민지"(Corporate Colony)였다.141) 1629년의 특허장은 매사추세츠만 식민지 정부의 경제권의 형태를 규정하고 있다.142) 또한 특허장에서 회사는 주식소유자(Stockholders)들이 소유하도록 규정하였으며, 또한 총독(governor), 부총독(duty governer), 18명의 참사(assistant)에 의해 다스려지며, 대총회의(Great and General Court)를 두도록 했다. 그들은 모두 자유민(freemen)이 선출하도록 했다. 이 특허장은 또한 식민의 목적을 기독교신앙을 증진하도록 하는 것이라고 밝히고 있다. 매사추세츠만 식민지의 성립 직후에 매사추세츠만 식민지의 공식 계약이 맺어졌다. 1629년 8월 26일에 이 계약에 12명이 서명했다. 12명 중에는 존 윈스럽, 토마스 더들리,

---

140) Quated in Robert C., *Winthrop, Life and Letters*, 1630~1649, p.441.

141) 李普珩, 『美國史槪論』, 서울, 1981, p.8.

142) Benjamin Poore, *The Federal and State Constitutions, Colonial Charters, and Organic Laws of the United States* (second edition: Washington, 1878), I, pp.932~342.

인크리스 노웰(Increase Nowell), 아이작 존슨(Isaac Johnson) 등이 포함되어 있었다. 그 내용은 다음과 같다.

> ……그것은 우리들 사이에 완전하며 신실하게 동의되었다. 또한 우리들 각자는 그리스도의 말씀과 하나님 앞에서 자신을 자유롭게 그리고 신실하게 구속한다.……우리는 이 일의 수행을 하나님의 도우심으로 할 것이며 우리는 몸소 그리고 우리와 함께 가려고 하는 우리들의 여러 가족과 함께 명년 3월 1일자로 언급한 식민을 개시하도록 준비할 것이다.……143)

회사의 제도적 의미는 버지니아에서 보다는 매사추세츠에서 더욱 분명하게 나타났다. 이렇게 시작된 이 회사는 이윤이 많은 착취기업으로 발전시킨다는 기대로 영국인들에 의해 운영되었다. 매사추세츠에서는 이 회사 자체가 이민기관이었다. 자유민은 주주로서 상당수가 뉴잉글랜드에 왔는데 그들은 회사 특허장을 가지고 왔다. 그 결과는 미국 땅에 설립된 회사였으며 실제 최고의 정치실체로서 기능하였다. 회사의 총책임자는 신기하게도 정치적으로 입법하는 총독으로 변모하였다. 참사회는 총독의 자문기관으로 기능을 하였다. 총회의는 식민지 입법기관이었으며 훗날 식민지 의회로 발전하게 되었다. 자치식민지의 자유민은 투표권을 가진 시민이었다. 자치식민지의 공화국(Commonwealth)으로의 변용은 완전하였다. 존슨 선장은 특허장을 하나의 순수한 정치적인 도구로 생각했다. 전쟁 선포권을 포함한 전면적인 최고 통치권을 매사추세츠 당국에 부여하였다. 그는 영국 정부에

---

143) Robert C. Winthrop, *Life and Letters of John Winthrop*, 1588~1630 (Boston, 1864), pp.344~345.

어떤 충성도 하지 않았다고 했다. 버지니아와 매사추세츠는 다른 영국 식민지의 발전에 결정적인 영향을 미쳤다.[144] 매사추세츠만 식민지는 "행동과 사실과 이름에 있어서 자치단체(Corperate)"였다.[145]

미국의 정치제도의 기본 구조는 영국교회의 전통으로부터 온 것이 아니라 주로 자치식민지로부터 나온 것이었다. 변경의 위급 상황 때문에 다른 제도는 생각하기 어려웠다. 청교도들은 좋은 사회는 그 안에서 그가 완전히 참여할 때 성공적인 식민지 사회가 될 수 있다고 보았다. 그러나 이러한 참여의 성격은 큰 모순 속에 빠지게 된다. 인간은 그의 창조주 앞에 홀로 서며 인간과 하나님 사이의 거래를 증거할 뿐이기 때문이다. 그의 목자로부터 충고나 권면을 기대할 수 있었으나 공적인 구조는 기대할 수 없었다.[146] 그러나 동시에 은혜의 언약은 하나님에 의해 아브라함의 영적인 후예인 모든 백성과 맺은 것이다. 물론 이들은 혈연적인 후예는 아니었다. 유대인은 그리스도를 버린 죄값으로 고통을 당하고 있다고 보았다. 아브라함의 영적인 후예와 혈연적인 후예는 일치되어야 한다는 강한 생각을 가지고 있었다. 그래서 실제적인 조건으로 청교도는 오직 회심을 체험했던 성인과 개인에게 교회원의 자격을 주었다.

청교도들은 주어진 국가 안에서 민간의 복종과 종교적 통일과 동질성을 중요시했다. 이러한 사상은 국가관 가운데서도 발견된다.[147]

---

144) 매사추세츠만 식민지는 영주식민지(propriety)보다는 회사(company), 또는 자치식민지(corporate colony)로 발전하도록 기타 식민지의 모식민지로서 영향을 미쳤다.

145) Poore, *The Federal and State Constitutions*, p.936.

146) 유대인들은 신바빌로니아에게 멸망한 뒤, 2만7천명이 바빌론에 포로로 잡혀가 이산민족(Diaspora)으로서 2000년 동안 나라 없는 백성으로 살다가 20세기가 되어서야 다시 나라를 세웠다는 것은 주지의 사실이다.

166

이것은 그들 시대의 가정이었다.[148] 그들의 국가와 교회와의 관계를 아는 데는 1641년 종교회의에서 채택된 「케임브리지 강령」(Cambridge Platform)을 살펴보면 알 수 있다. "교회정부는 국가의 민간정부에 반대하지 않으며, 그들의 관할 하의 민간행정관의 권위에 대해서도 어떠한 침해도 하지 않는다……행정관은 그들의 인민을 교회원이 되도록 압력을 가할 권한이 없다. 마찬가지로 교회관리자가 행정관의 권력에 간여하는 것은 불법이며 또한 행정관이 교회관리자가 잘하는 일에 간여하는 것도 불법이다."[149]

이렇게 교회와 국가를 구분하면서도 이 강령은 그 구분을 흐리게 하기도 한다. 즉, "행정관의 임무는 종교문제를 돌봐주고 제2장에서 명한 임무의 실천을 위한 그의 민간권위를 증진시키는 것이었다. 그들은 하나님이 부르신 자들이다. 행정관 직책의 목적은 인민의 조용하고 평화로운 생활뿐만 아니라 모든 종교적 문제에도 있다"고 하였다. 이론상으로는 교회와 국가가 분리되어 있지만 실제는 그렇지 않았다. 이론적으로 보면 하나님은 그의 뜻을 선포하기 위해 목사를 세웠고 행정관은 그것을 실천하도록 세웠다. 목사는 자문하고 훈계하며 견책할 권한을 가졌으며, 행정관은 명령하고 재판하고 처벌할 권한을 가졌다. 그러나 실제 사회의 언약은 교회가 원하는 것은 무엇이든 물리적으로 강제하고 공적으로 추진하게 하였다. 종교에는 사회생활 분야뿐만 아니라 모든 제도가 그 밑에 있었다.[150]

청교도 정치사상의 기본가정은 정부는 원죄 때문에 필요하다는

---


147) Wilcox, p.285.

148) Perry Miller, *Orthodoxy in Massachusetts* (Cambridge, 1933), p.50.

149) *The Cambridge Platform,* Ch. XVII, Secs, 2, 4, 5.

150) Herbert Wallace Schneider, *The Puritan Mind* (Chicago, 1958), p.23.

것이었다. 에덴동산에서는 정부가 필요 없으며 아마도 천국에서도 전혀 필요 없을 것이다. 이리하여 정부의 첫째 기능은 이기적이며 죄 많은 사람들을 억제하는 것이었다. 정부의 보다 적극적인 책임은 공동체에서 도덕적 질서를 실현함으로써 하나님의 나라를 진보시키는 것이었다. 이 목적은 물론 교회의 보다 엄격한 영적 목적과 통합적으로 연관되어 있었다. 이 목적을 위해 국가는 적절히 행동을 취해야 하고 행동을 규제해야 했다. 왜냐하면 그들은 좋은 사회를 건설할 "특별한 사명"151)을 가지고 있었기 때문이었다. 그래서 자유방임적 개인주의는 그렇게 찬양되지 않았다. 그러나 실제에 있어서 개인이 주도적이었으며 적극적인 집단 활동의 참여가 권장되었다.

신성한 국가는 거듭난 자들에게 독재권을 주었다. 개심을 하지 않은 자는 정치적 특권을 누려서는 안 되었다. 비록 다른 시민적 사회적 불능자들이 한 계급이 되었지만 국가정책은 성경에서 발견되는 하나님의 말씀에 대한 행정관들의 해석에 의해 결정될 때 이단과 이탈은 용납되지 않았다.152) 만약 논쟁이 공공의 이익에 배치될 때는 논의가 적절히 억제되었다. 청교도는 이처럼 시민의 자유에 대한 개념이 없었으며 다만 조화와 통일을 중시했던 것이다.

그들에게는 하나님의 법의 지고성은 의심할 것도 없는 정치의 기본 가정이었다. 모든 사회적 정치적 제도와 실제는 지상에서 하나님의 법을 실현하는 데 얼마나 유익한지에 따라 측정되었다. 청교도국가에서의 지배적 영향력은 성직자들이 가지고 있었다. 또 성경은 가장

---

151) Edmund S. Morgan, op. cit., p.70.

152) 그러나 이단자들은 매사추세츠를 떠날 자유는 얼마든지 있었다. 그래서 매사추세츠를 모체로 하여 코네티컷, 로드아일랜드, 뉴헤이븐 등 많은 새 식민지가 생기게 되었다.

근본적인 것이었다. 역사가 조지 엘리스(George Ellis)는『매사추세츠의 청교도시대』(*The Puritan Age in Massachusetts*)에서 "식민지 건설자들은 성경의 모델(Biblical model)을 귀감으로 하여 국가를 세우려고 기도했다"[153]고 주장했다. 이 주장은 근거 있는 주장으로 청교도들은 국가의 완전한 질서를 위한 통치는 성경에 기초해야 한다고 믿었다. 소위 "바이블 공화국"(Bible Commonwealth)을 건설하려고 했던 것이다.[154] 그러나 성경은 구체적 문제에서는 언급하지 않고 있다. 또한 하나님의 법은 성경에만 있는 것이 아니라 자연과 인간의 이성에도 있다. 그런데 그 법의 근원이 무엇이든지간에 모든 사람은 그것에 순종해야 한다. 그들은 우주에는 근본적인 법이 있다는 것과 통치자들의 명령의 상위에 있는 법은 계시나 이성이나 자연 중에서 발견해야만 한다는 생각을 가지고 있었다. 이러한 법사상은 미국 역사상에 길고도 의미 있는 역할을 하였다.

사회언약의 이론은 어떠한 특수한 정부형태를 묘사하려는 것은 아니었지만 존 윈스럽이 "적절한 정부형태"(due form of government)를 만들 수 있게 해주었다.[155] 성경은 하나님의 목적에 부합되는 것으로 보이는 여러 가지 형태를 제시하였는데 청교도들은 자치정부를 선택하였다.

여하간 청교도의 정치사회는 교회언약과 결합되어 있었던 사회언약에 기초하였다. 어떤 의미에서 이 사회의 언약이 바로 신앙심이 있는 공동체가 정치적 활동을 하도록 한 것이다. 이리하여 교회의

---

153) George. E. Ellis, *The Puritan Age and Rule in the Colony of Massachusetts Bay*, 1629~1685 (Boston and New York, 1888), p.45.

154) Wilcoxi, p.290.

155) Edmund S. Morgan, *The Puritan Dillemma*, pp.83~100.

회중은 종교적인 동시에 사회적인 지방공동체의 핵심이 되었다. 공동체의 기능은 종교적 회중을 지원하는 것이었다. 비록 1664년 전까지는 비교회원은 종교적 혹은 정치적인 투표권을 갖지 못했지만, 그들은 예배에 참석하고 성직자들을 돕기 위해 세금을 내었다. 많은 실제적 목적을 위해 회중과 지방의 정치적 공동체가 함께 결합되었다. 교구(Parish)란 용어는 종교적인 동시에 시민적 의미를 가졌다. 회중은 미팅 하우스(meeting house)에서 만났고 거기서 또한 타운 회의(town meeting)가 열렸다.156) 자유민은 교회원이었으며 투표권을 가진 자들이었기 때문에 각각의 기능을 분간한다는 것은 쉽지가 않았으며 또 그렇게 하는 것도 중요하지도 않았다.

청교도 지도자들의 저술에서 사회언약에 대한 논의는 계약이론의 두 측면을 밝히고 있다. 비록 존 윈스럽 총독이 이런 구분을 하는 것은 유해하거나 불필요한 것으로 보았지만 사회언약의 관계의 한 측면은 동의였다.157) 코튼은 이성(the light of nature)에 호소하여 언약을 시민사회의 기초로 정당화하려고 했다.

단순히 언약에 대한 동의로서 계약을 대체시킴으로써 그의 주장은 완전히 존 로크나 토마스 제퍼슨의 주장과 맞아 떨어졌다. 인간이 은혜의 선물을 찾는 데 자유롭다고 청교도 신학은 가르치고 있다. 또한 청교도의 정치이론은 사회계약을 하는 당사자들의 자유로운 동의에 기초하고 있었다. 인민의 자유에 대한 윈스럽의 언급은 현대적

---

156) 타운미팅은 정착자들의 도착 직후에 생긴 것으로서 지방의 문제를 해결하는 포럼으로 출발하였다. 여기에 참가하는 사람은 투표권을 가진 자며 정부의 권력이주어졌다. 이것은 뉴잉글랜드의 독특한 제도이다. 시인 James R. Lowell 은 청교도 사상은 여기서 "민주주의의 알"을 낳았다고 했다. 기록상 첫 타운미팅은 1633년 도체스터에서 있었던 것이다.

157) Persons, p.37.

의미에서 말하는 민주주의를 주장한 것은 아니었다. 17세기 초기에서 '인민'(People)이란 용어는 분명히 모든 성인을 의미하는 것이 아니었으며 또 행정관들보다는 자유민이었다. 비록 그들이 수적으로는 적었지만 행정관들과 싸워 소위 "제한정부의 원리"(the principal of limited government)를 확립했다.158) 여하간 윈스럽이 사용한 자유라는 용어가 무엇을 의미했는지 알 수 있는데 그는 두 종류의 자유를 구분했다. 즉, 자연적 자유와 시민 혹은 언약적 자유로 나누었다. 자연적 자유는 인간이 동물들과 구분되는 자유였다. 즉, 육체적 자유였다. 시민 혹은 언약의 자유는 거듭난 기독교인이 하나님의 뜻(the will of God)에 자유롭게 기꺼이 순종하는 상태의 감정으로 설명했다. 다만 후자에서 정부가 인민의 자유를 방어하는 데 헌신하도록 마련했을 뿐이었다. 이러한 구분을 할 필요가 있었다는 사실은 이미 자유란 단어가 자연주의적 의미를 호소하기 시작했음을 암시하고 있다.159)

그럼에도 불구하고 동의로서의 언약이론의 측면에서 자발적인 요소는 항상 강조되었다.160) 비록 거듭 난 자는 홀로 언약 안에 속했지만 그렇지 않은 자들은 죄 많은 완고함만 가지고 있을 뿐이었다. 만약 그들이 은혜의 의미를 집요하게 계발했다면 자비로운 하나님은 의심할 것도 없이 그들을 구출하기 위해 지상에 내려왔을 것이다. 그리고 그들은 언약의 특권을 누릴 수 있었을 것이다. 오직 개인적이고 사회적 구속을 위한 특수한 것을 인정했을 뿐이었다. 그것은 거듭나게 하는 은혜이다. 그들의 두 번째의 언약이론의 주요 측면은 그것과 관계한 상호간의 의무였다. 이러한 측면에서 언약은 18세기 계약이론에서처

---

158) Alan Simpson, op. cit., p.37.

159) Persons, p.37.

160) Ibid., p.38.

럼 인민들 스스로에 의해 평등한 자들이 되었다. 그러나 한편에서는 지배자와 다른 한편에서는 인민들 사이의 의무를 강조하였다. 사회계약의 임무는 은혜의 언약에 뿌리를 박고 있다. 코튼은 이렇게 말했다. "교회와 국가는 아직 서로 틀리는 왕국이다. 하나는 이승의 것이며 다른 하나는 천국의 것이다. 그러나 둘 다 그리스도로부터 왔다. 그리스도는 하나님으로부터 모든 심판을 위임받았다."161) 때문에 행정관의 권위도 하나님의 뜻으로부터 나왔다고 할 수 있다. 이러한 영적 은혜에 대한 정치적 적용을 코튼은 이렇게 말했다. "한 왕이 그 백성들에게 무엇을 원하는가를 보라. 그와 똑같이 하나님도 그의 백성에게 요구한다."

사회언약의 이론에는 양 측면에서 볼 때 인민이 자발적으로 정부를 세웠다고 가정해도 그것의 기관과 권력은 하나님이 세우고 결정한 것이 분명해진다. 즉, 행정관들은 하나님의 율법을 자유민의 희망으로 생각하여 그것을 실현할 의무가 있었다. 이와 같은 사회언약의 양 측면은 청교도들이 자유와 권력을 조화시키려는 한 방법이었다. 모든 사회는 이 방법 저 방법으로 이와 같은 조화를 도모하였다. 이상과 같은 교회언약과 사회언약의 이론을 포함하는 청교도 사상은 종교사상으로서 뿐만 아니라 정치사상 내지 사회사상으로서 "중요한 역사적 요소"가 되었다.

지금까지 살펴본 바와 같이 구속의 언약, 행위의 언약, 은혜의 언약, 교회언약, 사회언약은 이론상으로는 서로 다른 것 같아도 실제는 밀접하게 연결되어 있는 연동체제라는 것을 알 수 있다.162) 그들은 모든

---

161) Robert A. Skotheim, *American Intellectual Historians and Histories* (Princeton, 1966), p.180.

162) Schneider, p.19.

172

관계- 인간과 신, 신과 인간, 인간과 교회, 인간과 사회관계를 계약관
계로 파악하였던 것이다. 윌슨 스미스가 말한 대로 이 언약신학이야말
로 "뉴잉글랜드 스타일의 회중주의의 시금석(touch stone)"[163]이며,
또한 이 언약사상은 "경건의 쇠퇴"(waning piety)라고 말할 수 있을
것이다.[164] 참으로 언약은 경건만치 중요하였으며 언약 안에서만 구원
과 생명이 있었다. 개인적이면서도 집단적이며 주관적이면서도 객관
성이 강조되었으며, 비민주적이면서도 민주적인 성격을 지녔다. 비현
실적인 것으로 보였으나 지극히 현실적이고 실용주의적이었다. 언약
신학은 공동체의 조화와 동질성을 확보하기 위한 논리적인 근거였다.
밀러가 말한 것처럼 언약신학은 모든 모순에 해답을 주고 모든 불일치
를 완화해주고 또 기초를 확립하고 그리고 구원에 대한 확증을 제시해
주었던 것이다.[165]

---

163) Wilson Smith, ed., *Essays in America Intellectual History* (N. Elm, 1975), p.13.

164) Miller, *New England Mind*, p.379.

165) 裵漢極, 「뉴잉글랜드 淸敎主義에 있어서 言約神學의 性格」, 『大邱敎育大學
論文集』 제20집, 1984, p.128.

# 제Ⅴ장 미국 청교도의 학문과 윤리 도덕

## 제1절 르네상스 인문주의의 계승

앞에서 고찰한 바와 같이 청교도들은 영국국교도나 가톨릭 교도와 마찬가지로 아우구스티누스를 비롯한 중세기독교의 상속자들이며 종교개혁의 상속자들이요 또한 르네상스의 계승자들이었다. 특히 그들의 신학사상을 논리적이며 체계적으로 정립하고 설명하는 데는 르네상스 인문주의 전통과 방법을 적극 사용함으로써 가능했던 것이다. 그래서 뉴잉글랜드 청교도들은 르네상스의 상속자들이었으며 또한 인문주의자들이었다.[1]

르네상스는 고대문화의 부활, 인간성의 해방, 인간과 세계의 재발견이라고 하는 것은 주지의 사실이다. 르네상스는 유럽인들의 내면세계

---

1) Perry Miller 교수는 그의 저서 *The Puritans*의 소개에서 "Puritan Humanism"이라는 절을 두고 뉴잉글랜드 청교도들이 중세기독교, 종교개혁, 르네상스 계승자였음을 극명히 규명하였다. 물론 이러한 관점은 새뮤얼 E. 모리슨에 의해 개척되었다. 그들은 모두 청교도들을 휴머니스트들로 보았다. 그러나 인문주의도 엄격히 구분하면 15~16세기 인문주의와 17~18세기 인문주의로 나누어지며, 다같이 봉건적 또는 계급 특권의식으로부터 인간의 회복을 부르짖은, 새로운 운동이었다고 할 수 있다. 그런데 전자는 고전적 귀족적 인문주의라고 하고, 후자는 시민적 또는 부르주아적 인문주의라고 할 수 있다. 청교도들은 고전적 인문주의의 계승자들이었다고 볼 수 있다.

의 확대라는 뜻에서는 종교개혁과 맥을 같이 한다. 부르크하르트는 세계와 인간의 발견과 더불어 르네상스의 가장 두드러진 특징의 하나는 개인주의 발전(development of idividuality)이라고 했다.[2] 종교개혁도 바로 가톨릭의 전체주의에 반기를 들고 교황이나 주교 없이도 하나님께 제사드릴 수 있다는 만인사제주의를 주창함으로써 르네상스의 인문주의적 개인주의를 종교적 개인주의로 승화시킨 것이었다. 영혼의 구원문제는 어디까지나 개인문제이며 하나님과 인간과의 관계도 개인문제인 것이다. 여기서 프로테스탄티즘의 특징이 있는 것이다. 독일의 종교개혁은 성경에 의해서 인간의 양심을 해방시켰다면 청교도들은 개인의 양심의 책임을 특별히 중시하였다.[3] 그러나 미국의 뉴잉글랜드 청교도들은 구원의 문제를 개인의 문제로만 국한하지 않고 거룩한 공동체의 문제로 확대하였다.

그들은 어떻게 구원을 받느냐도 중요하였지만 구원받은 자가 어떻게 해야 할 것인가에 더 중점을 두었다. 그렇기 때문에 구원받는 문제는 개인문제지만 구원받는 자가 어떻게 해야 하며 무엇을 해야 하는가의 문제는 지극히 비개인적인 공동체와 관계되는 문제였다. 그들은 이미 눈에 보이는 성도요 구원받은 거룩한 성도이기 때문에 교회와 사회를 위해서 무엇을 해야 할 것인가에 비중을 두었던 것이다. 원래 칼비니즘의 과제는 루터파와는 달리 사람이 어떻게 해서 구원을 받는가가 아니라 구제된 사람은 무엇을 해야 할까 하는 목적에 초점을 두었다.[4] 이러한 기독교사상을 뉴잉글랜드 청교도들은 어떠한 철학적 방법으로

---

2) "Jacob Burckhardt," *Encyclopaedia Britanica*, 1980 ed., col.3, p.483.

3) Austin Wollrych, "Puritanism, Politics and Society", *The English Revolution*, 1600~1660, ed, E. W. Ives (London, 1963), p.87.

4) 「カルヴイン」, 『世界歷史事典』(東京, 1957), pp.503~504.

구축하였는가가 문제다. 그것은 다름아닌 르네상스의 인문주의철학
에 바탕을 두고 발전시켰던 것이다. 밀러는 청교도들은 당시 부활하고
새로 발견된 고전문학도였으며 유럽의 문학정신과 마음의 부활을
나누었다고 지적하고 있다.5) 그들의 신학은 제한받지 않는 평가의
대상이었다. 청교도들은 그리스 로마의 저술의 요지를 즐기고 이용할
줄 알았다. 영국의 학자들이 가장 교양 있다고 해도 그들에게는 부족하
게 생각되었다.

청교도들이 성취한 퓨리터니즘과 헬레니즘의 놀라운 융합은 특이
하다고 하겠다. 고전과 종교 교리의 결합과 프로테스탄트 신학의 고전
과 도덕의 결합은 하버드 대학6)의 교육과정의 목적이었다. 하버드
대학은 교사와 관리가 될 사람들이 등록하였으며 단순히 목사들만을
훈련시키기 위한 곳이 아니었다. 그들은 고전 학자가 될 사람으로서
훈련하거나 혹은 단순히 ‘신사’가 되도록 훈련하였다.

하버드 대학의 교수였던 윌리엄 브래틀(William Brattle)은 1689년
대학의 한 연설에서 이렇게 선언했다. "Liberali liberaliter instuendi."7)
즉 "신사는 신사답게 교육받아야 한다." 모리슨 교수는 하버드 대학의
역사에서 얼마나 고전이 청교도 교육에서 폭넓게 영향을 미쳤는가를
보여주었다.8) 뉴잉글랜드에 있어서 예술과 과학과 훌륭한 문학에 대한
연구는 신학의 학습과 마찬가지로 중요한 교육 목적이었다. 뉴잉글랜
드 총회의도 기록하기를, 매사추세츠의 모든 시민의 이름으로 언어와

---

5) Perry Miller and Thomas H. Johnson, *The Puritans* (New York, 1963), p.20.

6) http://en.wikipedia.org/wiki/Harvard_University 참조.

7) "Liberali liberaliter instendi"는 밀러가 The Puritans을 청교도 전기적 연구에
   공헌을 세우고 청교도들의 휴머니즘을 일찍이 간파했던 Samuel Eliot Morison
   에게 바친다고 하는 말 밑에 사용한 문구이기도 하다.

8) Morison, *Harvard College in the Seventeenth Century*, p.165.

인문학은 정부와 교회의 존재를 위해 절대적으로 필요한 것은 아니지만 지혜로운 판단은 의심할 것도 없이 교회와 공동체의 존재를 위해 찬양할 만할 뿐만 아니라 필요하다고 했다.9) 하버드 대학 총장을 역임했던 인크리스 매더(Increase Mather, 1639~1723)는 1677년의 설교에서 총회의는 학교와 대학을 보살펴야 한다고 했다. 또 "계속 이어지는 세대에게 진리를 보급하기 위해 능력있는 수단을 강구해야 한다. 어떤 사람은 종교에 관심이 많으면 좋은 문학에도 관심이 많은 것이라고 관찰하였다."10) 매더의 좋은 문학이 구성하는 개념은 우리가 의미하는 바와 꼭 일치하지 않지만 그것은 시, 드라마, 고대세계의 역사와 고전작가와 비교해도 전혀 손색없는 문장력이 포함되어 있었다. 모리슨 교수의 연구를 통해서 우리는 뉴잉글랜드의 청교도들은 에라스무스와 코레트(Colet)11)의 제자들이었음을 확실히 알 수 있다. 코레트는 영국 르네상스의 지도자의 한 사람이며 고전연구가, 신학자, 그리고 성바울 학교의 설립자였으며 에라스무스와 친한 사이였다.

청교도들에게 있어서 라틴어와 그리스어는 그들의 교육 방법이나 문법의 활용에는 물론 청교도정신에 보다 많이 영향을 미쳤다. 이들 라틴어와 그리스어는 하버드 대학의 교양과목으로서 문학사를 위한 훈련의 기초였다. 청교도 지도자들의 설교와 논쟁을 통해 보면 인문주의자의 경향이 뚜렷한데 인문주의적 경향과 문화는 합리주의적 요소가 강했던 것이다. 그리고 청교도 사상은 그리스와 로마의 고전으로부

---

9) Miller, *The Purians*, p.20.

10) Increase Mather, *A Discourse Concerning the Danger of Apostacy*, pp.100~101

11) John Colet(1467~1519)는 영국 고전학자며 또한, 르네상스의 지도자의 일인이다. 그는 파리와 이탈리아에서 교회법, 민법, 교부저서외 그리스어를 공부했다. Bude, 에라스무스와 교우했으며, 옥스퍼드에서 신약을 가르쳤다.

터 얼마간의 영향을 받았다. 즉, 그리스의 서사시인 헤시오도스 (Hesiodos)[12)]와 로마의 시인 호라티우스로부터는 사상을, 그리스 철학자 플라톤으로부터는 예지를, 로마의 희극작가 플라우투스(Plautus)로부터는 얼마간의 지혜를 충당 받았던 것이다.

인문주의자의 문화의 경향은 내셔널리즘의 요소를 강화하였다. 하나님의 특별한 은혜로 충만되어 있지 않을 때라도 자연적으로 이성의 영역을 강화하는 경향이 분명하였다. 초기 17세기의 청교도 지도자들은 단순히 학문적으로 훈련되고 도덕적으로 계명된 신사 문화가 천국으로 데려간다고는 전혀 생각하지 않았다. 그들은 그러한 장식이 없이도 구원받을 수 있다는 것을 확실히 믿었다. 그러나 그들은 대체로 하나님에게 부르심을 받은 사람은 라틴어와 헬라어 그리고 히브리어를 알면 하나님의 소명을 훨씬 잘 이해할 수 있을 것이라고 생각하였다. 존 코튼은 말하기를 "만약 지식이 공허한 공상이라든지 단순한 사실의 수집에 그친다면 그것은 '열정'을 가져다주지 않을 것이다. 그러나 비록 열정 없는 지식은 지식이 아니라 해도 지식 없는 열정은 오직 난폭한 불일 뿐이다"[13)]고 했다. 인크리스 매더는 이교도인 그리스와 로마인들의 서적을 수집하고 그것을 위한 책장을 만들 정도로 고전에 많은 관심을 보였다. 그는 또 말하기를 "이교도 중에도 카토, 세네카 그리고 아리스티데스(Aristides)[14)] 같은 유명한 도덕주의자들이 있었다. 비록 도덕이 그들을 구원하였다고는 말할 수 없어도 도덕은 그들에

---

12) 기원전 8세기의 그리스의 시인, 그리스의 교훈적 시의 아버지. 그의 『노동과 나날』은 그의 들에서의 일상생활과 일에 대한 경험을 담고 있다.

13) Cotton, *Christ the Fountaine of Life* (London, 1651), p.145.

14) Aristides는 A.D. 2세기 경 그리스의 서사가이며, 고향 Smyrna가 지진으로 파괴되자 마르쿠스 아우렐리우스 로마 황제를 설득해서 이 도시를 재건토록 했다.

게 유익하였다. 왜냐하면 하나님은 그들을 외관상으로도 많은 보상을 해주었기 때문이다. 그리고 그들은 많은 일시적 심판을 피할 수 있었으며 그들 자신의 영혼에 평온함을 가져다주었다. 더욱이 저 세상에서 그들의 죄는 간음을 한 자들의 죄보다는 크지 않았을 것”이라고 주장했다.

이리하여 청교도 목사들의 설교에서 “성경의 구절과 나란히 그리스의 지혜로운 예화나 플루타르크 영웅전의 에피소드와 아리스토파네스의 신랄한 말씨와 투키디데스의 강한 현실주의가 나타나고 있다. 플라톤은 사회원리를 위한 권위로 나타났다. 물론 하나님의 말씀 아래 있지만……. 그들은 로마의 베르길리우스의 이야기를 인용하기도 했다.”15) 존 윈스럽은 크리스천은 성경에 집착하여야지 이교도에게 교훈을 찾아서도 안 된다고 주장했지만 토마스 셰퍼드 목사는 “당신이 이교도의 저서를 읽고 배우는 데 대한 염려는 갑자기 나온 것”16)이라고 일축하였다. 이들 청교도의 정신생활의 놀라운 사실은 그들 대다수는 윈스럽의 염려를 함께 나누지 않았다는 것이다. 고전에 나오는 인물을 많이 인용하고 예화를 들고 호소한 것은 실제로 인간의 타락이나 죄가 심연처럼 깊지 않았다는 고백이 되기도 했다.

진리와 합리적 영혼은 쌍둥이라고 그들은 보았다. 그래서 윌리엄 허버드(William Hubbard)는 “이성은 우리들의 가장 신실하고 최고의 카운슬러”17)라고 까지 말했다. 하버드 대학의 학칙은 학생들에게 단순히 읽을 수 있는 능력만이 아니라 논리적으로 해결할 수 있는 능력을

---

15) Miller, *The Puritans*, p.23.

16) *Collection of the Massachusetts Historical Society*, ser.4., VI, p.272.

17) *A Practical Commentary upon The First Epistle General of John* (London, 1656), p.8.

요구하였다.[18] 성경의 해석은 바른 이성과 오류 없는 논리에 의해 규제되어야 한다고 생각하였고 지혜로운 사려는 삼단논법적으로 판단해야 한다고 보았다. 삼단논법은 사물을 이해하는 덕이며 그것에 의해 인간은 사물의 존재를 이해한다고 그들은 생각했다.

많은 뉴잉글랜드 청교도 신학자들은 스콜라 철학자들의 논리를 대체할 방법을 찾았는데 위대한 프랑스 개신교도이며 성 바르톨로메오 축일의 학살에서 순교한 페트루스 라무스(Petrus Ramus)를 통해서 바로 그 이성의 운영에 있어서 지침을 찾았다.[19] 라무스는 프랑스 이름 Pierre de la Rame의 라틴화한 이름이다. 프랑스식으로는 라뮈라고 발음해야 한다. 1930년대의 과학세계에서는 찰스 다윈이 유명하였다면, 1630년대의 개신교 세계에서는 라무스가 가장 위대한 인물이었다. 그는 아우구스티누스와 같이 기독교 플라톤 철학을 활짝 꽃피웠으며 새로운 방법론의 발견자이며 형성자였다.[20] 그의 방법론은 스콜라 철학의 낡은 개념의 횡포로부터 해방을 약속한 것처럼 보였다. 라무스는 1536년에 그의 석사논문에서 "아리스토텔레스가 말한 것은 모두 날조다"고 주장함으로써 아리스토텔레스의 유명한 비판자가 되었

---

18) Morison, *The Founding of Harvard College*, p.337.

19) Cf, Morison, *Harvard College in the Seventeenth Century*, pp.185~190.

20) 중세기독교 플라톤주의(Platonism)는 아우구스티누스에 의해 확립되었다. 아리스토텔레스의 철학과 기독교 신학을 결합한 토마스 아퀴나스의 『신학대전』이 나오기 전까지는 기독교 플라톤주의에 있어서 라틴 세계 중 가장 넓고 깊고, 지속적으로 영향을 미친 사람은 아우구스티누스다. 그러나 토마스 아퀴나스에 의해 아우구스티누스적 기독교 플라톤주의는 빛을 잃었다가 15세기부터 비잔틴 제국으로부터 중세 구신플라톤주자의 저작의 오리지널 텍스트가 서유럽에 들어옴으로써 신플라톤주의가 새로 부활하게 되었다. 그러한 기독교 플라톤주의 부활의 대표적 추진자가 라무스였으며, 그의 영향은 영국의 케임브리지 플라톤주의자들에게 지대하였던 것이다.

180

다.[21] 그는 교회의 박사와 교수들이 그들의 시간을 낭비하여 왔다고
주장하였는데 그것은 박사와 교수들이 아리스토텔레스의 학설에 너무
의존하고 있었기 때문이라는 것이다. 그는 아리스토텔레스 학설이
잘못되었다는 것을 지적하기 위해 많은 책을 쓰는데 여생을 바쳤다.
라무스는 일차적으로 휴머니스트였고, 또한 프로테스탄트였으며 논
리학자였다. 그래서 밀러는 "라무스는 스콜라 철학의 어두운 동굴에서
청교도들과 인문주의자들을 고전문학의 넓은 교양의 세계로 해방시키
려고 노력했다"[22]고 주장했다.

프로테스탄트 개신교도들이 그의 두꺼운 책에서 가장 가치 있는
것으로 발견한 것은 그의 논리학이었다. 그의 제자들이 그것을 영국에
전파하였는데 특히 케임브리지 대학에서 발전되었다가 신대륙 뉴잉글
랜드로 가져갔다. 그리하여 청교도 신학자들의 논증과 설교에서 추구
한 표준적 방법이 되었다. 17세기 동안에 청교도들은 신과학의 수학적
방법과 데카르트의 연설과 베이컨의 귀납법을 알게 되었다. 라무스의
가르침은 데카르트의 방법론의 준비 단계였다. 라무스는 르네상스
휴머니스트들에게 해방감과 단순하고 명료한 논리학을 제공해 주었
다. 그의 논리학은 다만 수용된 진리를 간명하고도 간략하게 진술하는
도구였다. 라무스는 자신의 논리학의 본질을 60페이지로 압축하였다.
거기에 따르면 세상은 파악할 수 있는 논리적 구조이며 인간의 마음은
아담의 타락과 인간의 부패에도 불구하고 거의 정확하게 그 논리적
구조와 일치한다는 것이다.[23]

---

21) Miller, *The Puritans*, p.28.

22) Ibid., p.29.

23) 라무스의 텍스트북, *Dialecticae Libri Duo*는 1556년 발간되어, 영국에서는
   자주 재발간되었으며, 17세기 뉴잉글랜드에서 계속 사용되었다. 또한 그의

비록 라무스가 자처한 만큼 아리스토텔레스에서 떨어진 것은 아니지만 또 자신의 플라톤에 대한 지식이 대단히 불완전하지만 그의 논리학의 체계의 기본적인 전제는 플라톤적이었다. 즉, 세계는 하나님의 마음 가운데 존재하는 사상의 계서(hierachy)의 복사 내지 물질적 표현이었다.24) 라무스는 플라톤으로부터 집단화와 분리화의 지도 원리를 추출해 내었는데 바로 이분법(dichotomy)의 원리였다. 이 이분법의 원리에서 보면 보통 사상과 사물은 노아의 방주에 들어가는 짐승들처럼 짝을 지었다. 왜냐하면 세상은 대칭적이기 때문이다. 이리하여 그의 논리학은 그 자체가 반으로 나누어져 있다. 하나는 개인의 사상과 주장이고 다른 하나는 공리와 교설이다. 마치 문법은 어원을 비롯한 낱말 연구와 구문으로 나누어지는 것과 같다.25) 논리학자의 책무는 모든 것을 적절히 짝짓는 것이다. 논리학의 마지막 책무는 방법론이었다. 하버드 대학의 총장이었던 인크리스 매더는 말하기를 "저 위대하고 유명한 프랑스인 라무스는 다른 사람들에게 빛을 제공하였다."26) 매더는 그 빛에 의해 적당한 방법론을 발견하였으며, 그 안에서 성서적으로 정의를 하고 학술의 골든 룰(golden rule)과 방법에 따라 배열하였다.

뉴잉글랜드 청교도의 지적 특성을 규명하는 데 있어서 우리는 항상 그들을 칼비니스트라고 부르는 데 조심해야 한다. 왜냐하면 칼뱅의

---

다른 저작에 의해 보충되었다. 라무스에 대한 일반적인 설명은 Bayle의 사전 가운데 있는 것과 Chaldes Waddington의 *Ramus, sa vie, ses ecrits, et ses opinions* (Paris, 1855)이 가장 좋다.

24) 라무스에 대한 플라톤의 영향은 대단했다. 그래서 그는 16세기에 프랑스의 플라톤이라고 불려졌다.

25) Miller, *The Puritans*, p.32.

26) Increase Mather, Preface to James Fitch, *The First Principles of the Doctrine of Christ* (Boston, 1670).

형이상학은 아직 아리스토텔레스적이며 스콜라적이었기 때문이다. 뉴잉글랜드 청교도들은 칼뱅의 신학에 내포되어 있는 이러한 스콜라 철학을 옆으로 제쳐놓았다. 라무스는 모든 사물과 사상은 짝지어 있는 것처럼 어떤 것은 서로 조화를 이루고 또 어떤 것은 낮과 밤, 참과 거짓 그리고 안과 밖처럼 서로 상반되는 것을 발견했다.[27] 이러한 라무스의 논리학은 인문주의자들이 받아들인 논리학이었다. 이 논리학은 유심론적이어서 모든 결론은 우리 마음 안에서 나온다고 생각했다. 그래서 존 코튼은 우리들 안에 있는 본질적인 지혜에 대하여 말하기를 우리들의 이성은 자연적이라고 하였다. 이것은 그의 라무스적인 훈련에서 나온 말이었다. 라무스에게는 물질적인 세계는 변화하고 속이고, 인간의 감정은 썰물 밀물과 같으며, 인간은 과오를 범하고 인간에게는 사고도 일어난다. 하나님은 모든 자연적인 과정을 무시하거나 제쳐놓을 수 있다. 그러나 어떤 것은 영원하고 변하지 않는 것이 있는데 그것으로 우리는 살아가야 한다. 이러한 변하지 않는 명제의 총합과 완전한 진리체계는 하나님의 마음 안에서만 존재한다. 그리고 하나님의 진리의 일부는 우리의 마음 가운데 있다.

이상과 같은 사고방식은 의심할 것 없이 플라톤 철학에서 나온 것이다. 라무스 철학은 플라톤 철학이 르네상스 가운데 부활한 몇 가지 형태 중의 하나였다. 청교도 신학자들은 스콜라 철학과 투쟁할 때 이것으로 싸웠다. 뉴잉글랜드 퓨리턴은 르네상스 인문주의의 유산을 계승하고 세계에 관한 신학적 개념과 기독교 신앙체계 안에서 그것을 구현하려고 노력했다. 한마디로 말해서 퓨리터니즘은 당시의 선진문화의 결과였다.[28]

---

27) Miller, *The Puritans*, p.33.

그러면 그러한 선진문화 수용의 통로인 뉴잉글랜드 청교도들의 교육과 학문은 어떠했는지 알아보겠다. 청교도들의 교육의 동기와 목적은 종교적이었다. 그렇지만 그들의 교육은 인문주의의 영향에서 비롯되었던 것이다. 청교도들에게 가장 영향을 많이 준 칼뱅 자신도 처음에는 파리 대학에서 마뛰랭 코르디에(Mathurin Cordier)[29] 지도하에서 인문주의를 공부하였고 오를리앙과 부르주(Bourges)에서는 법률을 공부하였다. 그는 22세에 세네카의 작품에 대한 해설을 출판할 정도로 고전에 관심이 컸었다. 칼뱅은 종교개혁자였지만 처음에는 인문주의자로서 출발하였다.[30] 그는 그의 사상의 결정체라고 할 수 있는 『기독교강요』에서 인문주의적 교양의 필요성과 그리스 및 로마 시대의 고전연구의 중요성을 역설하였다.

그는 특히 세속적인 교육의 필요성을 이렇게 말했다. "비록 우리가 하나님의 말씀에 첫째 자리를 주지만 우리는 훌륭한 훈련을 거부하지 않는다. 하나님의 말씀은 참으로 모든 학문의 기초이다. 그러나 인문학(liberal arts)은 말씀의 온전한 지식에 도움이 되므로 멸시되어서는 안 된다"[31]고 했다. 그는 또 말하기를 "교육은 공공의 행정을 확보하기 위해서도 교회를 다치지 않고 유지하기 위해서도 그리고 사람들 사이에 인간성(humanity)을 확보하기 위해서도 필요하다"[32]고 했다. 그는

---

28) Ibid., p.40.

29) M. Cordier(1479~1565)는 프랑스의 교사로서 프로테스탄트로 개종하고 제네바에 정착하였으며, 초보자 라틴어 학습서를 비롯한 교육학에 관계되는 책을 출판하였다.

30) 홍치모, 「Calvin과 人文主義」, 『宗敎改革史』, 서울, 1979, pp.133~146.

31) William Boyd and Edmund J. King, *The History of Western Education* (London, 1975), p.198.

32) Ibid., p.191.

184

이러한 뜻에서 국어를 위한 철저한 문법의 기초와 산수를 공부하기 위한 충분한 준비를 강조하였다. 그가 이러한 정신에 기초하여 1559년에 세운 대학이 유명한 제네바 대학이었다.

또한 역시 스위스의 종교개혁자인 츠빙글리도 1523년 프로테스탄트적인 관점에서 『소년들의 기독교 교육』이라는 책을 썼는데 이것은 기독교 교육에 관한 최초의 책이 되었다. 그는 라틴어와 헬라어 그리고 히브리어를 공부할 것을 주장한 외에도 성경을 어떻게 가르칠 것인가에 대해 체계적으로 설명하였다. 그는 또한 산수, 자연, 음악 그리고 다양한 형태의 신체적 운동을 권장하였다.[33] 이러한 프로테스탄트적 교육은 프랑스, 네덜란드, 스코틀랜드 그리고 영국에 전해졌다. 영국은 케임브리지와 옥스퍼드를 중심으로 프로테스탄트적 교육이 전개되었다. 특히, 영국의 케임브리지 대학은 이미 우리가 아는 바와 같이 청교도 교육의 온상이었다. 거기서 교육받은 성직자들에 의해 지도된 뉴잉글랜드는 초기부터 교육에 대해 남다른 열의를 보여주었다.

청교도들의 학문과 교육에 대한 연구는 하버드 대학의 역사 교수였던 모리슨과 세이볼트(Rovert F. Seybolt) 등에 의해 잘 밝혀져 있다.[34] 모리슨은 "퓨리터니즘이 고전과 순문학과 시와 과학 연구를 막지 않았으며 오히려 자극을 주었다는 사실은 충분히 알려지지도 않았거나 평가되지도 않았다"[35]고 주장했다. 신대륙 개척의 어려움도 어떠한

---


33) Ibid., p.197.

34) Samuel E. Morison, *The Intellectual Life of Colonial New England* (New York, 1960) ; *The Puritan Pronaos* (New York, 1936) ; *Harvard College in the Seventeenth Century* ; Robert F. Seybolt, *The Public Schools of Colonial Boston* (Cambridge, 1935) ; idem, "The Private Schools of Seventeenth Century Boston," *New England Quaterly*, VIII(1935), pp.418~428 ; Bernard Bailyn, *Education in the Formation of American Society* (New York, 1960).

장애물도 순수한 지적 활동의 싹을 막을 수는 없었다. 퓨리터니즘의 가장 위대한 공헌 중의 하나는 뉴잉글랜드와 미국에 박식한 성직자와 배운 사람들을 선물로 주었다는 데 있다.

청교도들의 학문에 대한 헌신은 1936년에 하버드 대학의 창설을 가져다 주었다. 하버드 대학은 미국에서 제일 오래되고 가장 훌륭한 대학으로서 뉴잉글랜드 청교도들에 의해 세워졌다. 이리하여 하버드 대학은 청교도들이 영어권 세계의 어떠한 식민지들보다도 일찍 세운 고등교육기관이며 17세기 아메리카의 유일한 대학이었다. 하버드 대학은 1642년 9명의 첫 졸업생을 배출했다.

그 다음 해에 26페이지 분량의 한 유명한 논문이 런던에서 출판되었다. 『뉴잉글랜드 첫 열매』(*New England First Fruits*)가 바로 그 논문이었다.[36] 이 논문은 뉴잉글랜드의 자연자원과 기도의 이점 그리고 이교도의 개종의 기회에 대해 매력적으로 묘사하였다. 그리고 특별히 성장하는 젊은 하버드 대학을 묘사하는데 유의하였다. 이 논문의 일부는 대학과 그 안의 학문의 절차에 대한 것인데 14년 동안 하버드 대학의 총장을 지낸 젊은 목사 헨리 던스터(Henry Dunster)가 기금을 조성하기 위해 작성한 것으로 보인다.

거기에 보면 "하나님이 우리를 안전하게 뉴잉글랜드에 데려다 준 후에 우리는 우리의 집을 짓고 우리들의 생활에 필요한 것을 제공하였다. 하나님을 예배하기 위한 편리한 장소를 마련했으며 그리고 민간정부를 세웠다. 우리가 갈망하고 찾은 것 중의 하나는 학문을 진보시키고

---

35) *The Intellectual Life of Colonial New England*, p.4.

36) Miller, *The Puritans*, p.700. Morison 교수는 *The Puritan Pronaos* (New York, 1936), Chapter Ⅱ에서 "The Beginnings of Higher Education"이란 제목으로 하버드 대학의 초기사를 훌륭히 서술하였다.

186

그것을 후손들에게 영속시키는 것이었다. 우리들 현재의 목사들이 흙으로 돌아갈 때 교회에 무식한 목사들을 두기를 두려워하면서"[37]라고 시작하고 있다. 이처럼 하버드 대학의 교육의 동기와 목적은 종교적이었지만 그것의 역사적 의의는 대단히 크다. 그래서 모리슨은 하버드 대학의 역사적 의의를 이렇게 설명했다.

하버드 대학은 천명도 되지 않는 공동체에 의해 또 10년도 되지 않는 역사를 가진 식민지에서 그리고 8년 전에는 황야였던 장소에 세워졌다. 학교를 세우려는 충동과 지원은 구세계의 교회나 정부 그리고 개인으로부터 나온 것이 아니라 숲과 대양 사이에 둘러싸인 소외된 사람들로부터 나왔다. 이와 비슷한 성과는 근대 식민지역사에서는 발견할 수 없다. 아벨라르(Abelard)가 센 강가에서 강의한 지 3세기가 지난 후에 찰스시대의 영국인들이 청교도 대학을 창건하고 역경 속에서 지적 표준을 유지한 초기의 역사보다 더 고상한 예는 드물다.[38]

하버드 대학을 건설한 후에 매사추세츠는 1647년 교육법을 만들었는데 그것은 3년 후에 코네티컷에서도 채택했다. 이 교육법은 일백가구 혹은 그 이상이 되는 모든 타운은 무상의 보통 및 문법학교 교육을 제공해야 하고, 50가구 이상의 마을에는 1명의 교사를 둬야 한다고 규정하고 있다. 또 이 법에서는 어린이들에게 사적인 교육에서나 공적인 공립학교 교육에서나 읽을 수 있는 충분한 훈련을 시켜야 한다고 규정하고 있다.[39] 이리하여 고전 교육을 포함한 청교도의 교육 내용과

---

37) "New England First Fruits: In Respect of the College, And the Proceeding of Learning Therein."

38) Morison, *The Founding of Harvard College*, p.148.

방법은 뉴잉글랜드 제 학교에 의해서 17세기부터 지금까지 전해지고 있다. 청교도 교육이 기본적으로 지배계급을 위한 종교적 교화(indoctrination) 내지 선전이라고 해석한 비어드(Charles Austin Beard)나 커티(Merle Curti)의 해석도 있으나, 모리슨은 그러한 해석에 대해 아주 비판적이었다. 아메리카 공교육의 결정적 책임은 서양문명의 전통에서 학생들을 가르쳐야 하는 것이라고 모리슨은 주장하였다.[40] 1950년 미국역사학회 회장 취임연설에서 미국의 역사가와 사상가들은 기존의 전통과 신념의 중요성을 이해해야 한다고 했다. 또 "역사가는 전통과 민중의 기억을 존중해야 한다"[41]고 주장했다. 청교도들은 지적 생활을 하면서 초등과 고등의 학교제도와 미국역사상 최초로 책을 인쇄하고 도서관을 세우기도 했다. 모리슨은 『청교도의 신전입구: 17세기 뉴잉글랜드의 지적 생활의 연구』(*The Puritan Pronaos: Studies in the Intellectual Life or New England in the Seventeenth Century*)에서 청교도의 지적 공헌은 무엇보다도 후세들이 사용하고 존경할 수 있는 골격을 제공하고 제가치를 확립한 데 있다고 했다. "청교도의 신조는 기독교의 지성화된 형식으로서 그것을 공언한 쪽에 정신 활동을 자극했다." 또한, 목사들은 17세기의 과학적 발견에 대해 개방적인 마음과 수용적인 태도를 가지고 있었다.

　뉴잉글랜드 퓨리터니즘은 과학지식의 발전을 억제했다기보다는 자극을 주었다. 왜냐하면 청교도 지도자들은 교육을 잘 받았던 사람들

---

39) Carl N. Degler, (1980), p.22.

40) Skotheim, *American Intellectual Historians and Histories* (Princeton, 1968), pp.178~179.

41) Korison, "Faith of an Historian", *American Historical Review*, LVI (January, 1951), p.270.

이며 무엇이 진행되고 있는가에 대해 호기심이 많았고, "그들 당시의 운동과 친숙해 있었고 새로운 과학적 이론에 민감하였기 때문이다. 특별한 예를 들면 새로운 천문학은 거의 다른 모든 나라에서는 교회와 성직자들과 싸워야 했지만, 뉴잉글랜드에서는 성직자들에 의해 선전되기까지 했다."[42] 하버드 대학의 역사는 초기 근대 유럽의 지성사에 있어서 한 장을 이루었다. "영국의 전통적인 학예와 철학, 어학, 대학의 표준, 형태 그리고 예의는 뉴잉글랜드가 허용하는 범위 내에서 재생되었다. 때로는 인디언과의 싸움으로 대학이 황폐되었으며 침투하는 물질주의는 모두 학문을 억눌렀지만 학문의 횃불은 꺼지지 않았다."[43] 어려운 환경조건에도 불구하고 초기 청교도의 교육제도를 성공적으로 영속시키기 위한 결의는 높이 평가되어야 할 것이다.

뉴잉글랜드 청교도들은 영어를 말하는 세계에서 가장 큰 과학아카데미인 런던의 왕립협회의 회원을 11명을 배출하였다. 이는 버지니아의 3명, 펜실베이니아의 3명, 캐롤라이나의 1명보다 훨씬 많은 숫자다. 뉴잉글랜드 코네티컷의 총독 존 윈스럽은 왕립협회가 특허장을 얻기 전에 회원으로 제안되었으며, 1663년 5월 20일 첫 정기선거에서 회원으로 선출되었다.[44] 이처럼 뉴잉글랜드 청교도들이 학문과 과학에 관심을 가졌다는 것은 특기할 만한 일이다. 청교도 신학자들은 전술한 바와 같이 이성을 특별히 중시하고 있었다. 이러한 이성존중의 전통이 교육을 발전시켰고 학문을 발전시켰던 것이다. 청교도들의 인간관에 따르면 근본적으로 인간은 원죄를 타고난 타락한 존재이지만 하나님

---

42) Morison, *The Intellectual Life of Colonial New England*, p.273.

43) Morison, *The Founding of Harvard College*, p.4.

44) Morison, "The Puritan Pronaos", *Puritanism in Early America*, George M. Waller ed. (Boston, 1950).

의 형상을 가지고 태어났으며 그 인간은 총명(이성)과 자유의지를 가지고 있다는 것이다. 그래서 인간은 만물을 이해하고 그가 좋아하는 것은 무엇이든지 할 수 있다. 하나님은 비밀이지만 하나님의 의지는 자연과 우주에 나타나 있기 때문에 하나님의 의지를 알기 위해서는 우주와 자연을 연구할 필요가 있다는 것이다. 때문에 청교도 지도자들은 지식, 논리학, 형이상학 그리고 역사학을 중히 여겼다. 그들은 성경의 역사를 연구하고 주석을 하는데 있어서 그들의 시대가 나아갈 수 있는 데까지 나아갔다. 왜냐하면 그들에게는 진리는 교리와 마찬가지로 역사에도 있기 때문이었다.[45]

프레스턴은 지적 추구와 역사적 연구 그 자체는 성경에 대한 절대적 믿음을 위해서는 하나님이 그의 영에 믿음이 역사하도록 성령을 주입하지 않는 한 충분하지 않다고 고백했다. 또한, 그는 믿음에 대한 증거는 성경 안에 있다고 생각했지만 믿음이 지식을 필요로 하기 때문에 지식은 경멸되어서는 안 된다고 했다. 그는 또 "태양 아래 있는 모든 헛된 것 중에 최고는 지식이다"(Wisdom is the best of all vaine things under the sun)고 했다. 결국 지식과 믿음은 손을 잡고 가야 한다고 보았던 것이다.[46]

때문에 세속지식인 과학, 역사, 웅변 그리고 지혜(순수하게 자연의 지혜)가 이들 청교도들에게는 이중으로 중요하였다. 왜냐하면 지식은 유익할 뿐만 아니라 그것은 신학의 일부였기 때문이다. 그들은 지식을 가지지 않고는 은혜를 얻을 수 없다고까지 말했다.[47] 청교도 목사들은

---

45) Miller, "The Marrow of Puritan Divinity," *Essays in American Intellectual History*, Wilson Smith ed. (N. Elm, 1975), p.28.

46) Ibid.

47) Ibid.

식민지에서 가장 유식한 자들이었다. 그들은 개방적인 마음과 그들의 세기에 의미 있는 과학적 발견에 대해 항상 포용적인 태도를 가지고 있었다. 젊은 대학 졸업생들은 "과학과 신학 사이의 전쟁"(warfare between science and theology)은 뉴잉글랜드에서는 없었다고 했다. 뉴잉글랜드 성직자들은 자유주의와 계몽사상의 지도자였으며 신학문을 사람들에게 공급하는 사람들이었다.[48]

이와 같이 이성과 지식의 중요성을 확신하고 있었던 청교도들이 교육을 중시한 것은 당연하였다. "무지는 신앙의 원천이 아니고 이단의 원천"[49]이라고 그들은 생각했다. 하나님의 말씀을 올바르게 이해하는 데 학식과 학문이 필요하다는 청교도들의 신념을 증명하는 사실로서는 청교도 목사들의 교육수준이 높았다는 데서도 알 수 있다. 1640년 이전에 뉴잉글랜드 지방에 정착한 케임브리지와 옥스퍼드 대학의 졸업생의 수는 100명이 넘었으며 그 대부분이 목사였다. 그러나 버지니아에는 그 정도의 수준을 가진 사람은 5명도 되지 않았다.[50] 종교적 자유가 있으며 민주적이며 개인주의가 강한 로드아일랜드는 식민지시대를 통해 학교교육제도가 없었다. 퀘이커 교도가 건설한 펜실베이니아에도 대중교육에 별로 열의를 보이지 않았다. 윌리엄 펜은 "책을 많이 읽으면 명상으로부터 정신을 너무 많이 빼앗기게 된다"[51]고 했다. 이러한 곳에서는 학문과 교육이 발전할 수 없었다.

또한 모리슨이 주장한 것처럼 불관용이 문학적 표현을 필히 파괴하는 것으로는 보이지 않았다. 종교의 자유가 있었던 로드아일랜드와

---

48) Ibid., p.78.

49) Degler, p.21.

50) Ibid.

51) Ibid.

메릴랜드는 현저하게 문학이 메말랐던 곳이었다.[52] 이렇게 볼 때 뉴잉글랜드의 학문과 교육은 그 정도의 인구와 적은 규모의 지역치고 그렇게 높은 성과를 올렸다는 것은 놀라운 일이 아닐 수 없다. 특히, 모리슨은 세 가지 제도 즉, 대학과 공립학교 제도 그리고 회중교회를 세워 미국인의 생활에 영속적인 의미를 갖게 했다고 하였다.[53] 또한 식민지 70년만에 영국에서조차 런던을 제외하면 책의 출판과 판매량에 있어서 뉴잉글랜드를 따를 곳이 없었다. 사실 이처럼 놀라운 학문적으로나 교육적으로 큰 성과를 성취한 곳은 영국의 어느 식민지에서도 찾아볼 수 없었다.

## 제2절 현실 수용적 도덕관

퓨리터니즘은 성경은 하나님의 말씀이며 완전하다는 믿음 위에 기초한 생활방식이었다. 청교도란 그러한 시각에 따라 살려고 노력하는 본래의 영국인들이었다. 뉴잉글랜드 청교도는 모국 영국인들과 지적 생활, 과학, 지식, 도덕성, 태도와 관습, 관념 그리고 선입관이 90%는 같았다.[54] 그들은 본국에 남아 있는 영국인과 마찬가지로 애국적이었다. 그들은 스페인을 독약처럼 미워했고 프랑스는 다만 약간 덜 미워했을 뿐이다. 그들의 눈에는 영국국교도와 마찬가지로 서양세계에 있어서 가장 중요한 문제는 가톨릭과 프로테스탄트와의 투쟁이었다.[55] 그들에게 있어서 종교는 일차적이며 인간의 모든 마음을 몰두

---

52) Morison, *The Intellectual Life of Colonial New England*, p.154.

53) Morison, "The Puritan Pronaos", p.79.

54) Miller, *The Puritans*, p.7.

시키는 일이었다. 모든 인간사상과 행위는 하나님의 영광을 위한 것이어야 한다는 생각에는 변함이 없었으며 독특하거나 극단적이지 않았다. 눈에 보이는 우주는 하나님의 직접적이며 지속적인 지배하에 있다는 것은 물론 조그마한 사건을 비롯하여 해가 뜨고, 돌이 떨어지고, 가슴이 뛰는 것과 정부의 모든 일은 모두 하나님의 직접적인 감시하에 있다고 믿었다. 이러한 면에서는 국교도와 다를 것이 없었다.

그러나 그들이 순수하고 무구한 원시기독교회를 회복하려는 노력과 허식적인 의례를 거부하며 국가가 교회를 감독하는 감독주의를 부정하는 것은 그들로 하여금 영국국교도와 다르게 하였다. 엄격한 의미에서는 국교 안에서 국교도의 정화를 추구한 사람들이 청교도들이었다. 국교도와 공개적으로 완전한 분리를 주장한 필그림즈와 같은 분리파는 뉴잉글랜드의 정통 청교도는 아니었다.

이러한 순수한 종교적 의미만으로는 뉴잉글랜드 청교도를 충분히 파악할 수 없다. 청교도의 또 다른 특별한 특징은 그들의 도덕적 측면에 있었다. 그들은 성경을 읽고, 그것을 진지하게 믿고, 대단히 엄격한 도덕적 규범으로 생활했다. 그리고 그들은 그것을 다른 사람들에게 실행하기를 원했다. 그러한 사람들은 원래 엄격주의자라고 불렀다. 새뮤얼, 마이클 위글즈워스, 코튼 매더, 조나단 에드워즈 등의 철저한 청교도 일기[56]는 자신의 죄와 타인의 세세한 과오에 대해서도 애통해

---

55) Ibid., p.8.

56) 청교도 일기는 뉴잉글랜드의 택함 받은 성도에 대한 하나님의 특별한 은총의 증거의 기록이었다. 청교도가 남긴 일기는 대별해서 세 종류가 있다. ① 여행의 기록 ② 일상의 사적 공적인 일어난 일을 상세히 기록한 것 ③ 자기의 영혼의 상태를 조사하고 그것에 수반하는 고뇌를 기록한 내성적인 것으로 나누어진다. 원래 도덕적으로 엄격한 청교도들은 정통적인 유태교와 마찬가지로 성경과 교회가 정한 실로 많은 종교적 의무를 지키지 않으면 안 되었다. 그러면서도 가톨릭 교회와 달리 교회가 제도로서 정해 놓은 고해의 장을

하고 슬퍼한 내용으로 가득 차 있었다. 이것을 도덕적 정밀함 (Preciseness)이라고 말할 수 있다. 물론 도덕적 퓨리터니즘은 프로테스 탄트나 영어를 말하는 교회에만 국한된 것은 아니었다. 가톨릭의 반종 교개혁도 프로테스탄트 종교개혁처럼 도덕적 의미에서는 전적으로 청교도적이었다. 프랑스의 장세니즘(Jansenism)[57]도 프랑스의 교황권 제한주의파 교회(Gallican church)[58] 내에서의 청교도적 운동이 있었다. 영국의 국교회에서도 고교회 퓨리터니즘(High church puritanism)[59]이 있었다.

그러나 뉴잉글랜드 청교도만큼 철저한 도덕주의자들은 없었을 것 이다. 그래서 랠프 바튼 페리는 그의 저서 『민주주의와 퓨리터니즘』[60] 에서 청교도들을 도덕선수(moral athlete)라고 불렀다. 그는 뉴잉글랜드 의 청교도 중에서도 가장 전형적인 도덕선수로서 조나단 에드워즈와 코튼 매더를 예로 들었다. 에드워즈는 17세에 예일 대학을 졸업하고

---

갖지 않은 청교도에게 있어서, 일기는 이른바 자신의 신앙을 확인하는 "고해 의 장"으로서의 역할을 했다고 해도 좋을 것이다. 한 예로서 새뮤얼 슈얼의 일기는 그가 하버드 대학을 나온 후 3년 뒤부터인 1673년부터 그가 죽기 전해인 1729년까지 실로 54년간 일상의 일어난 일을 성찰한 기록이다. 특히 그는 마녀재판에서 재판관으로서 잘못 판결한 것을 5년 후인 1697년 스스로 그 잘못을 일기에 솔직하게 기록하였다. 秋山健, 「ピユーリタンの文學」, 『ピ ユーリタ゠ズムとアメリカ』, 東京, 1969, pp.177~184 참조.

57) Jansenism은 네덜란드의 얀센의 사상을 받아들여, 아우구스티누스의 은혜, 자유의지, 예정설을 중시 여기며 프랑스에서는 예수회를 공격한 도덕적 엄격 주의였다. 장세니스트들은 극장, 도박, 그리고 모든 세속적 유희를 반대했다.

58) Gallicanism은 교황으로부터 교회의 독립을 주장한 프랑스 가톨릭 교회의 일파다.

59) High Church는 영국교회 내에서 감독별, 성례, 의식 등 가톨릭적 요소를 중시하는 고위의 국교회를 말하며, Low church는 복음주의를 강조하는 신교 적 국교회를 말한다.

60) Ralph Barton Perry, *Puritanism and Democracy* (New York, 1944).

194

곧바로 경건하고 도덕적으로 그 자신을 훈련하기 시작했다. 여러 해
동안 그가 남긴 일기에는 다음과 같이 훈련과정을 기록하였다. 여기에
그 일부를 소개해 보겠다.

5. 한순간의 시간도 결코 낭비하지 않으며, 내가 할 수 있는 가능한
   방도 안에서 시간을 보람되게 이용할 것을 결심했다.
22. 내가 할 수 있는 한 모든 힘과 능력과 활력, 정열, 진실을 다하여
    맹렬함을 가지고 저 세상에서의 많은 행복을 나 자신을 위해
    획득하도록 노력하기로 결심했다.
38. 주일에는 웃음거리나 오락적인 것은 어떠한 것도 입 밖에 결코
    내지 않기로 결심했다.
    [1722년] 12월 24일 월요일······매월 말에는 결심 중 지키지 않은
    숫자를 관찰하고 그것들이 늘었는지 줄었는지를 관찰하기로 결
    심했다. 오늘부터 시작하여 두 주간의 총계로부터 나의 월간
    증가를 계산하고 신년 첫날부터 시작하여 나의 연간 증가를 전체
    중에서 계산하기로 결심했다.
    [1723년] 1월 5일 토요일 저녁······금주는 주간 계산에서 불행하
    게도 낮았다. 그리고 그것은 무엇 때문일까?······나는 두 가지
    사실을 무시했다. 즉, 임무에 있어서 충분히 노력하지 않았고,
    신앙적 생각에 내 자신을 힘쓰지 않았다는데 있다.······
    5월 12일 안식일 아침, 나는 성경의 재미와 다른 양서에 대한
    재미를 잃었다. 양서는 5, 6개월 전에 가진 것이다. 나는 내 자신
    안에 선한 성품을 실천할 수 있는 가장 적은 경향을 발견했을
    때, 나는 그래서 좋은 성품을 가졌다고 느끼도록 최대한 노력할
    것을 결심했다.61)

---

61) Works, vol.I, pp.Ixii~Ixiii,Ixvi, Ixiz.

이 일기를 통해 볼 때 젊은 조나단 에드워즈가 그의 의지의 실천을 통해 얼마나 완전하게 자기를 지배하고 통제하려고 결심했는가를 알 수 있다. 그는 도덕적 생활을 하면서 마치 운동선수가 경기에서 챔피언이 되도록 노력하는 것과 같이 보였다. 그는 매일 영적인 무게를 달았고 그의 영적인 기록을 측정했다. 이 일기를 통해서 그의 영적 맥박을 지금도 느낄 수 있다.

또 다른 뛰어난 도덕선수 코튼 매더는 에드워즈보다 방법적이며 사업적이었다. 그는 사람의 도덕적 가능성은 거의 한계가 없다고 느꼈으며, 그는 체계적으로 도덕생활의 방법을 그것을 힘쓰는 사람들에게 제공하였다.

'오늘 무슨 좋은 일을 할까'라는 질문을 당신이 가끔 할 때 그 생각에 대한 당신 자신을 축소하지 말고, 지금 시간을 고정하고 그것에 관한 보다 의도적인 생각을 하시오. (이른바 일주일에 한 번하는 것과 그리고 주일이 얼마나 적당한가) 이 문제를 생각할 시간을 찾지 못하면 영광스런 주님께 내가 봉사할 수 있는 것은 무엇이 있을까? 그리고 내가 관심을 가져야할 사람의 복지는 무엇이 있을까? 하나님의 지시와 "아버지의 빛"을 간청하면서 여러 측면에서 그 사람의 문제를 고려하고 그것을 생각하시오. 당신이 무엇인가를 하고자 결심할 때까지 생각하시오. 당신의 결심을 써 놓으시오. 당신의 결심을 지지하기 위해 하나님의 말씀 안에서 어떤 교훈과 약속을 발견할 수 있는지를 검토하시오. 그리고 그것들을 실천하는데 얼마나 많은 진전이 있었는지를 살피시오.[62]

청교도의 도덕적 훈련에 관한 강조는 실제 문제와는 어울리지 않는

---

62) Cotton Mather, *Essays to Do Good*, new ed. (New York, 1826), pp.39~40.

다는 이유로 거부될 수도 있었고, 많은 비판과 비난을 받을 수도 있었
다. 어떤 비판자는 이렇게 지나치고 과장된 도덕주의를 비난했다.
어떤 사람은 때로 청교도들을 편협하고 완고한 미신가들로 정의하고,
인간성이 없는 자들로 묘사하기도 하였다. 영국의 빅토리아 여왕 시대
의 자유주의자인 매콜리(Thomas Babington Macaulay)는 "청교도들이
놀이를 금지시킨 것은 그것이 곰에게 고통을 주기 때문이 아니라
구경하는 사람들에게 쾌락을 주기 때문이었다"[63]고 비난했고, 멩켄(H.
L. Menchken)은 매콜리와는 비교도 안 될 정도로 청교도를 더욱 공격했
다. 그는 "누군가가 어디서 쾌락을 누리고 있지나 않을까 항상 걱정하
는 신앙"이라고 퓨리터니즘을 정의하였다. 또한 그는 그것을 중얼거리
는 위선, 무희락, 마녀사냥, 도덕적인 열광으로서 춤추는 폭력정치로
간주하였다. 청교도들은 오락을 금지하는 '블루 로'(Blue Laws)를 만들
었으며, 그들은 숙명주의자들로서 도서, 연극, 회화를 경멸하는 편협한
마음을 가졌으며, 막 뒤에서는 킬킬거리며 개인활동에 대해 공개적으
로 간섭한 자들로 생각했다. 이러한 생각은 영국의 왕정복고 이전부터
1920년대까지 청교도에 대한 사람들의 일반적인 생각이었다. 또 어떤
적대적 비판자는 이렇게 말했다.[64]

　　퓨리터니즘은 그것이 한 때 그러했던 것처럼 또한 한 때 필요했던
　　것처럼 좋은 점에서도 크고 강력한 영향을 끼쳤지만, 그것은 역시
　　한없는 해를 끼쳤으며 오늘날도 계속 해를 끼치고 있다. 퓨리터니즘
　　은 인간의 영혼을 손상시키며 영혼을 딱딱하고 어둡게 만들고 사람으

---

63) Thomas Babinton Macualay, *The History of England from the Accession of James II*, vol.I (London, 1855), p.129.

64) op. cit., p.6.

로부터 빛과 행복을 빼앗는다. 요컨대 퓨리터니즘은 미국인들로 하여금 그들의 음악뿐만 아니라 그들의 발라드 춤과 노래와 댄스를 박탈하였으며 또한 거의 무한정한 사회활동과 행복의 기회를 박탈하였다.……행복은 인간의 영혼에 중요하며 영혼이 황량한 슬픔에 빠지지 않게 하거나 영혼 자신의 존재를 저주하지 않도록 하는 데 있다. 인간은 빵만으로 살지 않는다. 영혼도 도덕만으로는 살지 않는다. 경건한 사람도 슬픈 찬송가를 부르며 즐거움도 없이 그리고 때때로 자비와 친절도 없이 경건의 세계에서만 사는 것은 만족할 수 없는 것이다.[65]

그러나 이러한 청교도에 대한 적대적 비판은 퓨리터니즘의 뿌리를 파악하는데 실패한 것이며 그것의 특징적인 진실을 무시한 것이 된다. 퓨리터니즘에 대한 우호적인 비판도 역시 그것의 결점을 무시하는 오류에 빠지기 쉽다. 그러나 17세기 청교도들은 도덕적으로 해이된 시대에 있어서 "버팀목의 효과"를 가졌다.[66] 청교도는 그의 시대의 방탕과 경솔에 대한 등불과 허리띠 역할을 했다. 청교도가 사람들의 음주와 성적으로 난잡하고 타락한 야만성을 배격하고 특별히 카니발이나 축제 때, 또는 무도회나 카드놀이에서의 외설을 공격했던 것은 어떤 면에서는 하나의 역사적 우연이었다. 만약 청교도가 이러한 비판자적 역할을 하지 않았다면 다른 것이 그것을 대신했을지도 모를 것이다. 왜냐하면 어떤 의미에서 보면 게으르고 누추한 생활, 분별없는 정욕, 찰나적 만족과 좁은 선입견 그리고 무질서한 육체적 쾌락을 선호하는 것은 항상 있게 마련이기 때문이다.[67]

---

65) Langdon Mithchell, *Understanding America* (New York, 1927), pp.110~111.

66) R. B. Perry, p.106.

67) Ibid.

사실 청교도와 퓨리터니즘에 대한 공격과 비판은 어느 정도 근거 있는 것도 있지만 사실과는 거리가 먼 왜곡도 있다는 것을 모리슨과 밀러를 비롯하여 하버드 대학의 학자들은 잘 밝혀주었다. 특히 밀러는 청교도들의 위선과 내세주의 그리고 불일치에 대한 비난을 비판하고 오히려 청교도들을 적극 옹호했다. 많은 사람들이 청교도사회에는 말과 실제 사이에는 괴리가 비정상적으로 컸다고 주장하지만, 그는 어떠한 사회든지 이상과 현실, 말과 행동에는 괴리가 있는 법이라고 하면서 청교도사회도 괴리가 있다고 해도 그 괴리는 확실히 크지 않다고 주장했다.[68] 또 그는 비판자들이 청교도사회를 경건한 체 하면서 탐욕스러우며, 혹은 이승의 사물을 경멸하는 척 하면서 이승의 것으로 만족을 취했다고 비판할 때, 그들은 청교도들의 경건을 어둡고 내세적이며 인생에 대한 비극적인 개념이라고 가정한 데서 비롯된 것이라고 주장했다.[69]

그러나 17세기에 있어서 어떠한 뉴잉글랜드 청교도들도 그들의 신조를 그렇게 해석한 것으로는 보이지 않았다. 물론 퓨리터니즘이 바리새주의(Pharisaism)[70]와 같은 면도 있었고, 코튼 매더처럼 사람들의 마음의 만족을 지나치게 강조했다는 것은 부인할 수 없다. 이단과 죄인이라고 판단되는 자들에게 가한 그들의 행위는 가혹했다. 그러나 매일 일상의 생활에서 청교도들이 덕스럽기 때문에 케이크도 맥주도

---

68) Miller, *New England Mind*, p.36.

69) Ibid.

70) 바리새인들은 유태교의 종교적 일파로서 제2 성전시대의 말기에 흥했다. 바리새인들은 모세 율법을 변화하는 상황에 따라 해석함으로써 모든 생활의 규범을 명쾌히 제공했다. 그들은 경건과 열성적인 기도, 계명과 안식일의 철저한 엄수 등으로 유명하며 율법주의적이며 형식주의적이었다. 바리새주의는 위선, 형식주의로도 통한다.

없어야 된다는 것을 의미하지는 않았다.71)

인생에 대한 청교도의 생각이 '비극적'이라고 하거나, 그들의 예정
설과 일치하지 않는 전쟁과 상업에서 보여준 넘치는 에너지를 나쁘다
고만 말할 수 없다. 그들은 확실히 인생을 냉혹하게 느꼈으며 결코
한 순간이라도 인생의 냉혹한 고통과 무자비를 망각하지 않았다. 퓨리
터니즘은 그들의 후세들이 조상들처럼 단호하게 현실과 직면하지
못하고 실패한 것은 사실이었으나 청교도들은 그들의 죄와 싸움을
하는데 바빴다. 그들의 생활은 참으로 전투적이었다. 그들은 상황이
절대적이고 절망적일수록 보다 많은 행동들을 불러일으켰다. 무디
(Joshua Moody)72)는 말하기를 "우리는 적대국가에 상륙한 군인과 같다.
그의 지휘관은 그들의 배를 뒤에서 불태우고, 그들이 그들의 적을
잡아먹든지 바닷물을 마셔버리든지 해야 한다고 말한 것과 같다"고
했다. 더욱이 그 싸움은 선한 싸움이었다. 쓰러지는 자들에게는 미래에
충분히 보상받는 인생이 있었다. 이 세상에서 억압된 자들은 심판
날에는 그들의 적들에게 승리를 뽐내는 기회를 가진다고 믿었다. 어떠
한 경우에도 그들의 믿음은 하늘의 승리에 대한 약속이었으며 이
신앙은 지상의 패배의 고통을 쓸어버리기에 충분하였다. 참 믿음은
심판 날에 설 수 있는 능력을 보여주어야 했다. 무디는 청교도들의
경제 활동도 도덕화 시켰다. 청교도들은 현세의 요구에 복종해야 했다.
그리고 그들의 자연의 법칙을 성취해야 했다. 그들은 예컨대 시민사회

---

71) Miller, *New England Mind*, p.35.

72) Moody는 1682년 인기 있는 목사이며 인민의 영웅이었다. 그는 국교회의
    의식에 따라 성례를 집행하도록 하는 Cranfield 총독의 기도에 완강하게 저항
    했으며 그 때문에 6개월의 징역형을 선고받았으며, 마녀사냥을 거부했으며,
    두 사람의 탈출을 도왔던 자다.

에서 이 도시 저 도시, 혹은 타운이나 국가의 일원으로서 살아야 했다. 그들은 또한 감각적 생활도 해야 했다. 안식일에도 필요한 일이나 구제하는 일은 항상 허용되었다. 비록 가끔 무엇이 필요하고 동정해야 할 것인가를 결정하기 어려웠지만, 사람의 궁극적인 목적은 하나님의 영광이었다.73) 그러나 청교도들이 최종의 목적을 성취하려고 할지라도 부수적인 목적도 추구해야 했다. 그래서 그들은 합법적으로 현세의 안락을 찾을 수 있었고, 그것의 획득을 위한 승인된 수단을 사용할 수도 있었다.

17세기 청교도들은 음식, 사랑, 음악이 본질적으로 나쁘다거나 레크레이션은 본질적으로 죄가 된다고 말하지 않았다. 반대로 청교도는 "하나님은 세상을 즐기도록 주셨다.……우리는 그래서 그것들의 단맛을 빨아먹고 그것들로 우리들의 목마름을 푼다"고 했다. 죄는 그러한 행위 자체에 있는 것이 아니라 그것들의 잘못된 사용에 있다고 했다. 죄는 하나님이 자연적 필요를 위해 계획한 것을 단순히 그들의 쾌락을 위해 사용하는 데 있고, 생명의 유지를 위해 먹는 데 있는 것이 아니라 단순히 음식의 식도락만을 위해 먹는 데 있다고 했다. 출산을 위해 사랑하는 데 죄가 있는 것이 아니라 감각적인 만족만을 위해 사랑하는 데 죄가 있으며, 사회에 이익이 되도록 하는 통치에 죄가 있는 것이 아니라 권력을 탐하는 데 죄가 있다고 생각했다.

사람의 행위가 죄가 되는지 죄가 되지 않는지는 상황에 따라 다르다. 전쟁에서 적을 죽이는 것은 칭찬을 받는다. 그러나 죄 없는 사람을 죽이는 살인(murder)은 범죄다. 결혼의 침대는 축복받지만 그러나 간음은 정죄되었다.74)

---

73) Miller, *New England Mind*, p.41.

　청교도들의 세상의 쾌락에 대한 태도는 우주의 프로세스에 관한 그들의 깊은 통찰에 나왔다. 우주의 근본적 구조는 영원히 선해야 하며 영원히 다치지 않고 남아야 한다. 그렇지 않으면 하나님의 무한한 완성에 대한 훼손이 있다고 생각했다. 청교도들은 자연적 감정을 정죄하지 않았다.[75] 그러나 정상이 아닌 감정을 정죄했다. 인간의 욕망(desires)을 정죄한 것이 아니라 그 욕망에 예속되는 것을 정죄했다. 성욕의 만족에서 발견되는 쾌락을 정죄한 것이 아니라 만족한 성욕을 더욱 자극하기 위한 트릭을 정죄했다. 하버드 대학 총장이었던 인크리스 매더 목사는 분명하게 음주 그 자체는 좋은 피조물로서 감사로서 받아들일 만하다고 했다. 그는 "와인은 하나님으로부터 왔으나 술주정뱅이는 악마로부터 왔다(……the wine is from God, but drunkard is from devil)"[76]고 주장했다. 그는 또한 "아담의 후예는 먹고 마시고, 사회의 책무를 실천하고, 소망에 호응하고, 무기를 휴대하고, 임금을 주거나 받고, 증식하고 번성해야 한다"고 말했다. 인간의 곤고함의 아이러니는 자연적 필수품으로부터 해방되지 않았다는 데 있다. 그래서 청교도의 설교의 주된 강조점은 사람은 세상에 "젖을 땐 애정"(weaned affections)을 가지고 사랑해야 하며 세상에 예속되면 안 된다는 것이었다.

　요컨대 영국의 퓨리터니즘은 종교개혁의 가장 엄격한 산물이었다.[77] 뉴잉글랜드에 온 자들은 이들 청교도들 중에서도 가장 논리적이며 일관된 사람들이었다. 퓨리터니즘은 전통이나 전설에 구애되지

---

74) Ibid.

75) Ibid., p.42.

76) Increase Mather, *Wo to Drunkards* (Cambridge, 1673), p.4.

77) Miller, *New England Mind*, p.45.

않았으며 어떤 도움도 받지 않았다. 그것은 나쁜 습관의 폐단을 제거했으며, 개인은 한꺼번에 모든 면에서 실존과 직면하였던 것이다.

청교도들은 하나님의 은혜를 위해 심미적 쾌락으로 잘못 받아들일 수 있다고 보았기 때문에 국교도와 로마 교회의 의식을 비난했다. 악기는 마음을 감동시키나, 그것은 자연적인 것이지 영적인 감동은 아니라고 생각했다. 청교도들에게 도덕은 영생이나 중생 다음의 문제이지만 퓨리터니즘의 본질 중의 하나였다. 이 도덕성은 공동체와 관계된 문제였지 개인의 문제가 아니었다. 그래서 도덕적인 청교도들은 가족, 교회, 그리고 국가 등 모든 사회 공동체에 봉사해야 했다. 그래서 늘 그들의 죄의식은 그들의 소망을 하늘에 두도록 했지만 이 땅으로부터 그들의 관심을 철회하도록 요구하지 않았다.[78]

청교도들의 윤리와 도덕은 경건의 자연적 귀결이었으며 그것은 신앙의 현세적 측면으로 의인이 되면 우리는 성화된다는 것이다. 신학적 용어로는 이 사상을 "의인으로부터 흘러나오는 성화"라고 하였다. 만약 거듭나는 중생이 없다면 덕이나 도덕은 아무 소용이 없다는 것을 의미했다.[79] 청교도들은 중생을 일반적으로 얻을 수 있는 경험이라고 생각했다. 이러한 중생의 교리는 도덕주의의 발전을 강화하였다.

## 제3절 프로테스탄트적 직업윤리

퓨리터니즘을 논할 때는 막스 베버의 『프로테스탄티즘의 윤리와 자본주의 정신』[80]이 발표된 이래 이른바 "아카데믹 백년전쟁"이라

---

78) Ibid., p.44.
79) Ibid., p.49.

할 만큼 많이 논쟁되어 온 유명한 프로테스탄트의 윤리 문제에 부딪히게 된다. 막스 베버는 프로테스탄트의 직업윤리가 17세기 유럽의 중산층에게 금욕적 직업윤리를 준비함으로써 근대 자본주의에 적합한 정신을 낳았다고 주장하였다. 퓨리터니즘은 금욕적 프로테스탄티즘의 전형으로 보여진다. 물론 베버의 윤리에 대한 이론과 비판의 여지도 많지만 아직도 그의 설을 능가할 설은 없다고 보인다. 우리나라에서도 퓨리터니즘이 현대 미국의 형성에 이바지한 역할은 이 관점에서 높이 평가하고 있다.[81] 이미 살펴본 바와 같이 뉴잉글랜드의 이주자는 압도적으로 영국 청교도였다. 그 속에 침투되어 있는 청교도 윤리가 뉴잉글랜드 발전에 공헌한 것은 부정할 수 없다. 미국에 있어서 자본주의의 기점과 직업윤리와 퓨리터니즘과의 관련을 여하히 강조하는가는 견해를 달리하는 자가 있으나,[82] 벤저민 프랭클린(Benjamin Franklin)[83]에 의해서 전형적으로 보이는 시간의 중시, 근로, 근검, 태만하지 않는 합리적 생활 등 미국인들 사이에 보이는 도덕적이고 금욕적인 생활태도는 퓨리터니즘을 제외하고는 생각할 수 없다.[84]

---

80) Max Weber, *Die Protestantische Ethik und der Geist des Kapitalismus* (Tubingen, 1934). 국역은 1958년에 權世元, 姜命圭 양 교수에 의해 역출되었다.

81) 權·姜 양 교수는 『프로테스탄티즘의 윤리와 자본주의의 정신』의 국역 서문에서 "20세기 초두에 이르러 이 학풍은 '자본주의정신'의 기원론이란 형태로서 미증유의 논쟁과 연구를 야기시켰으니, 이와 같은 연구 중에서 가장 고전적인 가치를 가진 것이 바로 본서에 역출한 막스베버의 『프로테스탄티즘의 윤리와 자본주의의 정신』이다"고 높이 평가하였다.

82) Rebert W. Greened., *Protestantism And Copitalism: The Weber Thesis and Its Critics* (Boston, 1959) ; R. H. Tawney, *Religion and the Rise of Capitalism* (New York. 1947).

83) 벤저민 프랭클린은 13개의 덕목을 정하여 매일 실천하려고 했으며, 그가 만든 달력인 『가난한 리처드의 역서』는 도덕적 교훈이 담긴 경구를 넣어 출판된 것으로 그를 일약 유명하게 만들었다.

프랭클린이 태어났던 뉴잉글랜드에서는 이미 1632년에 다른 지방에 비해서 이익계산이 빠르다는 비난이 있었을 만큼 자본주의 정신이 자본주의의 발달 이전부터 있었다. 그래서 베버는 유물론적으로만 뉴잉글랜드 자본주의 발전을 해석할 수 없다는 것을 지적하였다. 그런데 뉴잉글랜드 식민지는 영리를 목적으로 하는 대자본가에 의해 세워진 남부에 있는 주와는 달리 중산층인 소시민, 수공업자, 자영농민과 결합한 목사와 지식인들에 의해 종교적인 이유에서 성립되었다. 그렇기 때문에 뉴잉글랜드의 자본주의 성립의 인과관계는 아무래도 유물론적 입장에서 인정해야 할 사정과는 정반대로 보인다.[85] 그들의 자본주의 발달을 가져다 준 정신은 프로테스탄티즘, 그 중에서도 퓨리터니즘에 힘입은 바 컸다는 것은 너무나 잘 알려진 사실이다. 이 프로테스탄티즘은 뉴잉글랜드 퓨리터니즘 연구의 중요한 주제이다.

청교도들은 합법적 이윤을 소명으로 하였으며 이를 조직적이며 합리적으로 추구하는 정신적 태도를 가지고 있었다. 청교도의 금욕적 태도는 어떻게 보면 대단히 비합리적으로 보일지 모른다. 상당한 재산이 있으면서도 자기 자신을 위해서는 적수공권이며, 다만 완전한 직무의 이행이라는 비합리적인 의식을 가졌을 뿐이었다. 이것은 어떻게 보면 비천하고 경멸해야 할 태도로밖에 보이지 않는다. 이들에게는 거대한 물질적 재화를 등에 지고 묘지에 들어간다는 것은 퇴폐적 본능인 금전욕의 산물로밖에 이해되지 않았다. 이러한 청교도의 직업윤리는 베버에게는 순수한 합리주의 인생관의 조생과(Vorfrucht)[86]로

---

84) 大下尙一, op. cit., p.44.

85) Max Weber, 권세원 · 강명규 역, 『프로테스탄티즘의 윤리와 자본주의의 정신』, 서울, 1958, p.46.

86) Ibid., p.64.

보여졌다.

프로테스탄티즘에서는 루터 이래 세속생활도 중시하여 누구든지 사람은 하나님으로부터 "소명"(Beruf, Calling)[87]을 받았다고 믿었다. 세속 직업을 통해서도 하나님을 기쁘게 해야 할 사명(Aufgabe)을 가지고 있다는 것이다. 세속 직업을 통해서도 하나님을 기쁘게 할 수 있다는 생각은 중세 가톨릭 교회에서는 상상도 할 수 없는 사상이었다. 이와 같은 세속적 직업생활에 대한 도덕적 해석은 종교개혁과 루터의 업적으로서 후대에 끼친 하나의 영향임은 의심의 여지가 없다.

베버는 역사상 금욕적 프로테스탄티즘의 담당자를 다음 네 가지로 구분하였다. 첫째 칼뱅주의, 둘째 경건주의, 셋째 감리주의, 넷째 침례 교파 운동으로 나누었다.[88] 특히 칼뱅주의가 발달한 나라는 대개 자본주의가 발달하였다는 것이다. 예컨대 영국, 네덜란드, 프랑스가 그러하였다. 그래서 칼비니즘 중에서 자본주의 성립과 관계되는 교리와 그 특징을 살펴보겠다.

칼비니즘의 특징은 신앙의 유일한 근원인 성경으로 돌아가고 예수와 하나님이 중심이 되는 종교인 원시 그리스도교로 돌아가는 것이 이상이었다. 마지막으로 바울과 성 아우구스티누스 특히 바울로 돌아가는 것이었다.[89] 베버는 칼비니즘의 교리 중 예정설을 중시하고 구원의 확증을 자신의 것으로 해보려는 심리적 계기를 통해서 청교도의

---

87) 루터의 신약성경 번역 이전에는 독일어의 Beruf, 네덜란드어의 bereep, 영어의 calling, 덴마크어의 kald, 스웨덴어 kalles는 그 어느 국어에서도 현재 사용되고 있는 바와 같은 세속적 의미로 쓰여지지 않았다는 점을 베버는 지적하고 있다.

88) Ibid., p.80.

89) G. Duby et R. Mandrou, *Histoire De La Civilisation Francaise, Tome Premier* (Paris, 1958), pp.334~335.

생활태도를 파악하려고 했다. 예정설이란 주지하는 바와 같이 하나님이 스스로의 영광을 나타내기 위해 어떤 사람은 영원한 생명으로 예정하고 어떤 사람은 영원한 사망으로 예정해 놓았다는 교리이다. 영국의 제임스 1세 치하의 영국국교의 분열과 대체로 칼뱅주의가 국가에 유해하다고 공격받은 원인도 첫째가 이 교리 때문이었다. 이 교리는 웨스터민스터 종교회의의 표준적 교리가 되었다. 또한 이 교리는 전투적 교회의 수많은 용사들에게 견고한 발판이 되었고, 18세기와 19세기를 통해 각종 교회분열의 원인이 되었다. 이 무서운 교리(decretum horrible)는 체험적인 것이라기보다는 이념적인 것이었다. 칼뱅의 예정설은 하나님의 자유와 하나님의 은혜의 모든 권능의 기초였다.[90] 하나님에게 절대주권을 돌린 것이다. 인간은 하나님의 영광을 위해 존재하는 것이지 하나님이 인간을 위해 존재하는 것이 아니다. 가령 하나님에게 버림받은 자가 자기 운명을 한탄하는 것은 마치 동물이 사람으로 태어나지 않았다고 한탄하는 것과 같다. 기독교의 최대의 인생문제는 힌두교도의 해탈이나, 불교도의 열반과 같이 영원한 구원이었다. 이 구원은 이미 태초부터 결정되어 있다는 것이다. 그런데 일부는 구원에 선택되었고 일부는 유기되었다는 사실은 아무도 모른다. 그것을 알려고 해서는 안 되는 "봉함된 비밀"이다. 이 교리로 보면 목사도, 성례도, 교회도 소용이 없다.[91] 심지어는 하나님도 소용이 없다. 왜냐하면 그리스도가 죽은 것도 택함을 받은 자만을 위해서 하나님이 태초부터 그들을 위한 속죄의 죽음을 정하였기 때문이다.

---

90) Ibid.
91) Weber, op. cit., p.88.

이리하여 칼뱅주의는 개인주의적이며 현실적이고 비관적인 색채를 띠었다.92) 이러한 면은 칼뱅주의가 영향을 미친 여러 나라의 민족성과 제도 속에 발견될 수 있다. 영국 퓨리터니즘에서는 인간적 구원이나 우정에 일체 신뢰를 두지 말도록 경계하고 있다. 그러한 것은 리처드 백스터(Baxter)의『크리스천 지도서』와 존 번연(John Bunyan)의『천로역정』등의 글에 잘 나타나 있다.

현세에서 인간의 사회적 활동은 다만 하나님의 영광을 더하기 위한 것에 지나지 않는다. 이 소명은 택함을 받은 크리스천의 존재 목적이다. 그것은 첫째로 자연법에 의해 주어진 직무의 수행에서 나타나는 것이며, 사회질서의 합리적 구성에 이바지한 것이며, 이 사회질서의 조직과 구성은 놀라울 정도로 합목적적인 것으로서 그것은 인류의 효용을 위한 것이다.93) 또한 인격과 윤리의 분열이 없으며 정치 경제상의 합리주의가 갖는 입장의 의미는 자기구원의 확신이다. 예정설이 주창되고 있는 곳에서는 모두가 선택받은 자의 일원임을 확인할 수 있는 확실한 표시가 있느냐 없느냐 하는 문제가 한시도 염두에서 사라지지 않았던 것이다.94) 그래서 누구나가 자기를 선택한 자로 간주하고 모든 의심은 악마의 유혹이므로 이를 거절하는 것이 절대적인 의무로 보았다. 자기 확신이 부족하다는 것은 믿음이 부족한 결과인 동시에 은혜의 작용이 부족한 결과라고 생각했다. 청교도적 상인 중에는 자기 확신이 강한 성도가 많았다.

고린도후서 13장에 의하면 선행은 구원을 위한 수단은 될 수 없으나 선택된 자의 표시로서 절대 필요한 것이었다.95) 일반 신도의 윤리생활

---

92) Ibid., p.89.

93) Weber, op. cit., p.105.

94) Ibid., p.94.

은 일관된 방법이 있었다. 18세기 퓨리터니즘의 최종적인 눈부신 사상적 부활의 담당자는 방법주의자 즉, 감리교도(Methodist)였다. 곧, 그들이 존 웨슬리가 창시한 감리교파였다. 청교도들은 절도 있는 자기 심사를 중시하였다. 퓨리터니즘의 금욕은 감정에 대항하여 영속적인 동기와 합리적인 금욕에 의해 수련된 동기를 유지할 능력을 인간에게 주었다. 그들은 세속적인 직업생활에 신앙의 확증이 필요하다는 사상을 가미하였다. 이로써 금욕에 대한 적극적인 자극을 주었다. 그리하여 구원에 예정된 성도들이 종교적 귀족주의를 분출시켰다.[96] 청교도들의 합리적인 특징은 신약성경보다도 구약성경의 영향이 크다. 청교도가 가장 많이 탐독한 것은 잠언과 시편인데, 그것은 유대 민족에게 경건하면서도 냉철한 인생교훈을 준 것으로 청교도들에게 준 영향은 그들의 생활 전반에서 찾아볼 수 있다.

죄악, 유혹, 신앙의 진보 등을 계속적이며 개괄적으로 기록한 청교도의 신앙일기는 앞 장에서 살펴 본 바와 같이 그들 스스로가 자력으로써 자기의 맥박을 측정한 것이었다. 조나단 에드워즈, 벤저민 프랭클린의 일기는 자신의 덕성이 진보하고 있음을 개괄적으로 기록한 신앙일기의 모범적인 사례였다. 이 도덕적 생활의 방법론은 루터파에서는 보이지 않는 것이었다. 그들은 행동주의적이며 합리주의적이며 그리고 개인주의적이었다. 자기생활의 계획적 규율이 루터파에서는 보이지

---

95) 고린도후서 13: 5~7, "너희가 믿음에 있는가 너희 자신을 시험하고 너희 자신을 확증하라. 예수 그리스도가 너희 안에 계신 줄을 너희가 스스로 알지 못하느냐. 그렇지 않으면 너희가 버린 자이다. 우리가 버린 자가 되지 아니한 것을 너희가 알기를 내가 바라고 우리가 하나님께서 너희로 악을 조금도 行하지 않게 하시기를 구하노니 이는 우리가 옳은 자임을 나타내고자 함이 아니라 오직 우리는 버린 자 같을 지라도 너희로 선을 행하게 하고자 함이라."

96) Weber, op. cit., p.105.

않았다.97) 칼뱅주의에서는 윤리적 수준이 높았으며, 자연적 상태의 자유방임을 근본적으로 부정했다.

이러한 칼뱅주의 예정설에 입각한 금욕적인 직업생활을 권고한 청교도 성직자들의 설교와 그들의 저서는 많았다. 뉴잉글랜드 청교도들은 90%가 영국 청교도와 같았기 때문에 우선 영국의 청교도 설교가들의 설교를 보자.

리처드 백스터(Richard Baxter, 1615~1691)98)는 유명한 설교가인 동시에 신학자였다. 그는 영국 퓨리터니즘의 윤리에 관한 문헌 중에서 대표적인 저술인 『크리스천 지도서』(*Christian Directory*)를 썼는데, 이것은 퓨리터니즘의 도덕과 신학을 포괄하는 교과서였다. 그것은 시종일관 자기의 실제적 목회경험을 토대로 한 저술이었다. 여기에 보면 지상의 재산을 획득하려는 일체의 노력을 부정할 목적으로 금욕을 설명한 것처럼 보인다.99) 도덕상 가장 죄악시되었던 것은 재산을 가지고 휴식하는 부의 향락과 그 결과인 태만과 정욕 그리고 특별히 거룩하게 생활하려는 노력을 회피하는 것이었다. 그러므로 시간낭비는 원칙상 최대 최초의 죄악이다.100) 인생에 있어서 시간은 자기의 소명을 견고히 하기 위해서 대단히 짧고 또 귀중하다. 교제라든가 무용한 잡담, 사치, 낭비 등으로 인한 시간낭비 뿐만 아니라 건강에 필요한

---

97) Ibid., p.110.

98) 리처드 백스터는 영국 청교도 지도자 중 가장 박식하고 실천적이며 설득력 있는 지도자로서 200여 저작을 남겼다. 그는 특히 청교도의 도덕과 윤리에 대한 많은 글을 썼다. 그래서 베버나 토니는 그들의 저서들에서 백스터의 글을 대단히 많이 인용하고 있다. 그의 저서 『크리스천 지도서』, 『실천신학개론』, 『양심문제』 등은 청교도적 신학대전의 하나가 되었다. F. J. Powicke, *A Life of the Reverend Richard Baxter* (London, 1924) 참조.

99) Ibid., p.137.

100) Ibid., p.138.

6~8시간 이상의 수면도 해서는 안 된다고 도덕적으로는 엄격히 가르쳤다. 이처럼 백스터는 직업에 태만한 사람치고 의례히 시간은 많아도 하나님을 위한 시간은 없다고 한다.[101]

청교도 지도자들이 일관되게 경계한 저 "부정한 생활"(unclean life)과 일체의 유혹에 대한 독립적인 예방수단은 노동이었다. 따라서 노동의 역할은 결코 적은 것이 아니었다. 퓨리터니즘의 성적 금욕은 다만 생육하고 번성하라는 계명에 따라 하나님의 영광을 더하기 위한 수단이라는 생각에서 나왔다. 절도 있는 습생, 채식, 냉수욕 등의 방법은 네 직업에 충실하라는 설교와 함께 강조되었다. 그것은 종교적 의심이나 소심한 자기 가책과 유혹을 극복하기 위한 것이었다.

청교도의 노동은 하나님이 명한 일반 생활의 일상 목적이었다. "일하지 않는 자는 먹지도 말라"는 바울의 명제는 만인에게 한 절대적 명령이었다. 노동을 싫어하는 것은 믿음이 부족하다는 증거였다.[102] 백스터는 부를 가지고 있어도 노동의 윤리적 의무와 무조건적 명령으로부터 회피할 수 없다고 보았다. 하나님의 섭리에 의해 누구에게나 차별 없이 하나의 직업이 마련되어 있으나 인간은 그것을 깨달아 그 안에서 일하지 않으면 안 된다고 믿었다. 그러므로 확실한 직업이야말로 만인에게 있어서 최선의 길이다. 이것은 맹자의 "항산이면 항심"이라는 말을 회상시킨다. 그리고 직업의 겸유와 직업의 변경도 일반의 복지와 자신의 복지, 나아가서 하나님의 영광을 위해서라면 그 자체가 배척할 대상이라고 보지 않았다.

그래서 백스터는 너의 영혼이나 타인을 해치지 않고도 합리적인

---

101) Ibid.

102) 이 말의 성경적 근거는 대개 프랭클린 이래, 우리가 알고 있는 잠언22:29 또는, 잠언13:16의 노동에 대한 찬미이다.

방법으로서 다른 방도보다 많은 이익을 올릴 수 있는 방도를 하나님이 계시함에도 불구하고 너희가 이것을 거절하고 이익이 적은 방도를 취한다면 너희의 소명의 목적 중의 하나는 스스로 방해가 된다고 가르쳤다. 이것은 "너희가 하나님의 뜻에 반하여 하나님의 청지기가 되기를 거절하는 것이며 하나님의 선물을 그를 위해 사용키를 거절하는 것"이라 했다. 물론 육욕이나 죄악의 목적을 위해 노동해서는 안 되지만, 하나님을 위해 부자가 되도록 노동한다는 것은 좋은 일이라고 생각하였다. 그래서 가난하기를 원하는 것은 병자가 되기를 원함과 마찬가지로서 하나님의 영광을 해치는 짓으로 배척하였다.[103]

이러한 금욕적인 생활태도는 저 유명한 『오락서』(*Book of Sport*)[104]의 논쟁에서도 나타났다. 제임스 1세나 찰스 1세가 퓨리터니즘을 박해하기 위한 공공연한 목적으로 법률로 제정하여 전교회의 강단에서 읽도록 명령했던 것이 『오락서』이다. 주일에도 예배시간 외에는 국민적 오락과 스포츠가 법률상 허용되어야 한다는 국왕의 명령에 청교도가 완강히 반발하였다. 그들이 분노한 것은 단순히 안식일의 엄수를 방해한 점만이 아니라 성도의 규율적 생활태도를 고의적으로 교란시키려는 근본정신에 대해서였다. 국왕의 목적은 저 반권위적이며 국가를 위태롭게 하는 금욕적 경향을 분쇄함에 있었다. 이에 반하여 청교도는 그들의 결정적 특질인 금욕적 생활태도의 원리를 옹호했던 것이다. 그들에게는 단순히 향락의 수단이 되는 운동경기나 봉건 귀족적 유흥이나 대중적 난무, 음주나 직업노동과 신앙심을 망각시키는 본능적

---

103) Ibid., p.143.

104) 이는 Gardiner, *Constitutional Documents* 등에 게재되어 있다. 반권위적 금욕에 대한 이 투쟁을 가령 루이 14세에 대한 Pot Royal 및 Jensenists의 박해와 비교할 수 있다.

향락은 합리적 금욕에 정면으로 대적하는 것이었다.[105]

이리하여 베버는 청교도들의 인간 자신의 향락을 위해서는 오락도, 예술도, 재부도 사용해서는 안 된다고 주장한 점과 세속적 금욕과 세속 직업을 중시하고 근면, 절약, 저축을 중시한 것은 근대 자본주의를 발달시키는 데 지도력(guiding force)이 되었다고 주장했다. 한편 영국의 토니 교수는 근대 자본주의가 퓨리터니즘의 소산은 아니지만 퓨리터니즘은 근대 자본주의의 강장제(tonic)가 되었다고 주장했다.[106] 최근에 와서는 프로테스탄티즘이 발달하지 않은 일본을 비롯한 아시아 국가의 경제발달을 보고 산업화 자체가 자본주의를 발전시켰다는 새로운 견해가 나오기도 한다.[107]

---

105) 이 점에 대한 칼뱅의 입장은 적어도 고상한 귀족적 형식에 의한 쾌락에 관한한 본질적으로 이보다 훨씬 온건했다. 이에 관한 『기독교강요』 제10장의 설명은 오히려 방탕한 생활을 조장했을지도 모른다. 그것을 방지할 수 있었던 것은 구원의 확증에 대한 후계자들의 번민의 증대와 또 전투적 교회의 범위에서는 소시민이 칼비니즘 윤리의 발전에 담당역할을 했다는 사실 때문이었다.

106) Green, Robert W. (ed.), *Protestantism and Capitalism: The Weber Thesis and Its Critics* (Boston, 1959) 참조. 이 책의 내용은 다음과 같다. Chapter 1. The Author Defines His Purpose ; Chapter 2. Calvinism and Capitalism: an Explanation of the Weber Thesis ; Chapter 3. The Economic Ethic of Calvanism ; Chapter 4. The Role of Religion in the Formation of the Capitalist Spirit ; Chapter 5. Religion and The Rise of Capitalism ; Chapter 6. Puritanism and the Spirit of Capitalism ; Chapter 7. The Contribution of the Puritans to the Evolution of Modern Capitalism ; Chapter 8. A Criticism of Max Weber and His School ; Chapter 9. Catholicism, Protestanism and Capitalism ; Chapter 10. The Economic Views of the Protestanism Reformers.

107) Henri See, "The Contribution of the Puritans to the Puritans to the Evolution of Modern Capitalism", *Protestantism And Capitalism: The Weber Thesis and Its Critics*, Robert, W. Green ed. (Boston, 1959), p.64.

# 제VI장 미국 청교도의 경제와 정치사상

## 제1절 자본주의적 경제사상

다음으로 뉴잉글랜드 청교도들의 경제사상과 윤리를 살펴보겠다. 일찍이 플리머스의 필그림즈들에게는 경제적 궁핍이 종교적 정치적 이유와 마찬가지로 신대륙으로 이주케 한 주요 이유요 동기였다.[1] 플리머스, 매사추세츠, 코네티컷, 뉴헤이븐, 로드아일랜드 식민지의 지도자들의 기록이나 문서 그리고 설교와 연설을 보면 거룩한 성경국가를 세우고 영원하고 불변한 원리를 실천하려는 노력과 그들의 사회 발전을 위한 열의를 읽을 수 있다. 그들의 가장 중요한 관심은 종교와 정치일지라도 역시 그들은 농사를 짓고 고기를 잡고 그리고 구대륙과 무역하면서 생활하였다. 그래서 이에 관련된 이야기가 많은 기록에 남아 있다. 이리하여 그들의 초기 역사는 자본주의 정신의 출현의 한 장을 이루고 있다.[2]

먼저 플리머스 식민지의 자본주의적 경제사상은 로버트 쿠쉬맨

---

1) Harry N. Scheiber, Harold G. Vatter and Harold Underwood Faulkener, *American Economic History* (New York, 1976), pp.25~26.

2) Miller, *New England Mind: From Colony to Province* (Cambridge, Massachusetts, 1953), p.40 참조.

214

(Robert Cushman)3) 목사의 설교에 잘 나타나 있다. 그는 순례교단의 일인이며 분리주의자였는데 이렇게 말했다. "어떠한 사람도 그 자신의 것을 구해서는 안 된다. 그러나 모든 사람은 다른 사람의 부를 구해야 한다. 자애(self love)는 멸망으로 인도한다. 모든 사람은 그의 형제를 찾아야 하고 그들과 더불어 평등하게 나누어 가져야 한다. 또한 비록 사람은 힘이나 기술과 용기에 있어서 동등하지는 않지만, 그들이 직무를 잘 수행하여 영광과 신임을 받도록 하는 것이 능력 있는 자들의 충분한 보상이 아니겠는가? 능력이 모자라는 자는 부끄러움과 훈계를 이미 받은 것이다"라고 말했다. 플리머스의 총독이며 첫 역사가이기도 한 윌리엄 브래드포드는 플라톤을 비롯한 고대인들을 비난했다. 왜냐하면 "그들은 개인의 재산을 박탈하고 공동체 안에 있는 것을 국가로 가져가는 것이 개인을 행복하게 만들고 번영하게 한다고 하면서 마치 그들은 신보다 지혜롭다"고 생각했기 때문이다. 그는 타고 난 이기주의와 인간의 부패의 본성 때문에 혼란과 불안과 느린 고용을 생기게 한다고 했다. 또한 약한 자가 강한 자와 동등하게 나누어가져야 하는 것은 정당한 것이 아니며, 나이가 많아 신중한 사람은 노동에 있어서나 식품에 있어서 중년이나 청년들과 같이 지위를 주거나 동등하게 하면 위엄을 잃는다고 주장했다.4) 모두가 함께 일하면 근면한 자들의 분열이 일어나지 않고 도전과 모험은 나태와 게으름을 치료한다고 했다.

플리머스에 가뭄이 들고 농사가 흉년이 되자 청교도들은 하나님이 그들의 희망을 빼앗고 위협하는 것 같이 생각하였다. 이리하여 플리머

---

3) 쿠쉬맨은 플리머스 식민지의 영국 대리인이며 영국 상인들과 재정문제를 주선했다.

4) Joseph Dorfman, *The Economic Mind in American Civilization*, 1606~1865 (New york, 1946), vol.I, pp.31~32.

스 식민지의 토지 소유자들은 토지의 영구소유를 요구하였다. 이후 1625년에 본국에서는 주식이 폭락했기 때문에 식민지에 약간의 원조밖에 보낼 수 없다고 했다. 그러자 플리머스의 주주들은 다음 해 런던의 주식을 사버렸고 9년 상환으로 되어있는 회사의 부채를 갚았다. 그들은 능력 있는 새 파트너를 구했다. 주식의 구매자는 자유민(freeman)[5]으로서 식민자들의 53%가 등록하였고, 구 런던 파트너 중 5명도 있었는데 그들은 신앙적으로 공감한 자들이었다. 지분을 소유하게 된 자들은 옥수수나 담배로 매년 할부로 그 부채를 갚아야 했다. 또한 그들은 모피무역을 확대하기 위해 특허장을 얻었다. 브래드포드는 이러한 플리머스의 행운을 질투하는 자들이 인디언들에게 모피가격을 높여 지불한다고 불평했다. 그는 특허장이나 정부의 명령도 없이 불법적으로 생활하는 사람들에 대해서도 불평했다.

방탕한 무신론자이며 도망하는 하인에게 피난처를 제공하고, 인디언들에게 총을 제공한 토마스 모튼(Thomas Morton)[6]은 순례교단들의 적지 않은 적의를 샀다. 결국 그는 영국으로 쫓겨갔고 반대로 그는 뉴잉글랜드 청교도들을 비난했다. 모튼은 브래드포드가 죄를 많이 지었다고 했다. 왜냐하면 모튼 자신은 인디언들에게 모피를 얻도록 총을 주었을 때, 브래드포드와 순례자들은 인디언들에게 보다 강한 럼주(rum酒)를 주었기 때문이라고 비판했다.

---

5) freeman은 원래 본건사회에서 신분에 관한 정의였다. 영국에서는 출생, 구입, 도제 등에 의해 도시, 구 또는, 회사(Company)에 들어간 완전한 특권을 가진 자를 자칭하게 되었다.

6) 모튼은 매사추세츠에 정착했던 영국의 모험가이며 법률가이다. Merry Mount에 집을 짓고 방탕한 생활을 하여 필그림즈들과 사이가 좋지 않으며, 1628년과 1630년에 영국에 송환된 바도 있으며, 보스턴에서 수감되기도 했다. 그는 New English Canaan을 저술하여 뉴잉글랜드 초기사회를 묘사하고 있는 반청교도자였다.

브래드포드는 신사출신은 아니지만 모든 선량한 분리주의자들과 마찬가지로 질서는 정치와 경제생활에 있어서 근본적인 문제라고 인식했다. 그가 좋아하는 세네카의 문구는 "대부분 자유는 배를 잘 다스리며, 모든 빈곤을 이겨 낸다"는 것이었다.[7] 그런데 플리머스는 결코 크기의 규모나 경제에 있어서 그렇게 중요하리 만큼 성장하지 못했다. 결국 플리머스는 1691년에 에임즈를 추종했던 비분리주의자들이 건설한 강력한 매사추세츠만 식민지에 의해 병합되었다.

당시 상인의 수나 젠트리의 수에서나 지적 선각자의 수에서 볼 때 매사추세츠만 식민지의 정착자들에 필적할 만한 곳은 다른 식민지에서는 없었다. 대학교육면에서나 세상적인 면에서 보면 영국과 거의 동등하였다.[8] 그래서 매사추세츠만의 영향력은 뉴잉글랜드 전역에 미쳤다. 매사추세츠만 식민지로부터 위대한 지도자와 신학자들이 많이 나왔다. 즉, 존 데이븐포트(John Davenport)는 뉴헤이븐 식민지의 지도자가 되고 토마스 후커는 코네티컷 그리고 로저 윌리엄스는 로드 아일랜드의 지도자가 되었다. 그 영향력은 뉴잉글랜드에서만 국한된 것이 아니었다. 왜냐하면 매사추세츠만 식민지의 이상과 염원은 그들의 특별한 신학적인 틀을 벗게 하였으며 미국의 발전에 있어서 지배적인 영향력을 행사하였기 때문이다. 소위 매사추세츠는 아메리카 식민지의 모체(mother of colonies)가 되었다.[9] 다른 식민지는 실패하거나 병합되고 말았으나 매사추세츠만 식민지는 가장 성공하였다. 그 주요 원인은 그들이 종교적이었기 때문이다. 그러나 신앙심이 깊었던 매사추세츠의 목회자들이 상인과 노동자와 개척자들의 나쁜 행위에 대해

---

7) Dorfman, op. cit., p.33.

8) Ibid., p.34.

9) Gerald Leinwand, *The Pageant of American History* (Boston, 1975), p.29.

서는 통렬히 비난하면서도 상업 활동이나 노동이나 변경의 확장에 대해서는 조금도 비난하거나 정죄하지 않았다. 상업이 종교에 미치는 영향을 통탄했지만 상업에서 손을 떼라고는 말하지 않았다. 큰 재산을 가진 사람을 나무랐지만 재산 자체를 나무라지 않았다.[10] 조나단 미첼 (Jonathan Mitchell)[11]은 인민의 복지에는 안전, 정직, 바른 신앙과 재산 그리고 번영이 필요하다고 했다.

설교자들은 경건한 노동의 가치를 인정하였다. 그것은 처음부터 칼뱅주의의 중심사상이었다. 매사추세츠에는 머지않아 상인, 농부, 조선공이 100% 불어났다. 그 결과로 나타난 것은 경건의 쇠퇴와 계급의 투쟁, 사치스런 의상, 학문에 대한 경멸로 나타났다. 뉴잉글랜드는 초기 건설자들의 이상을 버린 것처럼 보였다. 그러나 설교가들이 만약 모든 직업(calling)에서 근면을 권장하지 않았더라면 그들은 더 나빠졌을 것이다. 다시 말하면 근면의 미덕이 재산을 증가시키고 빈부간의 간격을 넓히고 고리대금을 불가피하게 만들었다.

모든 사람은 직업을 가지고 그 안에서 열심히 일해야 한다는 것은 그들의 주요한 관심사였다. 에임즈는 『권력을 가진 양심과 그 사례』 (*Conscience with the Power and Cases thereof*)를 저술하여 청교도들이 이 현세 생활의 지침서로 삼도록 하였다. 거기에 보면 사람은 소속이 있는 자일지라도 반드시 일을 해야 한다. 모든 사람은 하나님으로부터

---

10) Miller, *From Colony to Province*, p.40.

11) 미첼은 뉴잉글랜드의 제2세대의 지적 지도자로서 1635년에 그의 부모에 의해 뉴잉글랜드에 이주되어, 하버드 대학을 졸업하고, 케임브리지에서 중요한 목사의 직을 담당하였으며, 그의 선임자인 Thomas Shepard의 미망인과 결혼했으며, 중도언약운동의 지도자였으며, 인크리스 매더의 스승이었다. 저서로서는 *Nehemiah on the Wall in Troublesome Times* (Cambridge, 1671)가 있다.

218

무엇인가 어떤 일을 위해 받은 재능을 가지고 있으며 그것을 증진시켜야 한다.12) 만약 사람의 힘으로는 어찌할 수 없는 이유로 가난할 때 비록 가난은 죄가 아닐지라도 그것을 자발적으로 받아들이려고 하면 그 사람은 전적으로 비난받아야 한다. 하나님은 사람들이 생활하는데 필요한 것들을 땅에서나 바다에서나 찾도록 고안해 놓았다. 그러나 하나님은 교묘하게 숨겨놓았다. 에임즈는 삼단논법으로 그것을 설명했다.

> 하나님은 모든 것의 절대 주권자다. 그러므로 사유재산은 다만 일시적인 '지배'일 뿐이다. 그러므로 일시적인 소유자는 그에게 맡겨준 것을 증대시켜야 한다. 재물의 분배는 인간적인 데만 있는 것이 아니라 자연권과 하나님의 권리에 기초하고 있다. 근로자는 고용되면 자기 직업에 충실해야 한다. 만약 하나님을 경외하면서 충성하면 상을 주어야 한다. 재산을 이용해서 그 재산을 불리는 것은 피할 수 없는 명령이다.13)

이러한 에임즈의 가르침은 초대 총독이며 가장 중요한 뉴잉글랜드 지도자인 존 윈스럽이나 윌리엄 애덤스(William Adams)의 글에서도 나타나고 있다. 윈스럽은 우리가 필요한 것은 무엇이든지 조물주가 숨겨 놓았기 때문에 땀과 머리로서 찾아야 한다고 했다. 그는 세상을 위해 해야 할 일을 많이 가지고 있고, 세상에 애정을 가지고 일해야 한다고 했다. 에임즈의 가르침은 새뮤얼 윌라드가 쓴 『대전』(*Summa*)에서 되풀이 되고 있다. 그는 "사람은 노동을 위해 만들어졌지 게으름을

---

12) Miller, *From Colony to Province*, p.41.

13) Ibid.

위해 만들어지지 않았다(Man is made for Labour, and not for Idleness). 그러므로 하나님은 공동으로 소유하도록 재물을 주지 않았다. 그러나 모든 사람이 그 중에서 그의 몫을 소유하고 그 안에서 적당한 권리를 가진다"14)고 주장했다.

또 존 코튼은 1641년에 『인생의 길』(*The Way of Life*)에서 "사람은 이윤의 유혹에 굴복하지 않고 이윤을 내는 데 헌신해야 한다. 성도는 그의 믿음에 의해 어떤 믿을 만한 천직을 가져야 한다. 비록 그것이 날품팔이일지라도 직업을 가져야 한다고 했다. 만약 당신이 직업 없이 사는 사람이라면 비록 당신이 쓸 만한 일천 파운드를 가지고 있더라도 당신은 더러운 짐승이다"라고 주장하였다.15) 이리하여 그는 세속생활이 종교생활 못지않게 중요하다는 것을 보여주고 있다.16) 코튼은 특히 '공공의 선'(Publique good) 즉, 공익을 강조하였다.17) 일하는 사람이 돈을 벌고 성공을 하여도 금욕적인 생활을 해야 하고 또 공공의 선을 위해 써야 한다고 주장하고 있다. 이러한 코튼의 영향력은 대단히 컸다.

존 헐(John Hull)은 17세기 중엽 보스턴 최대의 상인이었으며 전통적인 화폐제조업자였다. 그는 부자의 아들도 아니었으며 그의 아버지는 대장장이였고 학교공부도 조금밖에 못했다. 7년간의 농사생활 후 그는 금방에서 도제생활을 하면서 보스턴 제일교회에서 성도들과 교제를 했다. 일찍 일어나 일하고 가게를 너무나 잘 지켜 얼마 안 가서 선박과 토지에 투자할 수 있는 여유를 가지게 되었다. 그는 항상 경건한 신앙생

---

14) Ibid.

15) Ibid.

16) Ibid.

17) Ibid., p.42.

활을 하면서 살았다. 그러나 네덜란드인들이 그의 선박을 가져가 버렸다. 하지만 그는 하나님의 위로를 받고 재산의 상실은 아무 것도 아니라고 생각했다. 하나님이 네덜란드인들이 그 배들의 주인임을 알게 한 것으로 믿었다. 그는 그의 선장에게 훈시를 하면서 "배 안에서도 예배하고 안식일을 지켜야 하고 속된 것을 억제해야 하며 네가 가는 곳에는 빚을 남기지 말라"[18]고 했다.

1683년 윌라드는 헐의 영결식 설교에서 다음과 같이 설교했다. "헐은 지상의 성자였다. 이 세상의 성자같이 살았다. 성자의 귀한 죽음을 했다. 그러나 그는 교황주의자도 아니고 사막이나 수도원으로 도피하지도 않았다. 그는 이 세상에서 살면서 마음을 흐트리지 않았다. 그는 절실히 필요한 사업을 하면서 살았다." 사실, 헐은 행정관으로서, 교회 신자로서, 아버지로서, 그리고 자선가로서 어떠한 행동의 불일치함도 보여주지 않았다.

첫 10년 동안 매사추세츠와 코네티컷은 이민에 의존하면서 생활을 했다. 이민들은 외국의 재화와 종자를 가지고 왔으며 또 시장을 제공하였다. 소위 '뉴잉글랜드 방식'은 1630~1640년대의 '황금시대' 동안에 수립되었다.[19] 그러나 황금시대는 영국의 내란으로 이민이 중단되었을 때 종말이 오고 말았다. 뉴잉글랜드는 화폐도 시장도 그 스스로 찾을 수 없었다. 그래서 그들은 생선, 목재, 밀, 밀가루, 가축을 영국의 옷과 연장으로 바꾸는 방법을 찾아냈다. 그들은 1파운드의 곡물로 5실링을 받을 수 있다는 것을 발견했다. 뉴잉글랜드인들은 상업을 배우든지 아니면 죽어야 했다. 그들은 상업을 배웠다. '신성한 대구'는

---

18) Ibid., p.43.
19) Ibid., p.44.

성경 다음으로 하나의 심벌이 되었다.[20]

그러나 왕정복고는 청교도 교회에 타격을 주었다. 그렇지만 경제적으로 불평할 이유가 없었다. 왜냐하면 항해조령은 네덜란드인들을 배제시켰고, 뉴잉글랜드 상인들에게 진정한 황금의 기회를 가져다주었다. 이리하여 부는 축적되었으며 부는 다름이 아닌 하나님의 축복의 표시였다. 사람들은 도정업을 하여 곡물로 돈 대신 받았다. 그리고 그들은 무역사업으로 성장했다. 어떤 사람은 장인으로 출발하여 도제를 거쳐 곧 자본주가 되었다. 상인들은 가축을 수입하여 농부나 개척자들에게 신용으로 넘겨주었다. 그리고 그들은 은행가가 되었으며 그들의 채무자들에게 채찍을 휘둘렀다. 17세기 말에 가서는 몇몇 부자들이 산업을 지배하였다. 뉴잉글랜드 상인들은 근면, 모험, 인내로 기회를 잡았으며 런던이나 브리스톨 상인의 주경쟁자로 부상했다. 1630년의 이민들이 죽을 때 일천 파운드를 남기기 어려웠지만, 1650년대에는 어떤 상인은 사천 파운드를 남겼다. 인크리스 매더는 토지를 많이 가졌다. 1670년까지 일만 파운드 내지 삼만 파운드 정도 가진 상인이 보스턴에는 30명이나 있었다.[21]

이러한 과정에서 사람들은 숲과 바다에서 승리하고 돈을 모으고 큰 거리에 당당한 건물을 세웠다. 그런데 이들의 대변인 즉, 설교가들은 비탄과 정죄의 소리를 높였다. 비교회원들이 신도들을 선술집으로 끌고 가서 술이 취하도록 했는가 하면 신정정치에 지친 사람도 나타났다. 그러나 뉴잉글랜드의 타락은 전적으로 세속의 잘못이 아니었다. 그것은 언약의 자녀들 사이의 이탈이었다. 식민지의 행정관이었던

---

20) Ibid.
21) Ibid., p.45.

토마스 허친슨(Thomas Hutchinson)은 18세기 신사의 기준에 의해 판단해 볼 때 어떠한 타락의 증거가 없다고 말했다. 군 법정의 기록으로부터 절도, 서출, 근친상간, 외설적인 내용도 발견하기도 했으나, 대부분의 사람들은 열심히 일하였고 땅을 개척하고, 노트하면 설교를 듣고 기도하고 자신이 무가치하므로 겸손해야 하는 자들이었다. 무엇보다도 번성하고 창성하라는 명령에 따라 그들은 경건하면서도 근면한 자녀를 낳고 있었다. 만약 뉴잉글랜드가 타락하지 않고 있었다면 그것은 분명히 변화하고 있었다고 하겠다.

사람들은 분명히 정의, 선, 정직에 헌신하고 있었다. 계급으로 서열화 되어 있었다. 낮은 자는 상위자에게 복종하였으며 관헌과 학자는 가장 상위자의 자리에 있었다. 코튼은 관리들이 동의하고 판사들이 일용품의 합리적인 가격을 정하는 것은 합법적이라고 말했다. 윌라드는 지위에 따른 복식의 차등은 자연법에 의거한 것이며 나아가서 사회철학의 가시적 표시였다고 했다. 법은 변화를 거부했다. 그러므로 변화는 타락이 되었다. 비탄은 그러한 사실을 인정한 것이었다.

1676년 윌리엄 허버드(William Hubbard)가 총회의의 선거에 앞서 행했던 설교인 『인민의 행복』22)을 보면 이러한 내적 갈등이 잘 묘사되어 있다. 모든 페이지에서 변화하는 상황을 알면서 더욱 더 열성적으로 단결과 질서를 호소했다. "평등은 일을 혼란으로 이끌게 할 것이다. 하늘의 천사도 모두 한 지위가 아닌 것과 마찬가지로 어떤 자는 말위에 타고 어떤 사람은 발로 걷는다. 상당수의 사람들은 다른 사람들을

---

22) William Hubbard, *The Happiness of a People in the Wisdoms of their Rulers Directing And in the Obedience of their Brethren Attending* (Boston, 1976). 허버드는 입스위치에서 목사가 되었으며, 1687년 안드로스의 과세에 대해 항의한 주모자중의 한 사람이었다. Miller, *The Puritans*, p.249.

위해 일하는 도구이며 수단이다. 그들 스스로 놓아두면 그들은 게으름으로 멸망할 것이다. 그들은 그들보다 나은 사람들에 의해 인도되고 감독되어야 하지 않는가? 우리 모두가 출생할 때에 평등하였고 우리들이 죽을 때 다시 평등할 것이기 때문에 우리는 모두가 인생의 전 과정에서 그렇게 되어야 한다고 말하는 것보다 올바른 이성으로부터 먼 것은 없다"고 주장했다. 그는 결론을 이렇게 맺었다. "머리 없는 얼굴이나 바다에서 선장 없는 배의 위험이나 목자 없이 삼킬 지경에 있는 양 무리도 위험한 시기에 우두머리나 지도자 없는 인간사회보다는 덜 위험할 것이다"고 주장했다.[23] 이것은 그가 스페인의 필립과의 전쟁을 하고 있을 때 설교한 것이었지만, 윈스럽이나 코튼만치 복종의 원리를 강조한 것이었다.

변화의 과정에서 교회의 하인이 선술집 주인도 되고 놋 갓쟁이가 비컨힐(Beacon Hill) 땅을 사기도 했으며, 밧줄 제조를 하여 퍼체이스(Purchase) 거리에 큰 집을 짓는 자가 나오기도 하였으며, 양복수선공이 부두를 세우기도 하여 사회 구조는 고정되지 않았다.[24]

경제적 발전은 어떤 사람을 부자로 만들었을 뿐 아니라 많은 사람을 가난하게 만들기도 했다. 1675년 존 조셀린(John Josselyn)은 근면한 손은 번영케 했으나 게으른 성품을 가진 사람들은 영락없이 가난하게 되었다고 했다. 유산 받은 지위의 상류계급일지라도 윈스럽, 노르톤, 더들리(Dudley) 등의 아들과 딸은 종교운동에 덜 헌신하는 지도자들이 되었다. 그들은 자기들끼리 결혼했다. 윈스럽가는 브레드스트리트가(Bradstreets)와, 더들리가는 셀톤스톨(Saltonstalls)가와 결혼했다. 한편

---

23) Miller, *The Puritans*, p.249.

24) Miller, *From Colony to Province*, p.49.

224

목사가문은 역시 상호 결혼하여 3세대에 가서 분명 하나의 카스트가 되었다.

새 부자들은 사회의 다른 사다리로 올라갔는데 윈스럽가와 셀톤스 톨가가 그러했다. 그것은 규율의 효과를 보여준 것이다. 정부는 이제 죄가 되는 다양한 여론을 기꺼이 관용하게 되었다. 30년 후에 상인들은 특허장에 충성하든지 불충하든지 상인들은 규율에 의해 살려고도 하지 않고, 살려고 해도 살 수도 없었다. 법은 임금과 가격을 정하고 의복과 사치에 쓰는 돈의 액수를 규정했지만 이것은 사문이 되어 버렸다.[25] 1639년에는 이윤을 33% 이상을 남기면 당연히 처벌되도록 했으나 일반적인 관행은 그것의 배가 되어도 죄가 아니었다. 1675년 후의 기록은 사치를 금하는 규율에서도 거의 처벌이 없었다. 인크리스 매더가 1674년 카드놀이나 주사위놀이를 금지했지만, 카드놀이나 주 사위놀이는 성했다. 모든 면에서 경제생활은 이데올로기와 갈등하게 되었다.[26]

역경에 처했을 때 보다는 번영 가운데 있을 때 분열이 눈에 띄게 많았다. 성도들은 사회에서 출세를 바라는 사람들이 되었다. 모든 사람들이 일을 많이 하면 할수록 사회는 더욱 변모하게 되었다. 그들이 변경에서, 목장에서, 회계사무소에서, 은행에서 더욱 열심히 일하면 그들은 신앙적으로 타락하고 도덕적으로 부패하여 매력 없는 사회를 만들었다.[27]

1684년 영국왕실은 뉴잉글랜드의 특허장을 가진 자들의 식민지를 취소하기 시작했다. 왜냐하면 뉴잉글랜드는 영국의 인구를 고갈시켰

---

25) Ibid., p.50.

26) Ibid., p.51.

27) Ibid.

고, 대영수출은 수입보다 열배 이상이 늘어났고, 영국왕실의 재정에
피해를 입혔기 때문이다.[28] 뉴잉글랜드는 여전히 옛 가문들이 지배했
지만 선거권이 종교적 자격에서 재산적 자격으로 바뀌었다. 그러나
회중교회는 국가교회로 남아 있었다. 목회자들을 위해 세금을 징수하
였다. 하버드 대학은 청교도대학으로서 국가와 회중교회의 성직자들
에 의해 감독되었다. 영국의 대학처럼 학생들은 사회적 신분에 따라
구분되었다.[29]

코튼 매더는 부의 축적은 정확한 법칙에 의해 한계가 있다고 단언했
다. 그는 재산을 적당한 수준으로 줄인 위대한 대상인들의 예에서
그 법칙을 발견하였다. 대상인들은 잉여생산을 경건하게 사용했다.
그들은 공과금의 지불, 사업 자금의 대부, 가난한 자의 구제를 위한
시여와 빚을 탕감하는 용서에 사용했다.

그러나 코튼 매더는 "당신은 자선을 잘못해서는 안 된다. 일할
수 있으면서도 게으른 자는 그들 스스로 빵을 구하도록 해야 한다.
이것은 그들에게 최고의 자선이다. 게으른 자와 거지는 다 같이 하나님
의 명령을 따라야 한다. 그들을 굶게 하라"[30]고 했다. 이처럼 가난
구제는 사회적으로 거부되었다. 지배자들은 가난한 자를 경멸하고
하나님이 그들을 경멸한다고 생각했다. 이리하여 뉴잉글랜드는 얼마
안 가서 거지 없는 유토피아가 되었다. 한편 고리대는 필요성에서도
평등성에서도 정당화되었다. 1699년 종교회의에서도 여러 번 논의되
었지만 인정하였다.

하인 제도를 보면 일반적으로 7년 기간의 계약으로 주인에게 봉사해

---

28) Dorfman, *The Economic Mind in American Civilization*, p.54.

29) Ibid., p.56.

30) Ibid., p.57.

226

야 했다. 충실치 못하고 게으르고 그들의 봉사가 이롭지 못하면 풀려나
지 않았다. 하인들은 주인의 계속적인 감시를 받았다. 주인에게 항의하
거나 거칠게 행동하면 7년이 지나도 풀려나지 못했다.[31]

노예제도에 대해서는 찬반양론이 있었다. 새뮤얼 슈얼(Samuel
Sewall)[32]은 노예제도를 반대했고, 존 새핀(John Saffin)은 노예제도를
옹호했다. 슈얼은 하버드를 나온 대표적인 상인이었다. 그는 도덕적으
로나 경제적으로도 노예제도를 정당시 할 수 없다고 했다. 모든 인간은
아담의 자손이다. 그래서 모든 사람은 지상의 공동의 상속인이다.
본질적으로나 자연인으로 노예제도는 있을 수 없고, 하나님의 율법에
의해서도 금지되어야 한다고 주장했다.

새핀은 기니아에서 몰래 흑인을 수입했다. 그는 노예제도가 이교도
인 검은 야만인을 문명과 기독교 세계로 데려오는 수단으로 보았다.
또한 그는 하나님은 어떤 자는 군주와 왕자로 어떤 자는 총독과, 주인으
로 태어나게 하고, 어떤 사람은 신하로 지휘를 받는 자나 노예로 태어나
복종하도록 했다고 주장했다. 요컨대 청교도들이 열심히 일을 하면
할수록 부와 자본이 축적되었다. 빈부의 차이는 심화되고 그들의 사회
는 철저히 계급화된 사회로 변했다. 그들의 사회는 변화하고 있었으나
법은 그러한 변동을 거부하였다. 여기서 퓨리터니즘은 하나의 이데올
로기화하고 현실과 갈등하였다. 사업에 대한 헌신, 재산의 축적, 토지
의 획득은 청교도의 임무가 되었다. 청부는 하나님이 그들에 대한

---

31) Ibid., p.58.

32) 슈얼은 하버드 대학을 나왔고 당시 뉴잉글랜드 최고의 부자인 John Hull의
   딸과 결혼하였다. 마녀사냥 때 재판관으로서 자신의 과오를 솔직히 시인한
   일기로서도 유명하지만, 1700년에 *The Selling of Joseph*을 써서 미국에서 최초로
   노예제도를 반대한 논문을 발표하여 더욱 유명하다. 그가 좋아한 연구는
   성경의 예언과 그 성취에 관한 것이었다.

축복의 증거로 보았으며 사치는 긍지를 의미했다.

　베버가 칼뱅주의는 근대자본주의의 모체라고 했지만, 칼뱅주의가 진정으로 근대자본주의 성립에 기여한 것은 유럽에서보다도 신대륙의 뉴잉글랜드에서였다고 생각된다.[33] 베버의『프로테스탄트 윤리와 자본주의 정신』은 실로 과거 100년동안 학술 논쟁의 대상이 되어 왔기 때문에 소위 "학술의 백년전쟁"(academic hundred years war)이라는 말이 생기기도 했다.

## 제2절　제한정부론적　정치사상

　뉴잉글랜드 청교도들의 정치적 사상과 정치적 전통은 제한정부론에 있다고 하겠다. 앨런 심프슨 교수는 영미 청교도들이 남긴 정치적 전통으로서 다음 두 가지를 들고 있다. 그 하나는 제한정부의 제도와 다른 하나는 자치정부에 대한 기여라고 했다. 제한정부에 관한 이론은 "인간은 너무 많은 권력을 주어서 맡기기에는 너무 죄가 많다"는 생각에서 나왔다. 청교도들은 눈에 보이는 성도에게는 예외를 두려고 했으나 성도가 통치로부터 배제하면 그들은 어떠한 사람도 믿을 수 없다는 확신을 가지고 있었다. 청교도들은 하나님만이 예배할 가치가 있다는 변함없는 주장을 하고 반면에 국가는 숭배의 대상이 아니며 숭배받을 권리를 갖지 못했다고 생각했다.[34] 그들은 선교할 권리와 비판할 권리 그리고 판단할 권리를 옹호했다. 사람들은 그들이 들었던 것에

---

33) 배한극, 「17세기 미국 청교도의 경제사상과 윤리」, 『대구교육대학 논문집』 제21집, 1985, p.146.

34) Alan Simpson, *Puritanism in Old and New England* (Chicago, 1955), pp.111~112.

대하여 좋은 판단을 할 수 있다고 보았다. 심프슨은 청교도들의 자치정부에 대한 기여를 이렇게 설명했다.

> 자치정부에 대한 기여는 공동체 내에서의 주도권과 자립의 발전에 있다. 청교도들의 순례는 자조(Self-help) 가운데 이루어진 영원한 순례였다. 이단의 설교는 실무를 맡은 계급의 지도력을 위한 훈련장이 되었다. 아메리카의 자유로운 교회의 전통에서 그런 점을 찾아 볼 수 있다.[35]

심프슨은 또 주장하기를 "우리는 17세기와 같이 19세기는 교회의 과제를 정치적 과제로 직접 전환하였다는 사실을 잊어서는 안 된다"[36]고 했다. 19세기의 정치 집회는 다 건전하다고는 할 수 없지만 분명히 부흥설교가의 캠프 미팅(Camp meeting)에 힘입은 바 컸다는 것이다.

또한, 슈레이트 교수도 청교도의 정치적 전통으로서 민주주의와 제한 정부 그리고 좌절된 유토피아 사상을 들고 있다. 그에 따르면 뉴잉글랜드의 건설자들은 민주주의자가 아니었다. 그러나 "질식시킬 수 없는 청교도 신학에는 억압할 수 없는 민주주의적 역동성이 있다"[37]고 주장했다. 또한, 그는 미국의 환경에서 자발적 교회의 회중사상은 결국 계약(언약 혹은 성약)에 의해 서로 묶여 있었는데 이것은 메이플라워 서약으로 나타나기 시작하였다. 이것은 서양 근대사에 있어서 최초의 공식적 사회계약이었다고 주장하였다.[38] 그는 또 존 와이즈(John

---

35) Ibid., p.113.

36) Ibid.

37) Richard Schlatter, "The Puritan Strain", p.41.

38) Ibid.

Wise)39)의 저술과 「코네티컷의 기본법」 및 그 밖의 많은 저서들은 오늘날 미국의 민주주의 전통의 일부가 되었다고 하였다.40)

영국 스튜어트 왕조의 절대주의에 대해 반대한 17세기 영국의 반대자들처럼 뉴잉글랜드 청교도들은 자연스럽게 입헌주의와 제한정부(limited government)를 지지했다. 비록 존 윈스럽이 매사추세츠만 식민지에서 자신과 그의 동료 행정관들을 위해 무한정의 권위를 주려고 했지만 청교도들의 양심은 이것을 허락하지 않았다. 개인의 양심은 정의의 궁극적 판단이라는 프로테스탄트의 교리는 정치에서도 인간은 법률이 아무리 합법적으로 성립되었다고 해도 정의에 어긋나고, 자신의 생각을 해칠 때는 법률에 대한 복종을 거부한다는 정치이론이 내포되어 있었다.

이리하여 매사추세츠만 식민지의 행정관이 아무리 절대주의로 향하는 경향이 있어도 뿌리 깊은 비타협의 원리가 있었기 때문에 패배하지 않을 수 없었다. 당시 노예법에 반대한 에머슨(Ralp Waldo Emerson)은 다음과 같이 말했다. "보스턴은 그 내부에서 반란을 결코 원치 않았다. 그러나 식민지에서부터 지금에 이르기까지 거기에는 항상 견해를 달리하는 소수자가 있었다.……어떤 반항자는 퀘이커 교도에 대한 행정관의 잔인성에 대항하였고……정치가나 상인에 반대한 어떤 노예 변호사는 부자와 사치하는 자에게는 인성이 제일 중요하다는

---

39) John Wise(1652~1725)는 입스위치(Ipswich) 타운에서 어떠한 입법기관의 동의없는 안드로스 총독의 과세에 대한 열화 같은 항의를 지도했고, 1690년 퀘벡 원정의 군목이었으며, 마녀로 단죄된 자들의 이름을 말소하는 탄원서에 서명했으며, 1721년에 종두를 지지했다. 그의 Vindication of the Government of New England Churches(1717)는 분리된 회중의 독립과 자치를 옹호한 것으로 유명하다.

40) Ibid.

원리를 강조했다."[41]

청교도의 유토피아 사상은 1630년 아벨라호 선상에서 존 윈스럽이 한 설교에서 찾아볼 수 있다. 그는 "사람들이 성공한 플랜테이션에 대해 말할 것이다. 주님은 뉴잉글랜드를 그같이 만들 것이다. 왜냐하면 우리는 '언덕위에 세운 도시'(a City set upon a hill)같이 될 것이기 때문이다. 만민의 눈은 우리들을 보고 있다."[42] 이것은 청교도 역사에서 가장 많이 인용되는 구절이다. 청교도들은 특별한 사람이라는 믿음과 구세계에서는 알려지지 않은 보다 특수한 공동체라는 생각과 다른 나라에 대해 본이 되는 것이 미국의 사명이라는 생각은 미국 청교도의 유산의 일부라고 하는 데 이의를 제기하는 사람이 없다.

물론 청교도들은 거룩한 공동체를 건설하려는 이상을 가졌으나 결국 좌절과 환상으로 끝났다. 미국 문화에 있어서 반복하는 주제 중의 하나는 이상은 결코 실현할 수 없었으며, 그리고 실패와 좌절의 고통을 당했으나 미국인들은 그들 스스로를 자유와 민주주의의 표준을 가진 자들로 생각하였다는 것이다. 이러한 생각과 사상은 뉴잉글랜드 청교도들로부터 비롯된 것이었다.[43]

데글러(C. N. Degler) 교수는 그의 『우리들의 과거로부터』(*Out of Our Past*, 국역 서명은 '현대 미국의 형성', 1977)에서 아메리카 문명의 기원 중 대의제와 지방자치제의 기원을 식민지시대에서 찾았다.[44] 그에 따르면 민주주의 사상의 싹은 언약(계약)[45]의 개념 속에서 찾아볼

---

41) R. W. Emerson, quated by Murdock, *Literature and Theology in Colonial New England* (1949), p.200.

42) Miller, *The Puritans*, p.199.

43) Schlatter, op. cit., p.43.

44) Carl N. Degler 저, 이보형, 이주영, 홍영백 공역, 『현대 미국의 성립』, 서울, 1977, pp.25~30 참조.

수 있다는 것이다. 통치자와 피치자간의 합의를 정부의 토대로 보는
언약의 개념은 17세기 청교도의 미국에서는 아주 잘 이해되고 있었다.
그것은 당시의 신학이 그 개념을 사용하고 있었기 때문만은 아니었다.
모든 계층의 사람들은 자세히 성경을 읽었기 때문에 그 개념을 공통으
로 소유하고 있었기 때문이다. 앞 장에서도 설명한 바와 같이 아담,
노아, 아브라함과의 언약은 하나님과 인간 사이에 맺어진 유명한 성경
상의 합의였다. 관계된 사람 모두의 합의에 의해서만 성도들은 서로에
대해 교회권력을 행사할 수 있는 것이라고 했다. 1648년에 씌어진
『케임브리지 강령』은 그것을 잘 말해주고 있다.[46] 이와 같은 종교적
또는 성경상의 실례가 세속적인 일에까지 확대된 것은 당연하였다.
특히 정부에 대한 인습적인 인정이 존재하지 않는 신세계에서는 더욱
그러하였다. 예를 들면 코네티컷의 토마스 후커는 언약의 개념을 직접
정부에 적용한 것으로 유명하다. "인간이 어떤 권리나 권한을 가지든지
간에 서로 행사하기 전에는 반드시 하나님의 원리에 의한 상호 합의가
이루어져야 한다"[47]고 그는 썼다.

　청교도의 생각에 의하면 교회란 교인 전체의 행동으로서만 존재하
게 되는 것이고 목사란 성도들이 초빙하고 임명하는 것이었으므로
이러한 대중 전체 참여의 실습이 오랫동안 국가문제와 아무 관련이
없다고 생각하기 힘든 일이었다. 바로 이리하여 민주주의라는 세균은
청교도 정부라는 굳은 껍질 속에서 한 번도 발효가 정지되지 않았다.
그러므로 진정한 의미의 퓨리터니즘은 그것의 개인주의와 언약의

---

45) 성약, 계약 등으로 번역되기도 한다. 일본어 성경에서는 '계약'으로, 중국어
　　성경에서는 '계'로 번역되어 있다.

46) Ibid., p.28.

47) 정만득, 『사료미국사』, 대구, 1981, pp.47~49 참조.

교리와 더불어 정부가 권위주의적인 것으로 바뀌었을 때 그 정부 자체를 파괴할 수 있는 씨앗을 내부에 품고 있었던 것이다.[48]

1830년 미국을 여행한 토크빌(Alexis Charles Henri Maurice Clerel de Tocqueville)은 미국에 "가장 두드러지게 눈에 띄는 현상은 우리가 정부 또는 행정부라고 부르는 것이 없다는 것이다.……모든 것이 규칙적으로 움직이고 있다. 그러나 움직이는 자는 아무 곳에서도 볼 수 없다"고 하면서 그 이유는 미국에서 대단히 중요성과 위력을 가지고 있는 지방정부 때문이라고 결론을 내렸다.[49] 미국에서 지방정부가 강하게 된 것은 미국의 최초 정착자들의 영국적 전통으로부터 유래하고 있다는 것은 의심할 여지가 없다. 그들은 영국의 '샤이어'(Shire)나 '타운'(Town)에서 얻은 지방자치의 오랜 경험을 가지고 건너 왔기 때문이다. 그렇지만 미국 지방자치의 두 가지 주요형태를 이루고 있는 뉴잉글랜드의 '타운'과 버지니아의 '카운티'의 성격이 결정된 것은 정착민들의 이주동기와 지리적 환경의 결과였다. 매사추세츠 청교도들은 착륙하자마자 주민들의 종교적 도덕적 생활에 대한 통제를 어렵게 할 가능성이 있는 개별농장의 형태를 갖추지 않고 주거지를 중심으로 그 주위에 경작지를 펼쳐 놓고 있는 밀집부락의 형태를 취하였다.[50] 뉴잉글랜드의 전형적인 지방자치 형태는 '타운 회의'(town meeting)와 민선관리로 대변되고 있다. 또한 중요한 교회 주위에는 '빌리지' 또는 '타운'이 있었다.[51]

뉴잉글랜드에서는 교회와 타운 회의는 거의 같은 것임을 알 수

---

48) Degler, op. cit., p.28.

49) Ibid., p.29.

50) Ibid.

51) Ibid., p.30.

있다. 왜냐하면 교회는 자치적이었을 뿐만 아니라, 17세기의 일부 타운에서는 타운 회의의 구성원과 교회의 구성원과의 구별이 없었기 때문이다. 실제로 타운 회의는 17세기의 생활 가운데서 가장 민주적인 측면이 있었다. 1647년 이전에 투표권을 가진 자는 세례교인뿐이었지만 타운 회의에서의 발언권은 세례교인이든 아니든 간에 매사추세츠의 타운에 거주하는 주민 전체에게 있었다. 1647년부터는 교인자격에 구애받지 않고 자유민이라면 23세 이상의 모든 남자가 관리로 선출되거나 배심원으로 봉직할 수 있었다.[52] 최근의 연구는 청교도시대 전반에 걸쳐 매사추세츠 주민의 대부분이 원하기만 한다면 타운정부에 참여할 수 있었다는 것을 밝히고 있다. 뉴잉글랜드 타운은 진정으로 책임있는 민주정부를 위한 훈련장이었던 것이다.[53]

위와 같은 해석과는 달리 1920년대의 진보주의 사가들에게는 정통 뉴잉글랜드 청교도들이 건설한 매사추세츠만 식민지는 비민주주의적이며, 편협하고 완고한 미신가들의 신정적 전체주의의 모델이었다. 앞에서 설명한 바와 같이 패링턴에게는 청교도 신학은 본질적으로 정치적 이데올로기였다. 또한 칼비니즘은 동양적 전체주의와 중세의 도시국가의 개념에 의해 수정된 16세기 군주정의 복합체였다.[54] 퓨리터니즘은 종교적 자유에 반대한 비민주적 과두정(Oligarchy)이었으며, 진보적인 미국의 전통에 이국적이었다. 패링턴의 참 미국인들은 반란자와 이단자들이었다. 즉, 로저 윌리엄스과 앤 허친슨 등과 같은 사람들이었다. 청교도들은 "도덕률 폐기론자들"(Antinomians)과 분리파와 퀘

---

52) Ibid., p.31.

53) Ibid.

54) Vernon Louis Parrington, *Main Currents in American Thought* (New York. 1930), p.13.

이커 교도를 추방함으로써 매사추세츠 행정관들은 성도의 가정으로부터 자유주의의 정신을 내쫓았다는 것이다.[55]

또한 워턴베이커도 청교도정치를 비민주적 과두정치로 보았다. 그는 『첫 미국인』들에서 "매사추세츠 지도자들은 인민의 소망을 대표하는 정부를 세우려는데 있는 것이 아니라 성직자들이 결정적인 목소리를 가지는 과두정치를 세우려고 의도했다"[56]고 했다. 과두정치는 소수가 다수의 권력을 행사한 것이다. 그것이 귀족정치든, 금권정치든, 신권정치든 항상 공세를 당할 수 있었다. 청교도들이 민주주의를 건설했다고 하지만 미국의 민주주의는 뉴잉글랜드에 그 기원을 가지지 않았다는 것이다. 그는 미국의 민주주의는 영국에서 탄생했다고 주장했다. 영국의 민주주의는 웨스트민스트 홀(Westerminster Hall)[57]에서 옹호되었으며, 그것을 청교도들이 미국으로 가져갔으며 거기서 새로운 경험을 하면서 프런티어의 조건에 영향을 받아 새롭게 성장했다는 것이다. 또한 뉴잉글랜드에서는 타식민지와 마찬가지로 민주주의를 위해 선한 싸움을 한 고유한 사람들이 있었는데, 그들은 바로 낡은 청교도질서에 대항한 반역자들이었다고 하였다.

그러나 패링턴과 워턴베이커와 같은 진보주의사가들이 주장한 것은 최근의 청교도연구가들을 만족시키지 못하고 있다. 청교도들의 정치를 19세기 자유주의나, 20세기 민주주의자의 척도로서 잰다는 것은 낡은 방법이며 비역사적이라는 것이다. 역시 그들 청교도의 입장

---

55) Ibid., p.15.

56) Thomas Jefferson Wertenbaker, "The Fall of the Wilderness Zion", *Puritanism in Early America*, George M. Waller ed. (Boston, 1950), p.25.

57) Westerminster Hall은 1870년 Strand 법정이 완성되기 전까지 영국 최고의 법정이었다.

에서 17세기 뉴잉글랜드의 정통 퓨리터니즘의 정치적 전통과 국가관을 이해하는 것이 옳다는 것이다.[58]

## 제3절 바이블 공화국의 이상

유럽 중세사회의 국가관은 국가와 교회라는 두 개의 권력에 의해 지배되는 것이었다. 물론 최초의 제국은 로마제국이었으며 그 후의 역사에서는 신성로마제국이었다. 교회는 초기 그리스도교 교회였다. 그 후에는 형식적인 교회 수장인 로마 주교를 가진 로마 가톨릭 교회였다. 제국이 분열되고 프로테스탄트 종교개혁이 일어나자 중세교회는 분열하였다. 그러나 그 후에도 사람들의 심중에는 주어진 국가 안에서 종교적인 통일에 대한 생각이 남아 있었다. 더욱이 민간통치자에 대한 철저한 복종이 민간통치자 자신뿐만 아니라 교회의 지도자들에 의해서 강요되고 명령되었던 것이다. 이러한 중세의 개념은 초기 17세기에 들어와서 겨우 의심되기 시작했다.[59] 이 시대에 언약신학이 발전되었던 것이다. 청교도 지도자들은 국가 내에서 민간의 복종과 종교적인 통일을 중시하는 사상을 가지고 있었다.

종교개혁가 마르틴 루터도 종교적 통일성과 민간의 복종을 설교했었으며, 개혁교회의 최고의 지도자 칼뱅도 그러하였다. 칼뱅은 "인민의 통치자에 대한 첫 번째 임무는 그들의 직책에 대한 가장 공경하는 마음을 가져야 하는 것이다. 그 직책을 하나님으로부터 주어진 권한으로서 인정하고 또 그러한 뜻에서 하나님의 대신이요 대사로서 그들을

---

58) Schlatter, "The Puritan Strain", p.33.

59) Wilcox, *New England Covenant Theology*, pp.284~285.

받아들이며 존경하는 것"[60]이라고 주장하였다.

청교도들의 국가관은 이처럼 국가와 교회의 이중적인 지배구조인 중세적인 국가관을 가지고 있었던 것이다. 그러면 이러한 국가관의 기초는 무엇인가? 청교도 정신을 연구하는 데 일생을 바친 페리 밀러는 "그들 자신들의 용어로서 이해되어야 한다"[61]고 강조하면서 "청교도의 국가에 관한 이론은 원죄라는 가설과 더불어 시작된다"[62]고 했다. 만약 아담이 하나님이 지으신 대로 그의 형상을 저하하지 않고 후손들에게 전해주었다면 인간들 사이에 정부는 영원히 필요치 않았을 것이다. 청교도들은 모두가 판사의 감독 없이 서로에게 정의를 행사했을 것이다. 또한 그들은 경찰의 간섭 없이 서로의 권리를 존중했을 것이다. 그러나 성경은 말하기를—그리고 경험이 증명하기를—아담이 타락한 이래 경찰이나 판사, 감옥, 법률, 행정관이 없이는 인간들은 강도질하고 살인하고 싸운다는 것과 국가가 나쁜 충동을 억제하고 처벌하는 강제력 없이는 생명도 안전하지 않을 것이며, 재산도 안전하지 않을 것이며, 명예도 지켜지지 않을 것이다.[63] 그래서 아담의 배교(apostasy) 때문에 하나님 자신이 인간들 사이에 정부를 세웠다는 것이다. 하나님은 상황에 따라 결정되어야 할 독특한 형태를 남겨두었다. 청교도들이 말하기를, 성경은 절대적이며 전제적인 입법자는 아니며, 그 독특한 정부 형태는 하나의 중요한 인간의 예술(important human art)이었다.[64]

---

60) Calvin, *Institutes of the Christian Religion*, IV, XX, p.22.

61) John P. Roche ed., *Origins of American Political Thought* (New York, 1967), p.78.

62) Miller, *The Puritans*, p.182.

63) Ibid.

64) Ibid.

그러나 하나님은 모든 사람은 어떤 자치단체의 지배하에 있어야 한다는 것과 또는 인간들은 그들의 상위자의 지배에 모두 복종해야 한다는 것과 인간은 그의 동료로부터 떨어져 살아서는 안 된다는 것과 정부는 복종을 강제할 권세를 가져야 하며 사람이 마땅히 받아야 할 모든 범죄에 대한 처벌을 가할 권한을 가졌다는 것이다.[65]

청교도의 신조 안에는 개인주의의 강한 요소가 있었다. 모든 사람은 그 자신의 구원을 성취해야 한다. 각 영혼은 그의 조물주와 혼자 대면해야 한다. 그러나 동시에 청교도 철학은 사회 안에서 모든 인간 적어도 모든 중생한 자는 하나의 조합된 대열에 속하도록 요구하고 있다.[66] 외로운 기사의 모습이나 혼자 사냥하는 사람의 모습은 청교도의 모습이 아니었다. 청교도들은 사회 안에서 다른 사람과 더불어 타운 안에서 옮겨 다니며 사는 사람들이었다. 그들은 모두 공동체 안에 속해서 살았지 외롭게 사는 사람들이 아니었다. 그리고 그들의 모든 사회 단위는 견고한 자치정부를 유지하고 있었다. 그들은 개인적인 사업가도 아니었으며 또한 가게 주인이나 투기꾼도 아니었다.

그들에게 있어서 국가는 지도력을 훈련하는 적극적인 수단이었다. 그리고 강제가 필요하다면 국가는 사람의 행동을 규제할 수 있는 모든 법을 만들 수 있었다. 국가는 단순한 비행도 규제했을 뿐만 아니라 모든 품행을 감독하고 고양시켰고 지도했다. 지도자들은 인민의 욕구에 의해 그들의 정책을 가다듬지 않았으나 예정된 코스가 있었다. 인민은 모두가 명령된 대로 움직여야 했으며 그들에게는 만민이 평등하다는 사상은 없었다.[67]

---

65) Ibid.

66) Ibid.

67) Ibid., p.83.

238

밀러는 매사추세츠와 코네티컷의 정부는 다 같이 한 사람의 폭군이나 단일의 경제계급이나 정치집단의 독재가 아닌 거룩하고 거듭난 자들의 독재였다는 것을 밝히고 있다.68) 의로운 자들에 의해 받아들여진 이상을 견지하지 않은 자들이나 하나님은 다른 원리를 설교한다고 믿는 자들과 다른 종교적 신념이나 도덕관을 가진 자들은 그들의 선호에 따라서 누구나 그들이 원하면 뉴잉글랜드를 자유롭게 떠날 수 있는 자유를 가지고 있었다. 이것은 나다니엘 워드(Nathaniel Ward)의 주장이었다.69) 만약에 그들이 돌아오면 그들의 견해를 그들 자신만이 유지해야 한다. 만약 그들이 공동체와 다른 견해를 공개적으로 토론하거나 그에 따라 행동하려고 하면 그들은 추방되었다. 만약 그들이 또 다시 돌아오기를 고집했을 때는 그들은 다시 추방되었다. 만약 계속 돌아오면 퀘이커 교도들이 그러했던 것처럼 보스턴 코먼(Boston Common)에서 교수형을 당했다. 청교도의 관점에서는 그것은 좋은 제거였다.

이러한 국가의 성격과 기능에 대한 생각은 뉴잉글랜드 청교도들에게만 특수한 것이 아니었다. 그것은 유럽인들의 과거의 유산이었다. 정부는 인간 자신들의 타락으로부터 그들을 구하기 위해서 하나님이 세우셨다는 것은 수 세기동안 정통기독교의 가르침이었다. 인간은 서열화된 지위 안에서 정돈되어야 한다는 것과 하급자는 상급자에게 복종해야 한다는 것은 중세교회와 17세기 영국교회의 교리였다.70)

---

68) Ibid.

69) Nathaniel Ward, "The Simple Cobler of Aggawan", in Perry Miller and Thomas John, ed. *The Puritans* (New York, 1963), p.227. 워드는 자유의 대전(Body of Liberties)의 초안자이다.

70) Miller, *The Puritans*, p.184.

더욱이 이들 일반적인 원리에 덧붙여 뉴잉글랜드 철학에는 몇 가지의 교리가 더 있었다.

당시에 있어서 교회는 민간권력에 의해 유지되어야 하고 보호되어야 한다는 것과 세상의 어떤 정부는 근본법에 의해 제한되어야 한다는 것과 그 기원을 인민의 동의에서 구해야 한다는 것이다.[71]

청교도들은 그들만이 정확한 진리를 알고 있다고 확신했다. 그들은 영국에서 그것은 실현하려고 했지만 성공을 못하자 아메리카에 왔다. 그곳에서는 그들은 하나이며 유일한 진리가 영원히 다스리는 사회를 건설할 수 있다고 믿었다. 밀러는 어떤 의미에서 청교도들을 신앙의 자유를 숭상하는 의도적인 개척자로 그들을 찬양하는 만큼 게으른 것은 없다고 하면서도 그렇다고 아메리카에서 청교도들이 종교적 박해를 받았으면서도 그들과 의견을 달리한다고 그들을 박해한 자들을 뒤따라서 이단자들을 박해했다고 욕하는 것은 옳지 않다고 주장했다. 진리에서 벗어난 이단을 허용하지 않은 이유는 그들이 아메리카에 온 것이 정확한 이유라는 것이다. 청교도들은 유럽 세계에서 무엇이 일어나는지 정확히 몰랐다. 또한 그들은 매 맞은 퀘이커 교도들과 귀 잘린 신성 모독자들과 추방된 도덕률 폐기론자들과 벌금형을 당한 재세례파들과 처형된 창녀들에 관한 기록을 부끄러워해야 한다는 설교를 오랫동안 듣지 못했다. 1681년 재세례파의 한 회중은 찰스타운에서 여러 해 동안 태풍 같고 불안한 생존을 영위했던 그들이 매사추세츠만 정부를 공격하는 출판물을 내었다. 그들 재세례파들은 첫 이주자들의 예를 들어가면서 그들 자신들을 정당화시켰다. 그 주장에 의하면 그들은 비국교도들로서 뉴잉글랜드에 도망하여 박해받은 양심을 위한

---

71) Ibid.

피난처를 세우려고 했다고 했다는 것이다.

그러나 보스턴의 제삼교회의 목사인 새뮤얼 윌라드[72]는 그것을 읽었을 때 그의 눈을 믿을 수가 없었다. 그는 그들이 무엇을 이야기하는 지도 모르겠다면서 이렇게 썼다.

> 나는 그들이 우리 첫 식민자들(Planters)의 계획을 잘못 알았다고 안다. 첫 식민자들의 사업은 관용(신교의 자유)이 아니라 그 반대였다. 그리고 첫 이주자들은 자유사상가가 아니라고 공언하면서 그들은 세상을 떠났다. 그들의 사업은 정착하는 것과 하나님을 믿은 방식에 따라 종교를 후손에 확보해주기 위한 것이었다.

윌라드가 쓴 이 팸플릿에 대해 인크리스 매더는 찬동하는 서문을 썼다. 그런데 40년 후 그와 그의 아들 코튼 매더는 보스턴의 세례파 목사의 서임식에 참가했고, 다른 섹트 사이의 조화와 필요성을 설교했 다. 그러나 그때는 구특허장이 취소되었으며 영국국교가 식민지의 국교가 될 위험이 있었다. 또한 신학은 도덕보다 사람들의 마음에 있어서 덜 중요시 되었다. 인크리스 매더는 늙고 지쳤으며 참 의미의 퓨리터니즘은 이때부터 종언을 고했다.[73]

물론 모든 청교도의 교회와 국가에 대한 철학은 하나님의 성경 말씀은 분명하고 명쾌하다는 것과 성직자들은 그것을 바르게 해석해

---

72) Samuel Willard(1640~1707)는 당시 인크리스 매더 다음으로 중요한 인물로서 인크리스 매더보다는 덜 독재자였다. 또한, 그는 하버드 대학의 부총장직 (1701~1707)을 담당하기도 했으며, 좋은 통치자의 성격을 민간통치자는 의로 운 사람이어야 하며, 하나님의 영광을 존중하며, 인민의 뜻을 고려하는 사람이 어야 하고 또한, 사람들 사이에 경건과 정직을 증진시켜야 한다고 했다.

73) Ibid., p.186.

야 한다는 것과 그리고 아무도 그들의 설명을 거부할 수 있는 바보가 아니라는 데 있었다. 그러므로 성직자들을 부정하는 자들은 완고한 자로서 처벌을 받았다. 존 코튼은 과오자는 그들의 잘못된 견해 때문에 훈련되어야 하는 것이 아니라 나쁜 것을 계속 주장하기 때문이었다고 했다. 그는 로저 윌리엄스가 쫓겨난 것은 그의 양심 때문이 아니라 그 자신의 양심에 대하여 죄를 지었기 때문이었다고 말했다. 로저 윌리엄스와 존 코튼은 수백 페이지를 통하여 '박해'에 관한 문제를 두고 논쟁했다.74) 그들이 논쟁을 끝낸 후 코튼이 그의 적수의 견해를 이해하기 시작했는지는 모른다. 오늘날 로저 윌리엄스가 위대한 종교적 자유의 사도가 된 정확한 기초가 무엇인지를 밝히는 것도 어렵다. 윌리엄스는 열정과 정열을 가진 성직자였으며 대부분의 그의 동시대인들보다 앞서 갔다. 그의 영적 생활의 개념은 너무나 의기양양하였으며 그는 세상적인 생각이 그것을 오염시킬 수 없다고 생각했다. 그는 뉴잉글랜드 성직자들이 가졌다고 주장한 것처럼 그러한 무서운 확실성을 가지고 성경의 정확한 의도를 아무나 판단할 수 있다고는 보지 않았다. 더욱이 그에게는 그들의 주장이 옳다고 해도 칼로서 인간에게 강요했을 때는 결국 진리에 복종하는 것 자체도 아무 가치가 없다고 생각했다. 윌리엄스는 뉴잉글랜드 정통 청교도로부터 신앙의 자유를 옹호한 자유주의자로 변신하였다. 왜냐하면 그는 영적 진리는 너무나

---

74) 로저 윌리엄스는 로드아일랜드를 건설한 자로서 뉴잉글랜드 교회가 국교회와 분리할 것을 끈질기게 주장하고 특허장을 공격했다. 영국왕은 인디언의 땅을 가질 권리가 없다고 주장하고 인디언으로부터 구입해야 된다고 주장했다. 그는 영국에서는 존 밀턴의 지기가 되고 존 코튼을 공격하는 두 가지 책을 출판했다. 하나는 *The Bloudy Tenet of Persecution*이며 또 하나는 코튼의 답인 *The Bloudy Tennet, Washed, And made White in the bloud of the Lambe* (London, 1647)이며, 이에 대한 답으로서 *The Bloody Tenet Yet More Bloody: by Mr. Cotton's endeavor made it white in the Blood of the Lambe*을 출판하여 논쟁하였다.

242

드물고 너무 승화되었고 너무 신성하고 사랑스러웠기 때문에 그것은 세상적인 국교나 기득의 이익에 구애될 수 없다고 생각했기 때문이었다. 그는 자유주의자로서 교회와 국가는 분리되어야 한다고 주장했다. 그렇게 해야 교회가 국가에 의해 오염되지 않는다고 생각했다.[75]

그가 이처럼 극단적으로 정교분리를 주장하였으나 그것은 그의 독자적인 교회관이었다.[76] 윌리엄스에 의하면 참 교회라는 것은 그리스도 또는 그리스도의 직접 명을 받은 사도에 의해서 창설되었다는 것을 가리킨다. 그 후 적그리스도인 로마 교황의 출현에 의해 모든 교회는 완전히 파괴되었다. 따라서 그리스도의 재림까지 이 지상에는 참 교회라고 부를 수 있는 가치 있는 것은 존재하지 않는다. 그 사이 하나님의 선택에 관계하려면 부패하고 타락한 사람들과의 교통을 단절하고 오로지 그리스도의 재림을 기다릴 수밖에 없다는 것이다. 그래서 철저한 분리파인 그는 스스로 시커교도(Seeker)가 되었다. 그에게 있어서 분리는 철저한 분리가 되지 않으면 안 되었다. 이와 같이 참 교회가 존재하지 않는다면 매사추세츠만 식민지에서와 같이 정부가 교회를 권력으로 지원하는 것은 교회에 있어서 무익할 뿐만 아니라 오히려 유해하다는 것이다. 또한 복음의 선포를 정부의 손에 위임하는 것도 불가능하다. 윌리엄스에 의하면 복음을 선포해야 하는 비회심자 중에서 참 회심자를 찾아내는 일은 교회목사의 직무가 아니라면 정부의 직능도 아니라는 것이다. 그것은 하나님은 소명에 의해서 스스로 직분을 자각한 사도의 임무이다.[77] 이리하여 정부는 어떠한 의미에 있어서도 교회와 관계를 가질 수 없다. 그러나 존 코튼은 국가와 교회는

---


75) Ibid.

76) E. S. Morgan, *Roger Williams: The Church and the State* (New York, 1967), pp.45~50.

77) Ibid., pp.40~45.

진리의 목적을 증진시키는 데 있어서 파트너였다고 믿었다. 그는 교리는 분명하고 뚜렷하며 합리적이고 거부할 수 없다고 믿었다. 모든 선한 사람들은 자발적으로 진리에 의해 살기를 기대한다고 보았다. 그리고 그는 그렇게 하지 않는 자는 분명히 나쁜 자라고 생각했다. 나쁜 자들은 범죄인들이었다. 그들의 과오가 도둑이든 내광(inner light)을 믿는 자는 처벌되어야 했다.[78] 모세와 아론은 다 같이 제사장이었으며 정치인이었으며 하나님의 부섭정(vice-regents)이었다. 그들이 타인을 오염시킬 수 있다는 개념은 건전한 것이 아니었다.

두 가지 다른 정치사상은 시대와 배경이 서로 달랐다. 즉, 기본법과 사회계약에 의한 지배는 영국 퓨리터니즘의 특별한 교리였다. 매사추세츠에 정착하기 전 30년 동안 영국의 청교도들은 국왕과 대항하기 위하여 의회와 매우 친하게 지냈다. 그러나 절대주의 스튜어트는 주교들과 의견을 같이 했다. 청교도 선동가와 의회지도자들은 이들 두 세력과 대항하기 위하여 공통의 목적을 만들었다. 이 결탁의 결과로서 청교도 이론가들은 사회에 대한 의회의 기본을 취했었다. 즉, 지배자의 권력은 확립된 근본법과 일치한 가운데 행사되어야 한다는 주장과 정부는 피지배자의 계약에 의해 그것의 존재가 부여되었다는 사상이었다. 이들 사상이 영국에서는 전략적으로 가치가 없었기 때문에 그것들은 청교도 마음에 새겨지게 되었다. 그것들은 그 후 뉴잉글랜드 황야에 전해졌고 모든 설교단에서 설교되었다.

청교도들은 그것들과 그들의 종교적 의도 사이에 하등의 갈등도 보지 못했다. 뉴잉글랜드에서 기본법은 성경이었다.[79] 매사추세츠를

---

78) Miller, *The Puritans*, p.187.

79) Ibid.

엘리트적 바이블 국가(Bible Commonwealth)라 부를 정도로 청교도 지도자들은 성경에 입각한 이상적인 국가를 건설하려 시도했다. 그래서 행정관들은 성경의 가르침에 따라 사회가 받들 수 있는 특수한 목적과 인간들을 지배할 완전한 권력을 가질 필요가 있었다. 그러나 그들의 피지배자와 더불어 그들은 특수한 목적에 묶여 있었다. 그리고 미리 정해진 경계를 넘을 수가 없었다. 성경은 교회의 형식과 범죄에 대한 처벌과 사회존재의 일반 목적에 관하여 분명히 하였다. 성경은 모든 행정관과 목사와 시민을 구속하고 있었다. 그러나 청교도들은 사회자체가 기본적인 통치를 확립한다는 그들 자신의 분별을 따르도록 성경은 인간들을 자유롭게 두었다는 것을 알고 있었다.

뉴잉글랜드 지도자들과 인민은 자주 이들 성경이 가르치는 룰이 무엇이며, 얼마나 구체적인 룰을 만들어야 하는가를 두고 의견일치를 보지 못했다. 그러나 하나님에 의해서든 국가에 의해서든 간에 법제화된 어떤 법도 공동체는 그것을 지키고 그 안에 머물러야 한다는 데는 모두 의심하지 않았다. 뉴잉글랜드의 정치는 앞에서 말한 바와 같이 독재였다. 그러나 독재자들은 절대적이거나 무책임하지 않았다. 존 코튼은 매사추세츠 지배자들을 위한 성직자의 대변자였다. 그러나 그는 단호히 "지상의 모든 권력은 제한되어야 한다"[80]고 주장했다.

일반적으로 청교도 지도자들은 거룩한 공동체는 정의로운 사람들이 그들의 자유의지와 선택으로 정의로운 공동체의 건설과 행정을 통해 수행할 수 있다는 신념을 가지고 있었다. 결과적으로 퓨리터니즘의 사회윤리는 하나님의 법에 기초하였으며, 또한 인민의 자발적 복종에 기초하였다. 토마스 후커가 말한 것처럼 자연 안에 거하는 인간들처

---

80) Ibid.

럼 누구도 타인에 대한 어떠한 권리도 갖지 못한다. "거기에는 어떠한 하나님의 의지에 의해 그들이 어떠한 권한과 권세를 가지거나 서로에게 할 수 있기 전에 그들의 자유로운 동의에 의해 상호참여가 필요하다"고 했다. 이러한 진리는 인간들 사이의 모든 관계 즉, 남편과 아내, 주인과 하인의 관계는 그들 상호간에 입안되고 날인된 계약이 있어야 하는 것처럼 보였다.[81]

뉴잉글랜드의 지도자 중에 로저 윌리엄스의 정치사상은 사가들에 의해 특히 주목을 많이 받고 있다. 여기서 그의 정치사상의 특징을 살펴보겠다. 로저 윌리엄스는 로드아일랜드의 건설자로서 매사추세츠만 식민지와는 여러 면에서 다른 정치관을 가졌다. 우선 그는 매사추세츠만의 지도자들이 주장하는 언약신학보다는 예표론(Typology)을 중시하였다. 언약 사상은 구약에 기초를 두었기 때문에 율법주의가 강하였으나, 예표론에서는 구약성경의 형(type)은 신약성경의 대형(anti-type)에 불과하다는 것이다.[82] 예표론은 구약성경과 신약성경과의 관계를 해석할 때 특수한 입장을 취하였다. 즉, 구약성경은 이스라엘의 사적을 문자 그대로의 기술 내지 역사적 기록으로 받아들일 수 있는 것이 아니고, 신약성경에 나타난 그리스도의 생애 가운데 생긴 제사상을 예시하는 것으로만 해석했다.[83] 따라서 구약성경은 그것 자체로는 어떤 규범성을 가지는 것이 아니라, 다만 신약성경을 매개로

---

81) Thomas Hooker, *A Survey of the Summe of Church Discipline* (London, 1648), Part.I, p.69.

82) Thomas M. Davis, "The Traditions of Puritan Typology"(Unpublished doctoral dissertation, University of Missouri, 1968), p.1.

83) 좀더 예를 들면 구약의 인물 중 아담, 노아, 아브라함, 이삭, 야곱, 요셉은 그리스도의 인물형(Personal type of Christ)으로 본다든지, 할례를 세례로, 놋쇠 뱀을 십자가에 못 박힘의 예표로 보는 것이다.

해서만 이해될 수 있다는 것이다. 예컨대, 함정에 빠진 요셉, 고래 속의 요나는 그리스도가 십자가에 못 박힘을 예시한 것이라는 것이다. 만약 예표론적 언급이 구속의 전 역사에 확대되었다면 1630년대의 대서양의 항해는 모세의 홍해 횡단의 대형으로 볼 수 있다는 것이다.

예표론은 로저 윌리엄스의 종교적 자유를 포함하는 과격주의의 공개된 비밀이라고 밀러는 주장했다. 예표론은 정통 프로테스탄트의 성경해석 방법의 하나였다.[84] 그런데 당시의 영국과 뉴잉글랜드의 청교도 사이는 영국이나 뉴잉글랜드의 크리스천이야말로 하나님의 선택을 받은 자들이고, 이스라엘의 현대적 계승자라는 선민사상이 존재하고 있었다. 뉴잉글랜드의 행정관의 이론도 이러한 신앙에 힘입은 바 컸던 것이다. 그러나 로저 윌리엄스는 예표론자로서 이러한 견해를 잘못된 설로 거부했다.

구약성경에 의하면 이스라엘 백성은 하나님에게 선택된 사람들로서, 국민으로서 하나님과 언약을 맺고 있었다. 거기에 문자 그대로 성경국가가 있었다. 그러나 현대의 국가는 모두 이스라엘의 계승자가 아니다. 하나님이 그리스도를 이 세상에 보냈을 때 이스라엘의 독자의 사명은 종언을 고했기 때문이다. 다시 말하면 구약성경은 그 규범성을 상실한 것이다. 그래서 그리스도는 강제력에 의해서 통치하는 것이 아니기 때문에 이러한 성경국가는 두 번 출현하지 않는 것이다. 또한 이미 하나님은 정부를 창설할 때 통치계약에 있어서 일방의 담당자로서 나타나는 것도 아니라는 것이다. 따라서 윌리엄스는 구약보다는

---

84) 프로테스탄트에서는 은유(allegory)가 아닌 예표론(typology)으로 성경을 해석한 점이 가톨릭과 틀린다. Edward Tyndale, 루터, 칼뱅, William Guild, Edward Taylor, Jonathan Edwards, Roger Williams 등이 모든 예표론을 가지고 성경을 해석한 사람들이다.

신약을 중시하였으며 언약보다는 예표론을 더 중시하였다.

월리엄스도 처음부터 정부가 언약에 기초하는 것을 부정하지는 않았다.[85] 그러나 그것은 민간 상호간의 계약에 기초한 것이고 그 성질상 완전히 세속적인 것이다. 이리하여 월리엄스에 의하면 행정관의 권력이 하나님으로부터 유래하는 것이 아니고 인민에 유래한다는 것은 명백하다. 그런데 이러한 선민사상을 제쳐놓는다고 해도 통치자는 종종 그의 권력이 하나님에 의해 위임되었다고 주장한다. 그러나 만약 하나님이 어떠한 특별한 사람에게 지상을 통치하는 권력을 위임하였다면 하나님은 필히 그리고 누구도 이해할 수 있는 징표를 남길 것이다. 그리스도 출현 이후 이러한 명백한 징표가 나타난 것은 전혀 없다.[86] 그것은 무엇보다도 지상의 권력이 그 권위를 다만 지상의 사람들만이 가지고 있다는 것으로 밖에 보이지 않다는 것이다.

월리엄스는 한걸음 더 나아가 소명의 관념도 거부했다. 소명은 신앙적인 일에는 적용했지만 세속적인 일에까지 적용할 수 없다는 것이다. 가령 사람들은 크리스천이 아니라도 좋은 아비, 좋은 아내, 좋은 의사가 될 수 있다는 것이다. 이러한 세속의 직분에 요구되는 능력은 종교와는 하등의 관계도 없다는 것이다. 통치를 담당하는 경우도 마찬가지다. 그들은 그 직무를 수행하는 데 대하여 높은 정치적 재능을 요구한다. 여기서 크리스천이 이러한 재능을 가지고 있다는

---

85) 밀러는 월리엄스를 예표론자로, 존 코튼과 그의 동료들은 언약주의자라고 했지만, Leroy Moore 같은 학자는 월리엄스 사상의 관건은 예표론이 아니라 하나님의 주권에 대한 무조건적인 충성이었으며, 월리엄스는 그의 언약주의자들보다는 더 나은 칼뱅주의자였다고 주장하기도 한다. Loroy Moore, "Religious Liberty: Roger Williams and Revolutionary Era", *Church History*, XXXIV(1965), p.60 참조.

86) E. S. Morgan, op. cit., pp.87~88.

248

보장은 전혀 없다. 그러므로 행정관의 조건으로서 크리스천만을 요구하는 것은 무의미할 뿐만 아니라, 거기다 상당한 재능을 소유한 자가 행정관이 되는 것을 방해하는 것이 되므로 정치상 적지 않은 손실을 가져다준다고 보았다.[87]

이러한 윌리엄스의 주장은 결국 신앙의 영역과 세속의 영역을 완전히 분리하려는 것이라고 말해도 좋을 것이다. 그래서 그 결과로서 세속의 영역에 속하는 일은 각각의 일에 고유한 논리에 의해서 처리되어야 한다는 것이다. 정치에 대한 교회의 영향력을 거부하는 것으로 정치는 그 자체의 논리에 따라서 전개되었던 것이다. 그러면 그것은 구체적으로 어떠한 형태를 취했을까? 윌리엄스가 매사추세츠에서 추방된 후 창설한 로드아일랜드 식민지가 그 답을 주었다. 그것은 한마디로 말하면 직접 민주정이었다. 윌리엄스에 의하면 "국가 즉, 인민의 집합체는……기본적으로 각자 가 권력의 근원이 되며, 그들이 동의하는 정부와 통치자를 선정한다." 또 "정부는 눈으로서, 손으로서, 또는 도구로서 사용될 수 있는 직접대리인"[88]이며 공공복지에 봉사할 수 있는 편의적 수단 외에는 다른 아무 것도 아니다. 그래서 최종적인 재판권은 인민의 법정, 곧 국가에 속한다. 인민의 법정에는 소수의 국민으로 구성된 국가에서 전원이 스스로 출석하고, 보다 많은 다수의 것으로 구성하는 나라에서는 그들의 대표자가 출석하는 것이다.[89] 이것은 '타운 회의'를 원형으로 하는 직접 민주정의 원리였다.

대표가 필요할 때도 그것은 직접 민주정을 거친 대체물로서 파악되었다. 결국, 봉건제도나 귀족제도의 전통을 가지지 않았던 뉴잉글랜드

---

87) Ibid., pp.115~120.

88) Roger Williams, *The Bloudy Tenet yet more Bloudy* (London, 1652), p.62.I.

89) Ibid., pp.67~70.

에서 종교에 의한 권력의 정당화를 거부한다면 남은 길은 민주주의 외에는 다른 길이 있을 수 없었다. 더욱이 새로운 사회건설에 필요한 조화와 동질성을 확보하려면 주민의 부단한 정치참여에 의해서 주민 사이에 자발적인 질서를 창출해 내는 것이 최상의 방법이었다. 그런데 이러한 직접 민주정의 기본이 되는 분리주의에 내재하는 어려움은 피할 수 있었는가가 문제가 된다. 결론적으로 말하면 직접 민주정에는 무한의 분리경향을 억제하고 대규모 공동사회의 형성을 가능케 하는 요인은 포함되어 있지 않았던 것이다. 로드아일랜드의 식민지가 결국 장기적으로 부단한 동요와 불안정을 면하지 못했던 것은 이러한 직접 민주정의 성격 때문이었다.

영국과 뉴잉글랜드 퓨리터니즘에 있는 커다란 차이의 하나는 영국 에서는 퓨리터니즘에 극단적인 여러 종파들이 있었다. 즉, 수평파, 디그파(Diggers), 퀘이커파, 제5 천년왕국파(the fifth millenians) 등 다양 한 청교도 종파가 출현하였으나 이에 비하여 뉴잉글랜드에서는 다양 한 종파보다는 다양한 식민지가 출현했다는 것이다. 영국에서는 영국 국교의 종교적 통일 하에서 새로운 정치적 세력으로 성장할 수 없었던 이단들이 청교도 내부에 새로운 섹트를 만들었지만, 뉴잉글랜드에서 는 정통퓨리터니즘, 즉 비분리회중주의에 찬동하지 않을 때는 언제나 떠날 수 있었으며, 새로운 식민지를 세울 수 있었다. 즉, 토마스 후커의 코네티컷, 로즈 윌리엄스의 로드아일랜드, 윌리엄 펜의 펜실베이니아 가 바로 그것이었다. 그래서 아메리카에서는 매사추세츠가 제식민지 의 모체 역할을 하게 되었던 것이다. 영국에서 국교회에 반대하는 수많은 종파가 나타났던 점과는 서로 다른 것이었다.

요컨대 뉴잉글랜드의 청교도 정치는 어느 일방에서 말할 수 없다.

250

20세기 민주주의나 19세기 자유주의 또는 진보주의적 입장에서 그들을 비민주적이니 편협한 신정정치니 독재정치니 말할 수 없다. 또한 민주주의 원천이니 민주주의 건설자라고 찬미할 수도 없다. 왜냐하면 뉴잉글랜드는 이러한 제요소를 다 갖추고 있었기 때문이다. 그래서 한마디로 뉴잉글랜드의 정치가 민주정이다 또는 신정정치다고 말할 수는 없다.

다만 극도로 단순화가 허락된다면 다음과 같이 요약할 수 있을 것이다. 비분리파의 매사추세츠만 식민지는 혼합 귀족정 중에서 민주주의로 가려는 입헌주의와 민주주의의 결합이라고 말할 수 있고, 로저 윌리엄스로 대표되는 철저한 분리주의는 정치를 종교로부터 완전 분리시킴으로써 정교분리의 순수 민주정 혹은 직접 민주정을 성립시켰다고 하겠다.[90]

여하간 비분리독립파든 분리파든 뉴잉글랜드의 퓨리터니즘이 미국의 정치사회에 이입시킨 것 중의 하나는 무한의 분리경향이었다. 플리머스도 매사추세츠도, 코네티컷도, 로드아일랜드도 모두 영국에서 아니면 매사추세츠에서 분리되어 나왔던 것이다. 그래서 민주주의의 가장 기본이 되는 개인주의, 자치주의가 이 분리주의 전통에서 형성되었고, 중앙집권적 정치형태가 아닌 지방분권적 정치형태를 배태시켰다. 거기다 미국의 자연환경이 지방분권적인 민주주의를 불가피하게 했다. 그러나 자연환경의 요인보다는 역사적 종교적 경험이 먼저 민주주의적인 방향으로 이끌어 갔다고 봐야 할 것이다.

마지막으로 청교도들이 이상으로 생각한 사회 형태는 도시 사회가

---

90) 阿部齊,「ピューリタズムとデモクラシー」, 大下尚一 編,『講座 アメリカの文化 1, ピューリタ＝ズムとアメリカ』, 東京, 1969, pp.92~93.

아니라 농촌의 공동 사회였다. 그들은 그것을 양적으로 확대한 타운에서 구하고 있었다. 청교도들은 대도시는 혼돈과 무질서, 악이 꽃피는 곳으로 생각하였기 때문에 청교도들은 큰 상업도시를 이상으로 생각하지 않았다.[91]

---

91) 이러한 청교도의 이상 때문인지 과거 보스턴은 매사추세츠의 수도였으며, 아메리카 독립혁명 발생지였지만, 지금도 여전히 10만 정도의 소도시에 머물고 있는지도 모른다.

# 제VII장 미국 청교도 사상이
# 한국에 미친 영향

미국의 청교도 사상은 한국의 개신교와 근대교육에 많은 영향을 미쳤다. 한국이 서양제국 중 처음으로 1882년 미국과 통상수호조약을 체결한 지 1세기가 넘는 세월이 경과하였다. 공적인 한미관계의 초창기(1882~1910)는 오늘날처럼 정치, 경제, 외교, 안보적 측면보다 오히려 교육적 측면에서 더 큰 의미를 가지고 있다.

왜냐하면 한국이 미국에 처음 문호를 개방했을 때는 가까운 일본이나 중국에서처럼 정치 경제적 진출보다는 종교적 진출을 먼저 꾀하였기 때문이다. 미국은 개신교 선교사를 가장 일찍부터 많이 파견하였으며, 그들 선교사들은 한국 사회의 제 여건을 고려하여 선교에 앞서 의료와 교육부분을 통해 그들의 사명을 이루려고 하였다. 그리하여 미국의 퓨리터니즘은 한국의 새로운 종교로서 서양의 학문과 지식 등을 전파하는 데 크게 공헌하였다. 그리하여 미국의 퓨리턴 종교는 한국 개신교의 주류를 이루게 되었으며, 특히 교육과 의료사업에 기여한 공헌은 아마 세계선교사에서도 그 유례를 찾기 힘들 것이다. 이 땅에 선교사를 파견한 지 1년 만에 미션학교와 병원을 세우기 시작하였으며 선교 10년도 안 되어 한국 최초의 여성교육과 서양의학교육,

신학교육뿐만 아니라 특수교육기관도 세웠다. 1910년 한일합방이 되기까지는 총 568개의 각종 학교를 세워 한국의 근대교육에 지대한 공헌을 하였다. 또한 일제 치하에서는 민족운동에 앞장서고 한국인의 민족의식을 고취시켰다.

한국에 들어온 외국 선교사들은 대개 미국계 선교사들이 주를 이루었다. 특히 미국의 북장로교와 남장로교, 감리교와 침례교 선교사들이 주가 되었다. 그 중에서도 장로교와 감리교는 한국 개신교의 선교를 주도하였다. 이 때문에 오늘날까지도 이들 장로교와 감리교는 한국 개신교의 쌍벽을 이루는 중심세력을 이루고 있다. 한국에 들어온 미국 선교사들은 광의로 보면 프로테스탄트였으나 그들의 역사적 배경을 볼 때 17세기 뉴잉글랜드의 청교도 전통을 이어 받은 선교사들이었다. 이러한 미국 선교사들의 성격에 대해 1901년과 1909년에 두 차례나 한국을 방문한 바 있는 미국장로교 외국선교부의 총무였던 브라운(A. J. Brown)도 그의 「극동의 지배」(Mastery of Far East)라는 글에서 "한국에 들어간 선교사들이 지닌 공통성은 청교도형"이라고 지적했다. 그는 또 "선교사들의 안식일 엄수는 백년 전에 뉴잉글랜드 제 식민지에 이주한 정착민들과 같았다. 그들은 춤추고 담배피고 노름하는 것을 죄로 보고 참된 그리스도인은 하지 못할 일"이라 하였다.

우리가 일반적으로 생각해도 한국 개신교의 예배의식이나, 교회 조직, 신자의 생활 태도, 성경에 대한 절대적 믿음, 전도의 열성 등은 물론이고, 추수감사절(Thanksgiving)[1]의 실행이나 경건한 신자의 생활을 위한 금주와 금연, 일부일처, 우상배격, 민주주의적 평등사상, 남녀

---

1) 미국의 청교도들이 뉴잉글랜드 정착 후 첫 수확을 인디언과 함께 하나님께 감사드린 "Thanksgiving"이 한국 개신교에서 그대로 받아들여서 한국 전래의 "추석"을 대신하여 추수감사제를 시행하고 있다.

평등사상, 선교자금과 물자의 희사, 자력으로 교회의 건립과 유지 등의 전통, 그리고 교회가 순수한 "경건생활의 확보"[2]만을 추구하는 전통에서도 미국 청교도 사상의 일단을 찾아 볼 수 있다.

한편 일본의 개신교도 청교도적이라는 점은 오오키 히데오(大木英夫)가 「일본에 있어서 퓨리턴 종교의 수용」[3]에서 잘 밝힌 바 있다. 그는 한국과 일본의 개신교를 비교 설명하면서 "한국이나 일본의 개신교는 양자 모두 미국 선교사들에 의해 전파된 퓨리턴적 신앙이라 말할 수 있다"고 했다. 그는 "일본이 받아들인 기독교가 퓨리턴 종교라는 사실은 그 수용과정에서 성립된 제 현상을 관찰함으로써 그 입증이 가능하다"고 하였다. 그는 다음 네 가지를 들어 일본 기독교의 퓨리턴적 특징을 설명하였다. 즉, ① 기도, ② 계약, ③ 생의 개혁, ④ 문화에의 관심을 들고 있다. 이밖에도 교회제도, 예배의식, 종교생활 등에서 퓨리턴적 흔적을 찾아 볼 수 있다고 주장했다. 한편 존 F. 하우즈도 일본에서 활동한 대표적인 선교사 5인과 일본 기독교교인 5인을 비교 분석하여 연구한 논문에서 미국 선교사 대표 5인은 모두 퓨리턴적 미국의 선교사라고 하였다.[4] 일본의 동경신학대학에서 미국교회사를 담당하는 필립 교수도 일본의 교회에는 미국의 19세기 전통이 남아있다고 지적하였다.

1876년 일본에 문호를 개방한 후 6년 만인 1882년 미국에 문호를 개방하였으나 종교의 자유는 허락되지 않았다. 다만 한미조약 제11조

---

2) 閔庚培, 「基督敎思想」, 『韓國現代文化史大系』 3, 고대민족문화연구소, 1980, p.763.

3) 大下尙一 編, 『講座 アメリカの文化 I, ピューリタニズムとアメリカ』, 東京, 1969, pp.339~372 참조.

4) ジョン. F. ハウズ, 佐藤敏夫 譯, 「日本人キリスト者とアメリカ宣教師」, 『日本における近代化の問題』, 岩波書店, 1968.

256

에 보면 양국의 학생이 서로 왕래하며 언어, 문자, 법률, 예술 등을 학습하는 데 피차 협조하여 우의를 돈독히 할 것을 규정하고 있을 뿐이다.[5] 그래서 종교의 자유를 밝히려는 미국의 주장은 끝내 좌절되고 선교사업에 대한 법적인 문호는 열려있지 않았다. 이리하여 선교사들은 조심스럽게 선교를 하지 않으면 안 되었다. 그런데 1883년 한영조약에서는 공사관 직원들의 종교의식이 허락되었다. 그러나 기독교의 선교는 여전히 국금(國禁)으로 남아 있었다. 그럼으로써 한국의 선교사업은 고종이 매클레이(Maclay) 목사에게 허락한 의료사업과 교육사업에 국한될 수밖에 없었다. 미국 북장로교 선교부와 북감리교 선교부는 한국의 실정에 비추어 먼저 의사 3인과 목사 두 사람을 선교사로 선정하여 한국에 파견하게 되었다. 미국 북장로교 의료선교사 알렌(H. G. Allen)[6]이 1884년 9월 20일에 주재선교사로는 처음으로 한미수교 2년 만에 내한하였다. 그 후 1885년 5월에는 미국 북감리교에서 목회 선교사 아펜젤러(H. G. AppenZeller)와 미국 북장로교 목회 선교사 언더우드(H. G. Underwood)가 1885년 4월 5일 부활절에 내한하였다. 이어서 미국 북감리교 의료 및 목회선교사 스크랜턴(W. B. Scranton) 의사와 그의 모친 매리 F. 스크랜턴(Mary F. Scranton) 대부인은 그해 5월 1일에, 미국 북장로교 의료선교사 헤론(J. W. Heron)은 그 해 6월 21일에 각기 서울에 들어와 의료 및 교육사업을 개시하였다. 알렌은 처음에 미국, 영국 등 외국공사관의 전속의사로 있으면서 소규

---

5) 韓美條約 第11款, "兩國生徒來學習言語文字律例藝業等事彼此均宜勸助以敦睦誼."

6) 알렌은 처음에는 의료선교사로 왔으나 나중에는 외교관이 되어 한미외교사에 크게 기여한다. 특히 그는 태프트-가쓰라 밀약에 반하는 외교정책을 본국에 건의하다가 본국으로 소환되었다.

모의 병원을 경영하고 있었는데, 1884년 12월 4일 일어난 갑신정변에서 개화당에 피습되어 큰 상처를 입은 보수당의 수령 민영익을 치료하여 그의 생명을 구출한 탓으로 서양의술의 우수성이 인정되어 광혜원이란 국영현대병원 개설을 허가받아 1885년 2월 25일 한성 북부 제동 홍영식의 집자리에 병원을 개설하고 진료를 하였다. 이것이 실로 한국 최초의 현대식 병원이었다.[7] 그해 3월 12일 제중원으로 이름을 고친 동병원은 국왕, 중신, 귀족들과 함께 많은 가난한 사람들의 질병을 그리스도의 사랑과 봉사의 정신으로 차별 없이 고쳐 주었기 때문에 국왕을 비롯하여 일반인의 신뢰는 매우 커졌다. 또한 환자의 수는 날로 증가하여 병원의 확장이 불가피하게 되었으며 그해 5월에 감리교 선교사 스크랜턴(W. B. Scranton)이, 6월에 장로교선교사인 의사 헤론(J. W. Heron)이 각각 입국하여 제중원에서 알렌을 도와 진료를 개시함으로써 환자는 더욱 많아져 병원건물의 확장이 시급하여졌다. 이리하여 의료사업은 교육사업보다 먼저 이루어졌다.

다음으로 교육사업을 통해 한국 근대교육의 형성과 발전과정에서의 미국 개신교의 활동사항과 영향을 살펴보겠다. 우선 한국 근대교육이란 말은 개화교육이란 말로서 종래의 한학교육, 전통적 유교교육들을 불식하고 구미의 신문화를 섭취하려는 교육을 말한다.

한국 최초의 근대학교는 기독교가 세운 학교는 아니었다. 1883년 정현석의 원산학교가 처음이고 그 후 조정에서 세운 동문학(1883),

---

7) 알렌이 세운 광혜원은 미국 선교사들의 돈으로 세운 것이 아니고 민영익이 자기를 한 달간 치료하여준 은혜에 보답하기 위하여 우리나라 돈 10만 냥으로 세운 것이다. 후에 미국의 석유재벌 L. H. Severance가 미화 1만 달러를 기부하여 새로 현대식 병원건물을 세우면서 그의 이름 따서 세브란스 병원이라 부르게 되었다. 이 병원은 오늘날 서울대학교 병원 다음으로 큰 한국 제2대 병원으로 발전하였다.

육영공원이 있었지만 모두 실패하고 성과를 거두지 못했다. 결국 구미 제국으로부터 직접적으로 근대교육을 수용하여 본격적으로 일반교육을 목적으로 한 근대학교의 설립은 신교 선교사들의 내한으로부터 시작되었다.

1885년 4월 5일 교육사업을 위하여 제물포에 상륙한 장로교선교사 언더우드(H. G. Underwood) 목사와 아펜젤러(H. G. Appenzeller) 목사는 서울에 예수교학당(경신학교의 전신)과 배재학당을 창설하여 한국 현대식 학교의 효시가 되었다. 양 학교가 설립되기 전에 멜렌도르프(P. G. von Möllendorff)의 English School(1883. 8)과 프랑스 신부들의 명동고아원(1883)과 알렌 의사의 의학강습반(1885. 5)이 있었으나, 그것들은 모두 임시강습소에 불과하였다. 1885년 8월 3일 서울 정동 아펜젤러 목사의 사랑채에서 두 학생으로 시작된 배재학당은 그 다음해 6월 8일에 감리교 선교부의 공인을 업어 미션학교의 효시가 되었고, 그 다음해 1주년이 되는 날 고종으로부터 배재학당이라는 사액간판이 하사된 때로부터 이 학교는 민족 전체의 학교가 되었다. 1886년 봄에 정동 언더우드 사랑방에서 시작된 고아원 형식의 언더우드 학당은 예수교학당(1891), 민노아학당(1893) 그리고 경신학교(1905)로 교명을 바꾸어 가면서 배재학당과 병행하여 한국 최초의 현대식 학교가 되었다. 1885년 5월에 서울 정동 스크랜턴(M. F. Scranton) 부인의 사랑방에서 한명의 여학생으로 시작된 이화학당은 1886년 10월 22일에 명성황후로부터 이화학당이라는 아름다운 교명을 하사받고 한국최초의 여학교가 되었다. 1888년 엘러즈(A. J. Ellers) 양에 의해 언더우드학당의 부대사업으로 시작된 예수교학당은 1895년 가을에 연지동으로 옮겨 학교를 크게 확장하고 교명을 정신여학교로 고친 뒤에 이화학당[8)과

병행하여 한국 최초의 여학교가 되었다.

1888년 전도활동이 허용된 뒤에도 교육사업은 의료사업과 함께 선교의 중요방법 및 기관이 되었다. 그것은 "교회 옆에 학교"라 하여 신교의 개척자 칼뱅이나 녹스가 학교를 먼저 세울 것을 강조했으나 미국 선교사들은 그와 반대로 학교와 병원을 먼저 세우고 간접선교에 힘을 썼던 것이다.

이리하여 학교교육을 통하여 성서의 지식과 신앙생활을 더욱 풍부히 할 수 있었고 유능한 교역자를 길러낼 수 있었으며, 아울러 한국인을 무지에서 해방시킬 수 있었다.

1894년경부터 평양에 장로교계의 숭실학당과 숭의학당, 감리교계의 광성학교의 전신인 격물학당과 정의여고가 각각 설립되어 지방 미션학교의 효시가 된 뒤에 1897년 선교부의 지방학교 설치에 관한 정책이 결정되자 선교지부가 있는 전국 주요도시마다 남녀중학교가 설립되었고 도시와 지방을 막론하고 큰 교회 옆에는 교회가 경영하는 소학교가 세워져 한국청소년 교육을 전담하였다. 1901년에는 장로교에서 최초의 개신교의 신학교를 세웠고, 1906년에는 숭실학당에 중학교 과정 2년을 더 늘린 대학부가, 그리고 동년에는 세브란스의학교가, 1910년에는 이화학당에 대학부가 설립되었다. 1894년부터는 로세타 S. 홀(Rosetta S. Holl) 여사가 맹인교육을 처음으로 시작하여 우리나라 특수교육의 효시가 되었다.9)

1910년 일본에 합방되던 해의 기독교계 학교는 모두 800여 교였다. 그 중에서 미국의 장로파가 501교, 감리파가 158교, 성공회가 4, 안식교

---

8) http://ko.wikipedia.org/wiki/이화학당 참조.

9) 白樂俊, 『韓國改新敎史』, 연세대 출판부, 1979, p.339.

260

가 2, 종파미상 84, 교파합동 1, 천주교가 46교로서 796교나 되었다. 이 중 신교의 미션학교가 666교에 이르렀는데 그 중에서도 미국의 개신교가 568학교로서 그 대부분을 차지했다. 데라우치 총독은 "사립학교 중 대부분은 선교사의 경영으로 생도수가 20만을 넘으니 보통학교의 생도수보다 훨씬 많다"고 말하여 기독교학교의 우위성을 인정하였다.10)

앞에서 본 바와 같이 미국 선교사들은 교회보다 학교를 먼저 세워 '교회 옆에 학교'를 주장한 캘빈이나 녹스와는 달리 한국에서는 학교와 병원을 먼저 세우고 그 옆에 교회를 세웠다. 미국의 청교도적 교육 풍토에서 교육받은 미국 개신교 선교사들이 한국에 와서 교육에 이바지한 것은 세계 모든 나라의 모델이 되는 유토피아로서 세계의 모든 나라에 그들의 종교적 이상을 심어 주려는 데서 비롯되었다. 다만 그것을 수용할 준비가 되어 있느냐가 문제였을 뿐이었다. 한국에 와서 선교 가능성을 조사했던 매클레이 목사는 이미 중국에서는 복천여자고등학교를 세웠고, 일본에서도 청산학원을 세운 바가 있었지만 동양 삼국 중에서도 유독 한국에서만 이 미국 개신교가 대성과를 거두게 된 이유는 바로 미국의 개신교 선교사들에게 의료사업과 교육사업에 문을 활짝 열어 놓고 그것을 받아들일 수용태세를 갖추고 있었기 때문이었다. 미국 선교사들이 한국에서 의료사업과 교육사업에 적극적이었던 것은 영혼을 구제하고 무지에서 한국인을 해방시켜 실제적으로 한국인을 도우려는 순수한 종교적인 동기가 있었기 때문이었다. 예수의 가르침을 따르는 영적 제자들로서 예수의 공생활을 그대로

---

10) 金善良은 그의 저서에서 기독교 학교의 수를 823교로 파악하였고, 吳天錫은 그의 『新敎育史』에서 796교로 파악하였다.

본받으려고 노력했다고 볼 수 있다. 예수는 공생활에서 복음을 선포하는 일과(preaching) 제자들에게 새 언약과 새 계명을 가르치는 일(teaching) 그리고 병든 자를 치유하는 일(healing)을 병행하였다, 예수의 일생은 천국이 가까이 왔으니 회개하고 복음을 받을 것을 가르치는 한편 "너희가 진리를 알지니 진리가 너희를 자유케 하리라"라는 너무나도 유명한 말씀을 하여 인류역사 발전의 가장 중요한 원동력인 '진리'와 '자유'를 가르쳤다. 또한, 인류행복의 가장 큰 적인 질병을 치유하였다. 38년 된 앉은뱅이, 중풍병자, 소경, 나병환자, 귀신들린 사람 등 수많은 병든 사람을 치료하여 주었고 심지어는 죽은 나사로까지 살려주었던 것이다. 4복음서 중에서 가장 역사적인 복음서인 누가복음의 저자는 역사가이기도 하지만 바로 의사였다. 이와 같이 기독교는 그 본질 자체가 인간불행의 가장 큰 원인인 무지와 질병에 대한 관심이 큰 종교였다. 때문에 가장 철저하게 성경을 믿고 또 그 교훈을 그대로 실천하려는 개신교 선교사들이 교육과 의료사업에 역점을 둔 것은 당연한 일이었다고 하겠다. 당시 무지하고 헐벗고 굶주리고 병든 한국인들에게 복음을 전파하는 것 못지않게 중요한 문제는 무지몽매한 한국인을 무지에서 해방시키고 병든 자들을 치료해 주는 것이었다. 물론 선교사들의 의료사업과 교육사업은 어디까지나 포교수단이었지 그 자체가 궁극적인 목적이 아니었다. 또한 그것의 목적이 정치적이거나 상업적인 목적은 없었다.

　미국 개신교 선교사들의 교육이념을 보면 그들의 교육사업의 목적을 잘 알 수 있다. 그들의 교육이념은 무엇보다 자유인과 실력 있는 한국인을 육성하는 것이었다. 배재학당의 설립자 아펜젤러는 "우리는 통역관을 양성하거나 우리 학교의 일꾼을 기르려는 것이 아니라 자유

262

의 교육을 받은 사람을 내 보내려는 것이다"[11]고 교육의 목적을 분명히 밝히고 있다. 이 자유인의 교육을 내세운 것은 당시 유교적이며 봉건적인 사회에서는 상상도 할 수 없는 획기적인 교육이념이었다. 이것은 바로 한국 교육사에 최초로 서양의 자유주의적, 민주주의적, 그리고 인문주의적 교육을 표방한 것이라 하겠다. 미국의 북장로교 선교사 베어드(W. M. Baired)에 의해 설립된 평양 숭실학교의 건학정신은 한국의 국가사회와 교회를 위하여 선도적 역할을 할 수 있는 일꾼을 기르는데 있었다.[12] 또 한국 최초의 여학교인 이화학당을 설립한 스크랜턴(M. F. Scranton) 부인은 그 설립 목적과 방침을 다음과 같이 밝혔다.

우리의 목표는 여아들을 외국인의 생활, 의복 및 환경에 맞도록 하는데 있지 않다.……우리는 단지 한국인을 보다 나은 한국인(Koreans better Koreans only)만으로서 만족한다. 우리는 한국인이 한국적인 것에 대하여 긍지를 가지게 되기를 희망한다. 그리스도와 그의 교훈을 통하여 완전무결한 한국인을 만들고자 희망하는 바이다.[13]

한편 정신여학교를 설립한 엘러즈(A. J. Ellers)도 "학교는 우리가 세웠지만 배우는 너희들은 너희 풍속대로 하라"고 하였다. 이처럼 초기 미국 선교사들의 교육은 어디까지나 우리나라의 역사, 문화, 전통, 그리고 풍속의 토대 위에 기독교교육을 실시하였음을 알 수 있다. 요컨대 미국 선교사들의 궁극적인 교육목적은 신자의 기독교적

---

11) 培材中高等學校, 『培材八十年史』, 1965, p.107 참조.

12) 孫仁銖, 『韓國近代敎育史』, 延世大學校出版部, 1975, p.38.

13) L. G. Paik, *The History of Protestant Mission in Korea 1832-1910*, Union Christian College Press, 1929. p.119.

훈련과 훌륭한 교역자의 양성과 나아가서는 실력 있는 한국인의 양성에 있었음을 알 수 있다. 이를 위하여 서양의술과 과학적 치료방법의 이식, 서양문물과 사상의 전달, 남녀평등과 인도주의와 민주주의 사상 소개, 생활의 과학화 등 근대교육을 실시하였다. 또 이를 통하여 민족의 자주성을 확립하고 여성의 지위향상과 가정의 개혁을 기도하였다.[14] 이와 같이 숭고한 교육목적을 가지고 육영사업을 하였으니 그들의 교육이 성공하지 않을 수 없었다.

한편 한국인의 교육에 대한 태도는 어떠하였는가? 한국은 예부터 오늘에 이르기까지 학문과 교육을 숭상한 전통과 기풍이 어느 나라보다 강하였다. 전통적으로 학문과 교육을 숭상한 것은 유교문화의 영향이라고 지적되고 있다. 공자는 인생의 기쁨을 세 가지 이야기 하면서 첫 번째로 "학이시습지 불역열호"라 하였다. 즉, 배우고 익히면 이 아니 즐거운가라고 하여 배우고 익히는 것 즉, 학문하는 것이 인간에게 가장 큰 즐거움이라고 하여 학문을 숭상하였다. 그리고 맹자는 인생삼락 중에 천하의 영재를 얻어 교육하는 것을 들고 있다. 다시 말하면 맹자는 훌륭한 인재를 양성하는 교육을 인생의 큰 즐거움으로 생각하였던 것이다. 이리하여 공맹사상의 핵심은 배우고 익히고 이를 후대를 위해서 교육하는 것을 인생의 최대의 보람으로 여겼던 것이다. 여기에서 학문을 숭상하고 교육을 중요시 하는 아름다운 전통이 생겨나게 되었다. 그래서 유교를 국교로 삼았던 중국 한(漢)나라 무제는 동중서의 건의를 받아들여서 유학을 국교로 삼게 하고 5경 박사를 두고 귀족의 자제들에게 유교교육을 담당케 하였다. 오늘날 박사라는 칭호는 유교교육을 담당하는 관리의 명칭에서 비롯되었던 것이다.

---

14) 孫仁銖, 앞의 책, p.39.

　이리하여 『천자문』과 함께 『논어』, 『효경』을 비롯한 유교의 경전이 삼국시대부터 널리 전파되고 교육되었다. 그 후 통일신라, 고려, 조선시대를 거쳐 관학으로서 국가적으로 중시되어 교육되었다. 특히, 고려시대 성종 때부터 조선시대를 걸쳐 근 일천년이나 시행된 과거시험의 주요과목은 바로 유교의 경전들이었다. 백제의 왕인 박사는 『논어』와 『천자문』을 일본에 전파하여 한자문화와 유교문화를 심어주었던 것이다. 이리하여 동양 삼국은 모두 한자와 유교문화권에 속하게 되었던 것이다.

　그러나 미국 선교사들이 한국에 와서 교육과 의료사업을 할 때는 유일한 고등교육기관은 서울의 성균관 하나뿐이었다. 중등교육기관으로서는 서울의 4학과 지방의 향교가 있었다. 사학기관으로서는 초등교육기관은 서당이 있었고, 중등교육기관은 서원이 있었다. 물론 오늘날처럼 초등학교, 중등학교, 대학과 같이 연계된 교육기관이 아니라 각각 독립된 교육기관이었다. 교육내용 역시 서당이나 서원과 향교에서는 『천자문』, 『소학』, 『효경』, 『동몽선습』, 그리고 『논어』『맹자』 등 사서삼경을 비롯하여 성리학에 관계되는 내용만을 교육하였다. 그마저도 조선의 중등교육기관으로서 중요한 역할을 하였던 서원이 1871년 대원군의 서원철폐로 전국 600여 개의 서원 가운데 47개 서원 ―충정서원(6할)과 도학서원(4할)― 만 남기고 모두 철폐되어 그 당시 중등교육에 큰 타격을 주었던 것이다.[15) 그러나 국가에서는 여전히 교육을 중시하여 지방 수령의 복무지침인 「수령칠사」 중에는 "학교흥(學校興)"이 들어 있어 수령의 중요한 임무가 학교를 지원하여 교육을 흥하게 하는 것이었다. 조선의 성리학의 근본사상은 성선설로서 누구

---

15) 丁淳睦, 『韓國書院敎育制度硏究』, 영남대학교 민족문화연구소, 1980, p.37.

나 학문을 하고 수양을 하면 성인군자가 될 수 있다고 가르치고 있다. 또 한국의 이상적인 인간상은 학문을 숭상하는 '선비'였다.16) 조선시대의 신분사상은 "현자필상 불초자필하"라는 관념을 가지고 있었다. 신분은 고정된 것이 아니라 누구나 학문을 하여 수양을 하면 현자가 될 수 있고, 현자가 지배계급이 되어야 한다는 사상을 가지고 있었던 것이다. 다시 말해서 당시 조선사회는 학문과 교육을 신분사회의 신분상승을 위한 중요한 수단으로 여겼다.

이와 같은 교육관, 학문관, 지식관을 가지고 있었던 당시에 서원철폐는 교육을 받고자 하는 당시 사람들에게 큰 타격이 되었다. 이러한 때에 서세동점의 물결은 한국으로 하여금 전통적인 교육만으로 만족할 수 없게 하였다. 즉, 근대교육이 필요하게 되었다. 여기서 말하는 근대교육이란 흔히 쓰는 개화교육이란 말과 같은 의미였다. 종래의 전통적인 한학교육과 구래의 유교교육을 불식하고 학교중심의 근대교육을 통해 구미의 신문화를 섭취하려는 교육을 의미하였다.

이러한 근대학교는 외국인이나 혹은 관주도에 앞서 민중에 의해 광범한 근대화 의욕으로 설립되었다. 즉, 그것은 한국 최초의 근대학교로서 1883년 덕원부의 정현석이 세운 원산학교였다. 이 학교는 외국의 도전에 대응하기 위하여 한국인이 자발적으로 성금을 모아 세운 학교였다. 이런 의미에서 이 학교의 설립은 역사적 의미가 크다고 하겠다.

한편 이 무렵 정부에서도 근대적인 관학으로 동문학(1883)과 육영공원(Royal English School, 1883)이 설립되었다. 동문학은 1883년 8월에 통상아문의 부속기관으로 설립되었다. 이곳은 영국인 헬리팩스(T. E. Halifax)가 주무 교사로 있으면서 주로 영어를 가르친 일종의 통역양

---

16) 韓基彦, 『韓國思想과 敎育』, 一潮閣, 1973, pp.43~52.

성소였다. 그러나 신교육운동의 일환으로 세워졌던 육영공원은 그 설립 자체가 구래의 전통과 특권을 찾는, 새 사회에 적응력이 없는 양반 고관의 자제들만 입학시켰기 때문에 이 기관을 통해 새 문화를 수용하기란 힘들었다. 이 육영공원은 관리의 공금 횡령, 교사들의 귀국으로 1894년 설립 11년 만에 폐지되고 말았다. 이 육영공원 출신자 중에는 이완용도 포함되어 있었다. 이와 같이 민간이나 관에서 주도한 근대학교는 큰 실효를 거두지 못하였다. 이렇게 전통적인 교육이 새로운 시대에 적응하지 못하고 한국인에 의한 신교육도 실효를 거두지 못할 때 미국 개신교 선교사들의 교육사업은 한국사회의 시대적 요청이었다. 이러한 당시 상황을 이능화는 『朝鮮基督敎及外交史』[17)]에서 당시 선교사들의 기독교교육을 잘 설명해주고 있다. 또한, 이만규는 『조선교육사』에서 당시 일반의 교육에 대한 태도를 기술하고 있는데 여기에 보면 일반인들은 교육에 대해 전체적으로 이해가 없었다. 또 학교를 졸업하기 전이라도 벼슬을 하면 중도에 퇴학을 하는 것이 예사였다. 이처럼 학교교육은 관리가 되기 위한 준비과정으로 생각하여 과거를 대신하게 되었다.

벼슬길이 빠른 외국어학교가 제일 인기가 있었고 사범학교나 법률계통의 학교 역시 인기가 있었다. 여자교육은 거의 절대 반대하였으나 기독교교인들이 여자교육을 먼저 실시하였다. 그리고 한문 수준이 높아야 좋은 학교라고 인식한 상태였다. 그리고 교육으로 새 지식을 배우거나 나라를 중흥시키려는 참뜻은 개화파인사들 뿐이었다.[18)]

그러나 조정에서도 1894년 정치개혁이 단행되고 예조 대신에 학무

---

17) 李能和, 『朝鮮基督敎及外交史』 下, 學文閣, 1968, p.201.
18) 李萬珪, 『朝鮮敎育史』 下, 乙酉文化社, 1949, pp.73~74.

아문이 교육을 맡게 되었으며, 영재교육은 나라의 개혁에 있어서 제일 시급한 일이라 하였다. 이어서 1895년에는 교육입국조서를 국왕의 이름으로 내렸다. 교육 없이 국가를 공고히 할 수 없고 교육은 실로 국가를 보존하는 데 근본이라고 하고, 교육은 덕육, 체육, 지육에 있다는 새 교육의 대강령을 선포하였으니 국가적으로도 신교육이 얼마나 중요한가를 인식하였던 것이다.

미국 개신교가 일본보다 20년 후에 한국에 들어왔기에 대체로 그 역사에 있어서는 큰 차이가 없었다. 그러나 이후 양자 사이에는 커다란 차이가 나타나고 있다. 한국의 기독교는 개화파 인사들이나 독립운동 지도자들이나 정계의 요인들과 지식인들 사이에 들어왔고, 또한 일반 민중에도 침투되어 한국의 일대 세력으로 되어 왔다. 그런데 일본의 기독교도는 처음부터 정계와는 무관한 관계에 있었고, 대중 속에도 들어가지 않았다. 겨우 인텔리 중산계급에만 들어가 소수파로 그쳤다.[19]

왜 동일한 역사적 유래와 성질을 가진 기독교가 이와 같은 상이함을 나타내게 되었을까에 대해 의문을 제기할 수 있다. 그러나 이러한 상이점을 만들어낸 중요한 조건을 양국에 있어서 내셔널리즘의 상황의 차이로 볼 수 있다. 일본의 오오키 히데오는 "일본의 기독교는 내셔널리즘과 결합할 수 없었고 항상 대립관계에서 있었던 것이 사실이라"고 했다. 그런데 한국에 있어서는 서세동점 또는 일본제국주의의 압박이라는 조건을 가지고서 개화와 독립을 구하는 내셔널리즘은 기독교와는 어떠한 모순도 만들지 않고 오히려 적극적으로 결합할 수 있었다. 일본의 기독교인들은 아메리카와 아메리카인 선교사에

---

19) 大木英夫, 앞의 책, p.343.

대한 반감을 가지고 있었으나, 한국에 있어서는 반미나 반선교사라는 사회적 조건이 존재하지 않았다. 도리어 그 사이에는 협력관계가 잘 성립되어 있었다.

한편 민경배 교수도 우리나라에 들어온 선교사들은 조선의 조야와 친근한 관계를 형성했다고 했다. 그 예로서 보수계의 민영익을 통해 감리교의 선교사가 들어오게 되었다든가, 또 우정국 사건 때 그의 자상을 미국 장로교 선교사 알렌이 1개월 동안 치료하여, 그 은혜를 갚기 위해 알렌에게 10만 냥을 줌으로써 광혜원을 설립했다든가, 또 개화파의 박영효, 김옥균, 그리고 유길준 역시 예수교, 곧 개신교의 도입에 적극적이었다는 사실, 이것들은 보수, 개화, 조야를 막론하고 기독교에 대한 친밀성을 시사했고 따라서 같은 기독교라 할지라도 국가안보에 위협적인 인상을 주었던 천주교와는 반대로 나타나, 겨레의 보국호민의 원동력으로 개신교가 인식되었다는 것을 의미했다고 하였다.[20] 광혜원은 그 후에 1899년 미국 클리블랜드의 사업가이며 독지가인 세브란스(L. H. Severance)로부터 거액의 기금을 기증받아 근대식 병원을 새로 건립하면서 세브란스 병원(Severance Hospital)[21]으로 명칭이 바뀌었다. 세브란스 병원은 오늘날 한국 제2의 종합병원으로 한국의 근대 의료기술과 의학 발전에 견인차 역할을 하여 왔다.

1895년 을미사변의 비극이 있은 후로는 기독교를 거래나 국가보전의 필수요소로 보는 분위기가 더욱 구체적으로 형성되어 갔다. 기독교는 이제 일본의 다가오는 침략의 마수 앞에서 반일, 충군의 에너지 동원체제로서 나타났다. 먼저 충군적인 기독교의 정신은 러시아공사

---

20) 大木英夫, 앞의 책, pp.342~343.

21) http://ko.wikipedia.org/wiki/연세대학교_의료원 참조.

관에서 돌아오는 고종을 환영하기 위해 배재 학생들이 도로연변에 정렬하여 높은 충절을 시위하거나, 고종탄신일에 교회가 전국에 걸쳐 기념예배를 드리는 데서 나타났다. 이제 "기독교야말로 훌륭하고도 충성스러운 교리이며 숭상할 만한 길이요, 선한 사람이 쫓는 진리"로 인식되었던 것이다.22)

그리고 초기 기독교가 내셔널리즘과 결합한 극적인 또 하나의 사례는 그 당시의 교회는 주일이면 태극기를 휘날리고 있었으며 윤치호는 『찬미가』를 개인 편집으로 내었는데 애국송과 황제송이 실려 있었다. 우리가 알고 있는 애국가가 문서상으로는 여기 처음 실려 있었다. "하나님이 보호하사 우리 대한 만세"의 애국가와 "우리 황제폐하 천지 일월 길이 만수무강……님군과 나라를 보답하세"의 황제송이 찬송가에 있었다는 것은 지금으로서는 상상도 할 수 없었지만 그 당시의 민족교회로서 사수국권, 항일구국운동의 원동력이 되었다.

특히 1905년 민족교회가 결성되었고, 또 이 해에 장로교와 감리교, 선교연합교회가 결성되었다. 1907년에는 교파의 구별이 없는 단일 기독교회의 설립을 결정하기도 했다. 이렇듯 민족주의가 교회를 저해하자 한국 개신교는 일본 관리와 미국 선교사들의 간섭과 규탄을 함께 받게 되었다. 이후 1907년 평양대부흥회로 선교사들이 원하는 경건주의적인 세속단절의 순수 신앙으로 전환하게 되었다.23)

이같이 미국인 선교사들은 청교도의 후예들로서 한국교회가 국가와 결합하는 것을 반대하였던 것이며 순수한 내적인 신앙으로 돌아가도록 했던 것이다. 이것은 청교도의 아우구스티누스적 경건주의의

---

22) 閔庚培, 앞의 책, p.276.

23) L. H. Underwood, *Underwood of Korea*, Fleming H. Revell, 1918, pp.163~165.

한국적 이식이었다고 하겠다. 이러한 과정에는 많은 갈등과 대립도 있었음이 분명하다. 여하간 한국교회가 국가와 결합하는 것을 반대하고 "경건생활의 확보"[24]만을 추구하며 순수한 신앙만을 위한 교회가 되게 했다.

두 나라의 교육사상이 상호 충돌 없이 선택적 친화작용(elective affinity)[25]을 하여 성공을 거두었다고 하겠다. 이러한 청교도적 개신교의 근대교육에 대한 기여를 많은 학자들이 설명하고 있다.

이만규는 기독교가 교육에 미친 영향을 다음과 같이 설명하였다. "나라의 교육이 대중적으로 되지 못한 이 땅에 대중을 상대로 한 기독교는 대중의 옛 꿈을 깨우는 데 큰 공적이었다"고 하고 그 영향을 다음과 같이 요약하고 있다.[26]

① 신앙에 터를 둔 생활을 정화하였다. 곧 술과 노름을 금하였고 잡된 미신행위를 없앴다.
② 사상을 향상시켰다. 즉 완고한 유교사상의 수정, 반상계급관념 타파, 남녀동등관 고취, 일부일처주의 고취, 부녀의 금고를 해방시키고, 여자교육을 향상시켰다.
③ 생활습속을 고쳤다. 즉 예교의 질곡에서 벗어나 혼상을 간편하게 하고, 교제오락의 모임을 자연스럽게 하였다.

---

24) 민경배, 앞의 책, p. 766. 경건을 중시하는 한국 개신교 신앙의 전통은 미국 청교도 교회의 전통을 수용한 것이다.
25) 막스 베버는 관념과 사회간의 인과관계를 이해하는 가운데 사회구조와 관념이 모두 자율성을 가지면서도 특정 사회조건하에서 사회집단과 관념이 서로를 찾게 된다고 했다. 한일 두 나라가 모두 청교도 사상을 수용했지만 한국에서는 서로 선택적 친화작용을 하였으나 일본에서는 선택적 친화작용을 못했다고 하겠다.
26) 李萬珪, 앞의 책, pp.43~44.

④ 지식이 늘었다. 즉 무식에서 벗어나려는 생각을 강하게 하였고
   자녀교육열을 높였고, 연설, 토론회 등 공동집회에 참석시켰고,
   음식, 의복, 원예 등의 견문을 늘렸고, 새 음악을 보급시키고,
   새 의약을 보급시켰다.

⑤ 민족의식을 배양하였다. 즉 국어를 보급시켰고 교회를 통하여
   외국에 대한 상식을 높이고, 선교사를 통하여 조선의 민족운동을
   해외에 선전하는 기회를 제공하였다.

한편 오천석 교수는 『한국신교육사』에서 당시 선교계 학교가 우리
사회에 기여한 바를 다음과 같이 들고 있다.[27]

① 선교사들은 우리나라에 서양식 교육제도를 처음으로 이끌어 들이
   고 신학문을 수입하는 일에 개척자적 구실을 하였다.

② 이들은 그 교육과 서양인 교사와의 접촉을 통해 서양의 문물과
   그 사상과 사고방식을 이 나라에 소개전달 함으로써 서양인을
   오랑캐로 보던 자아존대사상을 버리고 자국의 진정한 위치와 모습
   을 깨닫게 하였다.

③ 양반이나 서민의 자제를 차별 없이 받아 교육시킴으로써 계급사상
   을 깨뜨리고 교육기회균등의 원칙을 세웠다.

④ 여자를 위한 교육을 실시하여 남녀평등의 사상을 실천으로 가르쳤
   다.

⑤ 가난한 학생에게 일을 주어 스스로 학비를 조달케 함으로써 지적,
   특히 기억을 위주로 하며 편파적으로 하는 교육을 지양하고 전인
   교육을 실천함으로써 교육의 새로운 의의를 갖게 하였다.

⑥ 교육을 개인영달의 수단으로 삼던 전통적 교육사상을 깨뜨리고,
   교육의 목적을 사회봉사에 두었다.

---

27) 吳天錫, 앞의 책, pp.75~76.

또한 휘셔(J. E. Fisher)는 『민주주의와 한국에 있어서 미션교육』
(*Democracy and Mission Education in Korea*)에서 선교교육의 사회적 기여를
다음과 같이 열거하였다.[28]

① 병자와 부상자에 대한 과학적 치료, ② 빈민, 고아 등에 대한
조직적인 보호책, ③ 미신숭배의 감소, ④ 어린이에 대한 존중, ⑤
조혼과 혼인풍속 개선, ⑥ 여성에 대한 태도와 처우의 개선, ⑦ 민주주의
사상의 보급, ⑧ 한글의 보급과 일반화, ⑨ 민주적인 인민관계와 계급차
별의 타파, ⑩ 사회복지에 대한 봉사와 새로운 관심, ⑪ 술, 마약 등에
대한 계몽, ⑫ 근대과학적인 학교교육에 대한 요청과 존중의 중대
등을 들고 있다.

또 이만열은 『한국기독교와 역사의식』에서 기독교의 전래에 따른
한국 사회의 개화에 기여한 사례를 다음 몇 가지로 설명하고 있다.
① 초기의 선교사업은 개화의 방편이었고, ② 한글의 재발견, ③ 구습의
개혁－술, 담배, 아편금지, 미신타파, 혼례, 장례의 변화, ④ 여권 신장론
과 여성교육론 등을 제시하였다.[29]

이와 같이 "미국 선교사의 입국과 그 활동은 한국교육의 새로운
국면을 전개시켰다."[30] 그러나 우리는 여기서 미국 개신교 선교사들에
의한 교육의 가장 큰 공헌은 무엇보다도 훌륭한 민족지도자들을 배출
해 내었다는 사실을 들지 않을 수 없다. 유명한 민족지도자들 중에
경신학교의 안창호, 배재학당의 서재필·이승만, 평양 숭실학교의
최광옥·길진형·조만식, 이화학당의 유관순 등을 배출하였고, 연희

---

28) J. E. Fisher, *Democracy and Mission Education in Korea*, Reprinted by Yonsei University
  Press, 1970, p.96.

29) 李萬烈, 『韓國基督敎와 歷史意識』, 知識産業社, 1981, pp.12~46.

30) H. H. Undrwood, *Modern Education in Korea*, International Press, 1926, p.8.

전문학교 등의 고등교육기관은 민족지도자들이 모여 교수로 활약하였다. 그 중에는 백낙준, 유억겸, 이춘호, 이관용, 정인보, 백남운, 최현배, 조병옥 등이 유명하였다.

이들 인물 중 이승만(1875~1965)[31]은 일찍이 미국에 유학하여 조지워싱턴 대학교에서 철학을 공부하여 1907년에 학사 학위(Bachelor of Arts)를 받고, 하버드 대학교에서 철학석사학위(M.A)를, 그리고 1910년에 프린스턴 대학교에서 『미국의 영향을 받은 영세중립론』(*Neutrality As Influenced by the United States*)이라는 논문으로 철학박사학위(Doctor of Philosophy)를 받았다. 미국의 명문대학 아이비 그룹의 하나인 프린스턴 대학교(Princeton University)에서 한국인 최초로 박사학위를 받은 엘리트로서 대한민국 초대 대통령이 되어 오늘날 대한민국의 번영의 기초가 된 자유민주주의 정부를 수립하여 건국의 아버지가 되었다.

서재필(1864~1951)[32]은 미국에 유학하여 한국인 최초의 서양의사가 되었다. 1889년 워싱턴의 컬럼비안 대학(Columbian University, 현 조지워싱턴대학의 전신) 야간학부에 입학, 1892년 미국에서는 한인 최초로 세균학 전공으로 의학사(M.D.)가 되었고, 1893년 정식 의사면허를 받았다. 유태인 및 유색 인종은 의대에 입학할 수 없었던 당시 사정에 비추어 보면 매우 이례적인 일이었다.

백낙준(1895~1985)[33]은 미국 유학파 학자로서 열심히 공부하여 선교사들의 도움으로 영창소학교, 신성학교를 졸업하고 중국 천진의 신학서원을 거쳐 1916년 미국의 예일 대학교로 유학하였다. 1922년 미국 파크 대학을 졸업하고 학사학위를 받았으며 1925년 프린스턴

---

31) http://ko.wikipedia.org/wiki/이승만 참조.

32) http://ko.wikipedia.org/wiki/서재필 참조.

33) http://ko.wikipedia.org/wiki/백낙준 참조.

신학교와 프린스턴 신학교 대학원을 졸업하고 석사학위를 받았다. 그 뒤 미국의 뉴라이트 퓨리턴 신앙의 중심 대학인 예일 대학교(Yale University)에서 『한국개신교사』(*Protestant Mission in Korea*)로 철학박사 학위를 받고 귀국해 1927년 연희전문학교의 교수직을 맡게 되었고 후에 이승만 정부에서 한국동란 중 문교부 장관을 역임하면서 미국식 교육을 이 땅에 이식하는 데 기여하였다. 그의 제자 중에는 서울 올림픽을 유치하는 데 공이 큰 전 국제올림픽위원회 부위원장 김용운이 포함되어 있다.

이렇게 개신교가 한국 근대사에 빼놓을 수 없는 인물들을 다수 배출하여 한국역사에 기여한 공은 실로 지대하다고 하겠다. 그리고 구한말 미국 선교사들은 한국을 진심으로 돕기 위해 노력하였던 것이 사실이다. 그러한 그들의 심정은 한국에 상주한 선교사가 일본에 있는 선교사에게 보낸 편지에서도 나타나 있다.

"한국은 어쩌면 미국선교사의 최대의 수확물"이라고 불러도 좋을지 모르나 구한말 주한 선교사들은 한국에 대해 연민의 정을 가지고 한국이 "지금 실제적으로 국토를 잃지 않고 정부도 잃지 않았으나, 독립을 잃고 가장 불쌍한 상태에 있다"고 했다. 또 하나님을 "지상에 있어서 그들 한국인의 그 손실에 대하여 영의 재물을 가지고 그들에게 보답할 것"이라고 했으며, "하나님은 도리어 조선국을 구하고 일본국을 앞선 기독국가가 될 것"이라고 확신하면서 한국을 도우려고 했던 것이다.[34] 이리하여 그들이 한국과 미국과의 관계를 아주 친근한 관계로 만들었던 점을 간과해서는 안 된다.

이상에서 살펴본 바와 같이 한국근대사에서, 또 공적인 초기 한미관

---

34) 大木英夫, 앞의 책, pp.354~355.

계사에서 미국 개신교와 그들 선교사들이 이바지한 공헌은 실로 지대한 것이었다. 미국 개신교 선교사들은 대개 17세기 미국 뉴잉글랜드 청교도의 후예들로서 성서지상주의와 경건주의에 입각하여 한국 개신교의 주도세력이 되었던 것이다. 비록 그들이 국가와 교회의 분리라는 순수 신앙주의 때문에 한국인의 민족교회의 성장을 저해하고 세속적인 민족주의를 거부하였으나 오늘날까지 순수 신앙으로서의 한국 교회가 나갈 길을 제시하여 주었다.

특히 그들이 한국에 기여한 분야 중에서 의료사업과 교육사업에 대한 공헌은 참으로 크다고 하겠다. 또 그들은 한국 개신교사의 서장을 장식했을 뿐만 아니라 한국 근대교육과 의학사를 장식하였다. 물론 최초의 근대학교는 한국인에 의해서 세워졌지만 실제적인 서양식 근대학교는 미국 선교사들에 의해 발전되었던 것이다. 근대교육에 대해 이해가 전반적으로 부족했던 황무지 같은 이 땅에 근대교육과 서양의 문물과 지식을 전파하는 데 그들만큼 큰 공로자가 없다. 오늘날 한국의 교육이나 학문 수준을 이 정도로 끌어 올리는 데는 미국 개신교의 공이 크다고 하겠다. 근대서양의술도 일본은 네덜란드로부터 서양의학을 "난학(蘭學)"이라 하여 받아들였지만 한국은 미국의 의료선교사들에 의해서 직접 받아들였던 것이다. 특히 오늘날 한국의 의학과 의술은 선진국 수준에 이르는 분야라고 하는데 이것도 어쩌면 미국 개신교 선교사들의 의료사업과 의학교육에 힘입은 바 컸다고 하지 않을 수 없다.

이렇게 미국 개신교가 한국에서 성과를 거둘 수 있었던 것은 첫째, 한미수호조약이 체결되어 외교적으로 문호를 미국에 열어 주었기 때문에 가능했고, 둘째, 미국 개신교 선교사들이 의료와 교육사업을 할 수 있는 정책적인 조치가 있었기 때문이다. 셋째, 미국 개신교 선교사들은 교육과 학문을 중히 여기는 17세기 뉴잉글랜드 청교도의 후예들이었기 때문이다. 넷째, 한국은 개화의 한 방편으로 세속적인 측면에서 미국 개신교 선교사들과 개신교를 수용하였기 때문이다. 다섯째, 미국 청교도의 높은 교육열과 한국인의 교육열은 그 목적이 서로 달랐으나, 교육과 학문을 숭상하는 전통은 같아 상호 충돌 없이 결합할 수 있었기 때문이다. 여섯째, 미국 개신교는 한국의 내셔널리즘과 상호모순이나 대립이 없이 성공적으로 접합할 수 있었기 때문이다.

이러한 청교도적 개신교의 사회적 공헌과 영향을 요약하면, 유능한 민족지도자를 많이 배출하였고, 민중을 깨우쳐 개화시켰고, 서양의 신문화와 신학문을 전파해 주었다. 또한 한미관계를 우호적으로 발전시키는 매체가 되었고, 서양문물을 수입하는 하나의 창구가 되었다. 나아가서 한글 성경을 통하여 한글을 재발견하여 보급하였으며, 특히 여성의 사회적 지위향상에도 크게 이바지하였던 것이다.

참고문헌

## 1. Primary Sources

Ames, William. *Marrow of Sacred Divinity* (London, 1643).

Augustine, St. *The Confession of St. Augustine,* 윤성범 역 (서울, 1980).

Bradford, William. *Of Plymouth Plantation,* 1620~1647, Edited by Samuel Morrison (New york, 1952).

Bulkeley, Peter. *The Gospel Covenant, or the Covenant of Grace* (London, 1646).

Calvin, John. *Institutes of the Christian Religion,* 2vols, edited by John T. McNeill, Translated by Ford Lewis Battles (Philadelphia, 1960).

Cotton, John. *The New Covenant* (London, 1654).

____________. *Treatise of the Covenant of Grace* (London, 1654).

____________. *The Way of the Congregational Churches cleared* (London, 1648).

____________. *The Way of Life* (London, 1641).

Eavenport, John. *The Power of Congregational Churches Asserted and Vindicated* (London, 1672).

Edwards Jonathan. *Works,* 2vols, Edited by Perry Miller (New Haven, 1957~1959).

Hooker, Thomas. *The Covenant of Graced* (London, 1649).

Hutchinson, Thomas. *The History of the Colony and Province of Massachusetts Bay,* 2vols, Edited by Lawrence S. Mayo. (Cambridge, Massachusetts, 1936)

____________. *Martin Luther: Early Theological Works,* Edited by James Atkinson (Philadelphia, 1962).

Mather, Cotton. *Magnalia Christi Americana* (London, 1702).

Mather, Increase. *The First Principles of new England concerning the Subject of Baptisme & Communion of Churches* (Cambridge, Massachusetts. 1675).

Mathe, Richard. *Church-Government and Church-Covenant Discussed* (London, 1643).

Morton, Nathaniel. *New England's Memorial* (Boston, 1826).

Perkins, William. *Works* (London, 1613).

Preston, John. *The New Covenant* (London, 1629).

Shepard, Thomas. *The Church-Membership of Children and Their Right to Baptisme* (Cambridge, Massachusetts, 1662).

Tyalor, Edward. *The Diary of Edward Taylor*, Edited by Francis murphy (Springfield, Massachusetts, 1964).

Winthrop, John. *Winthrop Papers*, Edited by Steward Mitchell, 2vols. (Boston, 1931).

__________. *Winthrop's Journal: History of New England*, 1630~1649, Edited by James Kendall Hosmer, 2vols. (New York, 1908).


平凡社, 『西洋史史料集成』 上 · 下 (東京, 1956).
정만득, 『사료미국사』 I · II · III (대구, 1981).


## II. Secondary Sources

### 1. Books

Adams, Charles Francis. *Massachusetts: Its Historians and Its History* (Boston, 1892).

__________. *Three Episodes of Massachusetts History* 2vols. (Boston, 1892).

__________. *Antinomian Controversy* (New York, 1976).

Adams, James Truslow. *The Founding of New England* (Boston, 1921).

Andrews, Charles M. *The Colonial Period of American History* 4vols. (New Haven 1935~1938).

Agur, Helen. *An American Jezebel: The Life of Ann Hutchinson* (New York. 1930).

Bailyn, Bernard(ed). *The Apologia of Robert Keayne: The Self-Portrait of a Puritan Merchant* (New York, 1964).

Bailyn, Bernard. *Education in the Formation of American Society* (New York, 1960).

Baltzell, E. Digby. *Puritan Boston & Quaker Philadelphia* (New York, 1980).

Bercovitch, Sacvan. *Puritan Origin of the American Self* (New Haven, Yale University

Press, 1975).

__________________. *The American Jeremiad* (The University of Wisconsin Press, 1978).

Billington, Ray Allen(ed.). *The Reinterpretation of Early American History: Essays in Honor of John Edwin Pomfret* (San Marino, 1966).

Brockunier, Samuel H. *The Irrepressible Democrat, Roger Williams* (New York, 1940)

Boorstin, Daniel J. *The Americans: The Colonial Experience* (New York, 1958).

Boyd, William and Edmund J. King. *The History of Western Education* (London. 1975).

Bradley, Sculley and others(ed.). *The American Tradition in Literature* (New York, 1981). *The Cambridge Platform of 1648: Tercentenary Commemoration at Cambridge* (Massachusetts, October 27, 1948). Edited by Henry Wilder Foote Boston, 1949.

Brauer, Jerald C. *Protestantism in America* (Philadelphia, 1953).

Brook, Benjamin. *The Lives of the Puritans,* 3vols. (London, 1813).

Burage, Champlin. *The Church Covenant Idea: Its Origin and Development* (Philadelphia, 1892).

Charity, A. C. *Event and Their Afterlife: The Dialectics of Christian Typology in the Bible and Dante* (Cambridge, 1966).

Cragg, G. R. *From Puritanism to the Age of Reason* (Cambridge, 1950).

Curti, Merle. *The Growth of American Thought* (New York and London, 1943).

Conkin, Paul K. *Puritans and Pragmatists: Eigth Eminant American Thinkers* (New York, 1968).

Danielon, Jean. *From Shadows to Reality: Studies in the Biblical Typology of Fathers* (Westerminster, 1960).

Davies, Horton. *The Worship of the English Puritans* (Westerminster, 1948).

Davidson, Edward H. *Jonathan Edwards: The Narrative of a Puritan Mind* (Boston, 1966).

Dofman, Joseph. *The Economic Mind in American Civilization 1601~1865,* 3vols. (New York, 1946).

De Jong, Peter Y. *The Covenant Idea in New England Theology: 1620~1847* (Grand Rapids, Michigan, 1945).

Duby. G. and R. Mandrou. *Histoire de la Ciilisation francaise*, 2tomes. (Paris. 1958).

Easton, Emily. *Roger Williams: Prophet and Pioneer* (Boston, 1930).

Ellis, George. *The Puritan Age and Rule in the Colony of Massachusetts Bay* (Boston. 1888).

Emerson, H. Everett. *John Cotton* (New Haven, 1965).

Erikson, Kai T. *Wayward puritans: A Study in the Sociology of Deviance* (New York, 1966).

Felix G. and Stephen R. Graubard. *Historical Studies Today* (New York, 1972).

Fisher, John. *The Beginnings of New England* (Boston. 1978).

Fisher, J. E. *Democracy and Mission Education in Korea* (Reprinted by Yonsei University Press. 1970).

Gardiner, S. R. *History of the Great Civil War, 1642~1649*, 4vols. (London, 1901~1904).

Green, Robert W. (ed.). *Protestantism and Capitalism: The Weber Thesis and Its Critics* (Boston, 1959).

Green V. H. H, *Luther and the Reformation* (New York, 1964).

Hall, David D.(ed.). *The Antinomian Controversy, 1636~1638: A Documentary History* (Middletown, Conn, 1968).

Haller, William. *The Rise of Puritanism* (New York, 1938).

______________. *Liberty and Reformation in the Puritan Revolution* (New York, 1955).

Haskins, George Lee. *Law and Authority in Early Massachusetts* (New York, 1960).

Hause, E. Malcolm. *Puritan Mercantilism* (Idaho, 1970).

Hutchinson, Thomas. *The History of Massachusetts from the first settlement there of in 1628, until the year 1750*, 3vols. (Boston, 1795~1828).

Higham, John(ed.). *The Reconstruction of American History* (New York, 1962).

______________ and Paul K. Conkin(ed.). *New Directions in American Intellectual History* (Baltimore, Maryland, 1979).

Hill, Christopher. *The English Revolution, 1640* (London, 1949).

Hill, Christopher. *Society and Puritanism in Pre-revolutionary England* (New York, 1964).

Horton, Douglas. *Congregationalism: A Study in Church Polity* (London, 1952).

Horton, Rod W. and Herbert W. Edwards. *Backgrounds of American Literary Thought* (Englewood Cliffs, New Jersey, 1974).

Howe, Daniel W. *The Puritan Republic of the Massachusetts Bay in New England* (Indianapolis, 1899).

Hyma, Albert. *Renaissance to Reformation* (Grand Rapids, michigan, 1951).

Ives, E. W.(ed.). *The English Revolution 1600~1660* (Whitstable Kent, 1968).

Jensen, De Lamar. *Reformation Europe* (Rexington. Mass., 1981).

Jomes, Mary J. A. *Congregational Commonwealth: Connecticut, 1636~1662* (Middletown, Conn, 1968).

Kaufmann, U. Milo. *The Pilgrim's Progress and Tradition ie Puritan Meditation* (New Haven, 1966).

Kuhn, Thomas S. *The Structure of Scientific Revolutions* (Chicago, 1962).

Lampe. G. W. and K. J. Woolcombe. *Essay in Typology : Studies in Biblical Typology* (Naperville. III, 1957).

Langdon, Jr. George D. *Pilgrim Colony: A History of New Plymouth, 1620~1691* (New Haven, 1966).

Lnappen, M. M. *Tudor Puritanism* (Chicago, 1939).

McGiffert, Michael(ed.). *Puritanism and American Experience* (Massachusetts, 1969).

May, Hery F. Ideas. *Faiths and Feelings* (New York, 1983).

Miller, Perry. *Errand into the Wilderness* (Cambridge, Mass., 1964).

___________. *Jonathan Edwards* (New York, 1949).

___________. *The New England Mind: From Colony the Province* (Cambridge, Massachusetts, 1953).

___________. *The New England Mind: The Seventeenth Century* (New York, 1939).

___________. *Orthodoxy in Massachusetts, 1630~1650* (Cambridge, Massa-chusetts, 1933).

___________. *Roger Williams* (Indianapolis, 1953).

Miller, Perry and Thomas H. Johnson(eds.). *The Puritans,* 2vols. (New York, 1938).

Morgan, Edmund S. *The Puritan Dilemma: The Story of John Winthrop* (Boston, 1958).

___________. *The Puritan Family: Religion and Domestic Relations in Seventeenth Century New England* (New York, 1966).

__________________. *Visible Saints: The History of a Puritan Ideas* (Ithaca, New York. 1963).

Morison, Samuel Eliot. *The Intellectual Life of Colonial New England* (Ithaca, New York. 1960).

__________________. *Builders of the Bay Colony* (Boston, 1930).

__________________. *The Founding of Harvard College* (Cambridge, Massachusetts, 1935).

__________________. *Puritan Pronaos* (New York, 1936).

Murdock, Kenneth B. *Literature and Theology in Colonial New England* (Cambridge, Mass., 1940).

New, John F. *Anglican and Puritan: The Basis of Their Opposition, 1558~1640* (Stanford, 1964).

Nicholas, James(ed). *Puritan Sermons 1659~1689,* 1vols. (Durham, N.C. 1981).

Nutall, Geoffery F. *The Holy Spirit in Puritan Faith and Experience* (Oxford, 1946).

__________________. *Visible Saints: The Congregational Way, 1640~1660* (Oxford, 1957).

Ong, Walter, J. Ramus. *Method and the Decay of Dialogue* (Cambridge, Mass., 1958).

Osgood, Herbert L. *The American Colonies in the Seventeenth Century,* 2vols. (New York, 1904).

Paik, L. G., *The History of Protestant Mission in Korea 1832-1910* (Union Christian College Press, 1929).

Parrington, Vernon. *Main Currents in American Thought* (New York, 1930).

Perry, Ralph Barton. *Puritanism and Democracy* (New York, 1944).

Persons, Stow. *American Minds: A History of Ideas* (Huntington, New York, 1975).

Pettit Norman. *The Heart Prepared : Grace and Conversion in Puritan Spiritual Life* (New Haven, 1966).

Plamsteand, A. W.(ed). *The Wall and The Garden: Selected Massachusetts Election Sermons, 1670~1775* (Minneapolis, 1968).

Poore, Benjamin. *The Federal and State Constitutions, Colonial Charters, and others organic laws of the United States,* Second edition (Washington D.C., 1878).

Powell, Sumner Chilton. *Puritan Village: The Formation of a New England Town*

(New York, 1965).

Reid, Stanford W.(ed). *The Reformation: Revival of Revolution?* (New York, 1968).

Reinitz, Richard(ed). *Tensions In American Puritanism* (New York, 1970).

Roche, John P.(ed). *Origins of American Political Thought* (New York, 1967).

Rutman, Darrett B. *Winthrop's Boston: Portrait of a Puritan Town: 1630~1649* (Chapel Hill, 1965).

_______________. *Husbandman of Plymouth: Farms and Villages in the Old Colony, 1620~1692* (Boston, 1967).

Sabine, George H. and Thomas L. Thorson. *A History of Political Theory* (Hinsdale, Illinois, 1973).

Schneider, Herbert W. *The Puritan Mind* (New York, 1930).

Simpson, Alan. *Puritanism in Old and New England* (Chicago, 1955).

Skotheim, Robert A. *American Intellectual Histories and Historians* (Princeton, 1966).

Slannand, David E. *Puritan Way of Death: A Study in Religion, Culture & Social Change* (New York, 1977).

Smith, Wilson(ed). *Essays in America Intellectual History* (Hinsdales, Illinois, 1975).

Spitz, Lewis W.(ed). *The Protestant Reformation* (Englewood Cliffs, New Jersey, 1966).

Stephenson, George M. *Puritan Heritage* (Westport, 1980).

Tawney, R. H. *Religion and the Rise of Capitalism* (New York, 1947).

Trevelyan, G. M. *English Social History* (New York. 1943).

Trevor-Roper, H. R. *Archbishop Laud, 1573~1645* (London, 1940).

Troeltsch, Ernst. *The Social Teaching of the Christian Churches,* Translated by Olive Wyon (New York, 1949).

Tyler, Moses Coit. *A History of American Literature: 1607~1765* (New York, 1962).

Underwood, L. H. *Underwood of Korea* (Fleming H. Revell, 1918).

Walker, George Leon. *Thomas Hooker* (New York, 1891).

Walker, Williston. *The New England Leaders* (New York, 1901).

Waller, George M.(ed). *Puritanism in Early America* (Boston, 1950).

Weber, Max. *The Protestant Oligarchy* (New York, 1947).

Woodhouse, A. S. P. *Puritanism and Liberty* (Chicago, 1951).

Ziff, Larzer. *The Career of John Cotton: Puritanism and the Americanism Experience*

284

(Princeton, 1962).

Zuckerman, Michael. *Peaceable Kingdoms: New England Towns in the Eighteenth Century*
(Westport, C. T., 1970).


アランシンプソン 著, 大下尚一・秋山健 譯, 『英米に於けるピューリタンの傳統』,
　　　東京, 1967.
大木英夫, 『ピューリタニズムの倫理思想』, 東京, 1966.
________, 『ピューリタン』, 東京, 1968.
大下尚一編, 『講座アメリカの文化Ⅰ, ピューリタニズムとアメリカ』, 東京, 1969.
ジョン. F. ハウズ, 佐藤敏夫 譯, 「日本人キリスト者とアメリカ宣教師」, 『日本におけ
　　　る近代化の問題』, 岩波書店, 1968.
데글러, C. N. 저, 이보형, 이주영, 홍영백 공역, 『현대 미국의 성립』, 일조각,
　　　1980 ; C. N. Degler. *Out of out Past: The Forces thant Shaped Modern
　　　America* (New York. 1970).
롤란드 베인튼 저, 홍치모 역, 『종교개혁사』, 크리스챤다이제스트, 2001.
마즈던 저, 한동수 역, 『조나단 에드워즈 평전』, 부흥과개혁사, 2006.
막스 웨버 저, 권세원, 강명규 공역, 『프로테스탄티즘의 윤리와 자본주의의
　　　정신』, 서울, 1973 ; Max Weber, *Die Protestantische Ethik under Geist
　　　des Kapitalismus* (Tubingen, 1934).
閔庚培, 「基督敎思想」, 『韓國現代文化史大系』 3, 고려대학교민족문화연구소,
　　　1980.
白樂俊, 『韓國改新敎史』, 연세대학교 출판부, 1979.
培材中高等學校, 『培材八十年史』, 1965.
孫仁銖, 『韓國近代敎育史』, 연세대학교출판부, 1975.
알렌 카든 저 박영호 역, 『청교도 정신: 17세기 미국 청교도들의 신앙과 생활』,
　　　기독교문서선교회, 1993.
양낙흥, 『조나단 에드워즈-생애와 사상』, 부흥과개혁사, 2003.
원종천, 『청교도 언약사상: 개혁의 운동의 힘』, 대한기독교서회, 1998.
李能和, 『朝鮮基督敎及外交史』 下, 學文閣, 1968.
李萬珪, 『朝鮮敎育史』 下, 乙酉文化社, 1949.
李萬烈, 『韓國基督敎와 歷史意識』, 知識産業社, 1981.
이보형, 『미국사개설』, 일조각, 2005.

이안 머리 저, 윤상문, 전광규 역, 『조나단 에드워즈-삶과 신앙』, 이레서원, 2006.

임희완, 『청교도혁명의 종교적 급진사상-윈스탄리를 중심으로』, 집문당, 1985.

정만득, 『미국의 청교도 사회』, 비봉출판사, 2001.

丁淳睦, 『韓國書院敎育制度硏究』, 영남대학교 민족문화연구소, 1980.

존 딜렌버거·크라우트 웰취 공저, 정봉은 역, 『신교사』, 1958 ; John Dillenberger and Claude Welch. *Protestant Christianity* (New York, 1954).

韓基彦, 『韓國思想과 敎育』, 一潮閣, 1973.

## 2. Articles and Periodicals

Ahlstrom, Sydney E. "Thomas Hooker Puritanism and Democratic Citizenship", *Church Hist.*, XXXII(1963).

Beales, Jr. Ross W. "The Half-Way Covenant" and Ross W. "The Half-Way Covenant and Religious Scrupulosity: The First Church of Dorchester, Massachusetts, as a Test Case", *William and Mary Quaterly*, vol. XXXI(July, 1974), pp.466~480.

Bercvitch, Savan. "Typology in New England: The Williams-Cotton Controversy Reassessed", *American Quaterly*, XIX(Summer, 1967), pp.165~191.

Black, Mindele. "Edward Taylor: Theology and Imagery in the Poetry of Edward Taylor", *New England Quaterly*, VVVI(March, 1953). pp.337~360.

Brauer, Jerald. "Reflection on the Nature of English Puritanism", *Church History* XXIII(June, 1954), pp.99~107.

Brown, Katherine. "Freemanship in Puritan Massachusetts", *American Historical Review*, LIX(July, 1954), pp.865~883.

Bumsted, J. M. "Religion, Finance, and Democracy in Massachusetts: The Town of Norton as a Case Study". *Journal of American History* LVII(1971), pp.817~831.

Burg, B. Richard. "The Ideology of Richard mather and Its Relationship to English Puritanism Prio to 1660", *Journal of Church and State* IX(1967), p.364.

Calamandrei, Mauro. "Neglected Aspects of Roger Williams Thought", *Church History* XXXI(September, 1952), pp.237~258.

Cherry, C. Conrad. "The Puritan Notion of the Covenant in Jonathan Edward's Doctrine of Faith", *Church History*, XXXIV(1965), pp.328~341.

Davis, Joe Lee. "Mystical Versus Enthusiastic Sensibility", *Journal of the History of Ideas* IV(June, 1943), pp.1~30.

Demos, John. "Families in Colonial bristol. Rhode Island: An Exercise in Historical Demography", *William and Mary Quaterly*, 3d Ser, XXV(January, 1968), pp.40~57.

Emerson, Everett H. "Calvin and covenant Theology", *Church History* XXV(June, 1956), pp.136~144.

Eusden, John, D. "Natural Law and Covenant Theology in New England 1620~1670", *Natural Law Forum* V(1960), pp.1~30.

Fleming Donald. "Perry Miller and Esoteric History", *Harvard Review* II(1964), pp.25~29.

Frye, Northrop. "The Typology of Paradise Regained", *Modern Philosophy* LII(1956), pp.227~238.

Greven, Jr. Philip J. "Family Structure in Seventeenth Century And ever Massachusetts", *William and Mary Quaterly*, 3rd Ser, XXIII(1956), pp.234~256.

Harkness, R. E. E. "The Development of Democracy in the English Reformation", *Church History* VIII(March., 1939), pp.3~29.

Heimert, Alan. "Puritanism, the Wilderness, and Frontier", *New England Quaterly* XXVi(1964), pp.38~50.

Higham, John. "American Intellectual History: A Critical Approach", *American Quaterly* XIII(1961), pp.221~223.

Hudson, Winthrop. "The Morison Myth Concerning the Founding of Harvard College", *Church History* VII(June, 1939), pp.148~159.

Koehler, Lyle. "The Case of the American Jezebel: Anne Hutchinson and Female Agitation during Years of Antinomian Turmoil, 1636~1640", *William and Quaterly* 3rd Ser., XXXI(1974), pp.56~77.

Maclear, J. F. "The Heart of New England Rent: The Mystical Element in Early Puritan History", *Mississippi Valley Historical Review*, XLII(March, 1956), pp.621~652.

McGiffert, Michael. "American Puritan Studies in the 1960's", *William and Mary Quaterly* 3rd, Ser., XXVII(1970), pp.36~37.

Miller, Perry. "The Half Way Covenant", *The New England Quaterly*, VI(1933), pp.703~715.

Morgan, S. Edmund. "New England Puritanism", *William and Mary Quaterly* 3rd Ser., XIX(1962), pp.642~644.

Moran, Gerald F. "Religious Renewal, Puritanism, Tribalism and the Family in Seventeenth Century Milford, Connecticut", *William and Mary Quaterly* XXXVI(April, 1979) pp.236~254.

Murdock, Kenneth B. "Review of the Puritan Pronaos: Studies in the Intellectual Life of New England in the Seventeenth Century", S samuel E. Morrison, *The New England Quaterly* vol 9(1936), pp.510~519.

Simpson, Alan. "Saints in Arms: English Puritanism as political Utopianism", *Church History*, XXIII(June, 1954), pp.119~125.

Trinterud, Leonard J. "The Origins of Puritanism", *Church History* XX(March, 1951), pp.37~57.


三崎敬之, 「一七世紀マサチュセッツ灣植民の政治體制」, 『西洋史學』 vol. LXXXIII XXI~3(1969), pp.32~46.

竹中正夫, 「ニューイングランド・ピューリタニズムと日本傳道: アメリカン・ボード」, 日本開敎 100年を迎えて』, 同志社アメリカ研究 第5號, 同志社大學アメリカ研究所, 1968.

배한극, 「New England Puritanism의 성격과 의의」, 경북대학교 교육대학원 석사학위 논문, 1975.

______, 「페리밀러와 뉴잉글랜드 퓨리터니즘」, 『영주경상전문대학 논문집』 제3집, 1981.

______, 「미국 청교도사상이 한국개신교와 근대교육에 미친 영향」, 『대구교육대학교 논문집』 제19집, 1983.

______, 「뉴잉글랜드 청교주의에 있어서 언약신학의 성격」 『대구교육대학교 논문집』 제20집, 1984.

______, 「17세기 미국청교도의 경제사상과 윤리」, 『대구교육대학교 논문집』 제21집, 1985.

_______, 「17세기 뉴잉글랜드 청교주의 연구」, 중앙대학교 박사학위논문, 1987.

_______, 「미국 청교주의사의 새로운 해석」, 『최현우박사회갑논문집』, 1988.

_______, 「존 윈드럽과 뉴잉글랜드 청교주의」, 『대구사학』 제38권, 1989.

_______, 「17세기 미국청교도의 학문과 도덕」, 『역사교육논집』 제13 · 14집, 1990.

_______, 「뉴잉글랜드 퓨리터니즘과 민주주의」, 『대구교육대학교 논문집』 제23집, 1993.

_______, 「뉴잉글랜드 청교도들의 출판활동」, 『황종동교수회갑논문집』, 1994.

_______, 「17세기 뉴잉글랜드 청교도의 학문과 교육」, 『서양문화사학』 제8집, 2005.

홍백룡, 「미국에 있어서의 Puritanism: Bay Colony에서의 Presbyterian Oligarchy와 America Democracy」, 『사총』 제2집, 1958.

## 3. Encyclopedias and Dictionaries

Adams, James Truslow. "John, Cotton", *Dictionary of American Biography* Vol.IV, pp.460~462

_______________________. "Thomas Hooker", *Dictionary of American Biograph* Vol.IX, pp.199~200.

Armstrong, Brian G. "John Winthrop", *The Encyclopedia of Religion* Vol.3, pp.31~34.

Dunn, Richard, S. "John, winthrop", *Encyclopaedia Britanica* Vol.19, pp.890~891.

Gordon, Alex. "John, Winthrop", *Encyclopaedia Britanica* Vol.19, pp.890~891.

Gordon, Alex. "John Preston", *Dictionary of National Biography* Vol.XV, pp.892~895.

Wade, John Donald. "Peter Bulkely", *Dictionary of American Biography* vol.III, pp.249~250.

## 4. Unpublished Materials

Davis, Thomas M. "The Tradition of Puritan Typology", Unpublished doctoral dissertation, University of Missouri. 1968.

Fulcher, J. R. "Puritan Piety in Early New England: A Study in Spiritual Regeneration From The Antinomian Controversy to The Cambridge Synod

of 1648 In The Massachusetts Bay Colony", Unpublished doctoral
  dissertation, Princeton University, 1963.
Wilcox, W. G. "New England Covenant Theology ; Its English Precursor and
  Early American Exponents", Unpublished doctoral dissertation, Duke,
  University, 1959.

# 찾아보기

## ㄱ


가르치는 일  261
각성과 부흥  109
감독적인 정체  63
감리교  254, 269
감리교도(Methodist)  208
개인주의  207
개인주의 발전(development of idividuality)  174
개혁신학자  132
개화교육  265
거래의 기초  49
건설자들(builders)  14
경건(pietas, piety)  113, 124
경건의 쇠퇴(waning piety)  172
경건한 회심(religious conversion)  114
경신학교  272
경외(reverence)  113
경제사상  213
『계간 뉴잉글랜드』(New England Quarterly)  13
『계간 윌리엄 앤드 메리』(William and Mary Quarterly)  13
계약(contract)  133

고교회 퓨리터니즘(High church puritanism)  193
고등종교재판소(Court of the High Commission)  136
고린도후서 13장  207
『고백』  124
고전  184
『고집센 청교도들』  50
골든 룰(golden rule)  181
공공의 선(Publique good)  219
공인(public person)  142
『공통 기도서』(The Book of Common Prayer)  60
공화국(Commonwealth)  164
공화정  104
과두정치(Oligarchy)  14, 27, 233
과학아카데미  188
과학 연구  184
교구(Parish)  169
교육사업  275
교육이념  261
교황권 제한주의파 교회(Gallican church)  193
교회  105, 232, 235, 240
『교회규율대전의 개관』(Survey of the Summe of Church

Discipline) 154
교회분열 206
교회언약(Church Covenant) 137, 150, 157
교회원 자격(Church-membership) 99
교회의 양부(nursing father) 158, 160
교회의 언약 45
구속의 언약(covenant of redemption) 131, 137
구약성경 145, 246
구원 149, 207
구원의 예정과 모든 인간의 죄(the predestination and the depravity of men) 109
구원의 확증 205
국가(Commonwealth) 84, 235, 240
국가관 235
국가교회(State Church) 153
국가의 성격 238
국교도 202
국교회 43
국왕의 특허장 163
『권력을 가진 양심과 그 사례』 217
『규율에 관한 제2의 책』 64
그리스도 171, 246
그리스어 176
그린우드 64
「극동의 지배」(Mastery of Far East) 254
근대교육 17, 253
근대 자본주의의 강장제 212
근대학교 257

근면 212
「근본법」 163
「근본협정」(Fundamental Agreement) 163
금욕적 프로테스탄티즘 205
기니아 226
『기독교 자비의 모델』 86
『기독교강요』(Institutes of the Christian Religion) 83, 113, 183
기독교인 155
기록보관자(record keepers) 21
길진형 272
김교신(金敎臣) 111

_ㄴ

나다니엘 워드(Nathaniel Ward) 159, 238
나다니엘 호손(Nathaniel Hathorne) 118
나라간세트(Narragansett) 90
난학(蘭學) 275
남녀평등 263
남장로교 254
내광(inner light) 243
내셔널리즘 30, 267
네덜란드 184
노리지(Norwich) 134
노스햄프턴 교회 107
노아 231
녹스 259
『논어』 264
눈에 보이는 성도(visible saint) 81, 82, 155, 156, 160
눈에 보이지 않는 성도 155

뉴 라이트(New Lights)  105, 109
뉴잉글랜드(New England)  12, 22,
　　232, 249
뉴잉글랜드 방식(New England
　　Way)  150, 220
『뉴잉글랜드사』(History of New
　　England)  26
뉴잉글랜드 식민지  24
『뉴잉글랜드의 건설』(The Founding
　　of New England)  31
뉴잉글랜드의
　　총회의(General-Court)  96
뉴잉글랜드의 특허장  224
『뉴잉글랜드 정신: 17세기』(The
　　New England Mind: The
　　Seventeenth Century)  43, 45
『뉴잉글랜드 첫 열매』(New
　　England First Fruits)  185
뉴잉글랜드 퓨리터니즘  28
뉴잉글랜드 학회(The New England
　　Societies)  13
뉴포트(Newport)  93
뉴헤이븐(New Haven)  93


**ㄷ**

다섯 가지 관점(Five Pointsof
　　Calvinism)  119
대각성운동(The Great Awakening
　　Movement)  108
대니얼 J. 부스틴(Daniel J.
　　Boorstin)  47
대니엘 B. 시어(Daniel B. Shea. Jr)
　　126
대서양  246
『대전』(Summa)  218

대총회의(Great and General Court)
　　163
더 이상 지체 없는 개혁  64
데글러(C. N. Degler)  230
데담(Dedahm) 교회  81, 82
데담(Dedahm) 타운  82
데이븐포트(John Davenport)  216
데이비드 브레너드(David Brainerd)
　　110
데카르트  180
도덕관  191
도덕률(the Moral Law)  141
도덕률 폐기론자들(Antinomians)
　　35, 233
도덕률 폐기론자들의 논쟁  116
도덕선수(moral athlete)  193
도덕적 훈련  195
도체스터(Dorchester) 교회  81
도쿄고등사범학교(東京高等師範學校)
　　111
『독백』(Soliloquies)  124
독일 종교개혁  174
독재정치  250
동등계약(parity covenant)  129
『동몽선습』  264
동문학  265
디그파  249


**ㄹ**

라인란트(Rhineland)  132
라인홀드 니버(Reinhold Nieburn)
　　72
라틴어  176
러트만(Darrett Rutman)  49
런던  188

런던 회사(the London Company)
70
럼주(rum酒) 215
레스터셔(Leiscestershire) 136
레이디 마가레트(Lady Margaret)
62
로드 대주교 137
로드니 풀처(John Rodney Fulcher)
116
로드아일랜드 190, 249, 250
로드아일랜드 역사학회(The
RhodeIsland Historical
Society) 12
로렌스 채더튼(Laurence
Chadderton) 134
로마 가톨릭 교회 235
로마 교황 242
로마 교회 202
로마의 고전 176
로버트 브라운(Robert Browne)
64, 65
로버트 쿠쉬맨(Robert Cushman)
213
로세타 S. 홀(Rosetta S. Holl) 259
로저 윌리엄스(Roger Williams)
14, 34, 89, 245
루터파 174
르네상스 173, 182
르네상스의 계승자 173
르네상스 휴머니즘 45
리처드 백스터(Richard Baxter)
207, 209, 210
리처드 뱅크로프트(Richard
Bancroft) 64
리처드 슈레이터(Richard Schlatter)
11

**ㅁ**

마녀사냥 196
마르티르(P. Martyr) 132
마르틴 루터 205, 235
마마듀크 스티븐슨(Marmaduke
Stevenson) 94
마법재판(witchcraft trials) 97
마이클 위글즈워스 192
마튀랭 코르디에(Mathurin Cordier)
183
마필드(Marfield) 136
막스 베버 202
『만 식민지의 건설자들』(*The
Builders of the Bay Colony*)
37
매리 F. 스크랜턴(Mary F.
Scranton) 256
매사추세츠 77, 238, 250
매사추세츠만 식민지(Massachusetts
Bay Colony) 18, 22, 39, 69
매사추세츠 역사학회(Massachusetts
Historical Society) 12
『매사추세츠의 정교』(*Orthodoxy in
Massachusetts*) 43, 44
『매사추세츠의 청교도시대』 168
매콜리(Thomas Babington
Macaulay) 196
매튜 파커(Matthew Parker) 62, 63
맥스 새밸(Max Savelle) 11
『맹자』 264
머독(Kenneth B. Murdock) 36
메리 58
메리 다이어(Mary Dyer) 94

메리 피셔(Mary Fisher)  92
메릴랜드  191
메이플라워 서약(Mayflower
        Compact)  70, 162
멜렌도르프  258
멩켄(H. L. Menchken)  28, 196
멩켄류의 저널리스트  38
명동고아원  258
모건(Edmund S. Morgan)  46, 84
모델 유토피아(model utopia)  22
모리슨(Samuel E. Morison)  36,
        77, 187
모세  246
모인 교회(gathered church)  66
모지즈 코이트 타일러(Moses Coit
        Tyler)  25
목회자  216
무디(Joshua Moody)  199
무서운 교리(decretum horrible)
        206
무신론자  215
문법학교(Grammar School)  40
미국  11, 255, 267
『미국문학사』(History of American
        Literature, 1607~1765)  25
미국문화  45
미국사  11
『미국사상의 주류』(Main Currents
        in American Thought)  33
미국사 연구  12
『미국사의 식민지 시대』(The
        Colonial Period of American
        History)  29
미국선교사  274
『미국에 있어서의 그리스도의

위대한 역사』  24
『미국의 영향을 받은 영세중립론』
        273
미국의 정치제도  165
미국정신(American mind)  41
미국지성사  46
미션학교  260
미팅하우스(meeting house)  169
민간정치단체(Civil Body politick)
        162
민경배  268
민노아학당  258
민족교회  269
민족주의  269
민족지도자  276
민주정  250
민주주의  250
『민주주의와 퓨리터니즘』  193
『민주주의와 한국에 있어서
        미션교육』(Democracy and
        Mission Education in Korea)
        272
민주주의자  228
믿음에 의한 의인(justification by
        faith)  53


_ㅂ


바리새주의(Pharisaism)  198
바바도스(Barbados)  92
바이블 공화국(Bible
        Commonwealth)  168, 235
바이블 국가(Bible Commonwealth)
        69, 86, 95, 244
반청교도 사가들(Anti Puritan
        historians)  14, 30

방법주의자  208
배로우  64
배재학당  272
백낙준  273
백남운  273
버넌 L. 패링턴(Vernon L.
    Parrington)  31, 33, 234
버지니아  188
버지니아회사(Virginia Company)
    162
법  224
베드퍼드셔(Bedfordshire)  137
베리트(berit)  128
베어드(W. M. Baired)  262
벤저민 프랭클린(Benjamin
    Franklin)  34, 203, 208
보스턴(Boston)  24, 221, 229
보스턴의 교회  91
보스턴 제일교회(First Church of
    Boston)  81, 151
보스턴 코먼(Boston Common)
    238
복음을 선포하는 일(preaching)
    261
봉함된 비밀  206
부르주(Bourges)  183
부르크하르트  174
부섭정(vice-regents)  243
부정한 생활(unclean life)  210
부처(M. Bucer)  132
부총독(duty governer)  87, 163
부패  224
북장로교  254
분리주의자  214
분리파  35, 64, 69, 250

『분명한 회중교회의 길』(Way of
    the Congregational Church
    Cleared)  154
분열(dissensus)  49
불링거(H. Bullinger)  132
브라우어(Jerald Brauer)  114
브라운(A. J. Brown)  254
브레드스트리트가(Bradstreets)  223
브룩스 애덤스(Brooks Adams)  27
브엘세바(Beersheba)  129
블루 로(Blue Laws)  29, 196
비국교도  239
비국교도들(non conformists)  68
비극의 여왕  59
비분리독립회중파(Independent
    Non-Separatist)  153
비분리파(Non-Separatists)  44, 77,
    84, 250
비어드(Charles Austin Beard)  187
비컨힐(Beacon Hill)  223
비회심자  242
빅토리아 여왕  196
빙하시대(glacial age)  14, 32


_ㅅ

사고하는 공동체(thinking
    community)  26
사도 계승  72
사랑  200
사명(Aufgabe)  205
사상가들(thinkers)  25
사상사  19
사상의 계서(hierachy)  181
사회계약(the social contract)  157,
    228

사회언약(Social or civil covenant)
137, 150, 161, 171
사회의 언약 45
삼단논법 179, 218
상업 217
상인 216
상호언약(the mutual covenanting)
151
새 특허장 97
새로운 가나안(New Canaan) 22
새뮤얼 192
새뮤얼 슈얼(Samuel Sewall) 226
새뮤얼 스톤(Samuel Stone) 136
새뮤얼 윌라드(Samuel Willard)
122, 218, 240
새크밴 베르코비치(Sacvan
Bercovitch) 101
샤이어(Shire) 232
서머세트(Somerset)공 57
서양의학 253
서재필 272
선교연합교회 269
『선전』(Advertisements) 62
선조학회(The Forebear Societies)
13
선택의 의지(the will as choice)
109
선택적 친화작용(elective affinity)
270
설교 178, 210, 220
섭리(Providence) 76
성경 124, 178
성경국가 213
성도(saint) 73, 81
『성도의 집단』(Congregation) 74

『성도의 혁명』 49
성 바르톨로메오 179
성사(聖事) 55
성화(sanctification) 141
세계사 111
세례교인 233
『세례에 대하여』(Of Baptism) 133
세브란스(L. H. Severance) 268
세브란스 병원(Severance Hospital)
268
세속적인 경향 106
세속적인 교육 183
세이볼트(Rovert F. Seybolt) 184
세인트(Saint) 124
세일럼(Salem) 85, 89
세일럼 교회(Salem Church) 81,
151
세일럼 마녀재판(Salem witchcraft
trials) 97
섹타리안(Sectarians) 153
섹트 105
셀톤스톨(Saltonstalls) 223
『소극적 고백』(The Negative
Confession) 67
소년들이여 야망을 품어라(Boys,
be ambitious) 110
소명(Beruf, Calling) 205, 242
소명의 관념 247
『소학』 264
수장령(the Act of Supremacy) 60
수정주의학파 21
수평파 249
술주정뱅이 201
숨은 남편(black husband) 63
쉽턴(Clifford K. Shipton) 36

스미드필드(Smithfield) 화형장  59
스승(mentor)  126
스위스의 종교개혁  184
스켈턴(Samuel Skelton)  85
스코틀랜드  67, 184
스콜라 철학자  179
스크랜턴(W. B. Scranton)  256,
    257, 258, 262
스튜어트 절대왕정  96
스페인  98, 223
스페인의 무적함대  62
시드니 앨스트롬(Sydney Ahlstrom)
    115
시커교도(Seeker)  242
식민시대  106
『식민지에서 프로빈스로』(From
    Colony to Province)  45
식민지의 모체(mother of colonies)
    216
『식민지정신』(The Colonial Mind)
    33
신국(City of God)  117
신대륙  162
신보수주의학파  21, 47
신사가 되어라(Be gentleman)  110
신앙  199
신앙가이드북  125
신앙의 방어자(defenders of the
    faith)  21
신앙의 보호자(Defensor Fidei)  57
신약성경  245
신정정치  14, 250
신학교육  254
『신학의 진수』(Medulla Theologiae)
    135

신학적 원리  113
심프슨(Alan Simpson)  48, 54, 228
『17세기에 있어서 아메리카의
    식민지』(The American
    Colonies in the Seventeenth
    Century)  29

_ㅇ

아담  129, 231
아담의 배교(apostasy)  236
아르미니안(Arminians)  126
아리스토텔레스  181
아리스토파네스  178
아리스티데스(Aristides)  177
아메리카 독립혁명  29, 106
아메리카 문명  19
『아메리카인들』(The Americans)
    47
아벨라(Arbella)호  77
아브라함  142, 146, 231
아비멜렉(Abimelech)  129
아우구스티누스  53, 117, 173
아이덴티티  104
아이작 존슨(Isaac Johnson)  164
아펜젤러(H. G. AppenZeller)  17,
    256, 258
안창호  272
알렌(H. G. Allen)  256
알렌 카든(Allen Carden)  50
애덤스  77
앤 오스틴(Ann Austin)  92
앤 허친슨(Anne Hutchinson)  14,
    27, 90
앤디코트(John Endicott)  93
야웨(Yahweh)  131

『양심에 대하여』(de Conscientia)
    135
양키 퓨리턴  104
양키화  102, 105
어거스틴적 경건(Augustinian piety)
    117
언더우드(Horace G. Underwood)
    17, 256, 258
언덕 위에 세운 도시(city set upon
    a hill)  22, 230
언약(covenant)  66, 130, 230
언약국가(Convenant nation)  56
언약신학(Convenant Theology,
    Federal Theology)  127, 151
언약신학의 체계  127
언약신학자  140
언약-약속(covenant-promise)  144
언약 협정(covenant agreement)
    141
에드먼드 안드로스(Sir Edmund
    Andros)  96
에드문드 그린달(Edmund Grindal)
    63
에드워드  58
에드워드 6세  57
에드워드 존슨(Edword Johnson)
    160
에릭슨(Kai T. Erikson)  50
에머슨(Ralp Waldo Emerson)  229
엘러즈(A. J. Ellers)  258, 262
엘리자베스(Elizabeth)  60, 61
여성교육  253
역원  88
연대기 작가들(Chroniclers)  24
『열림 복음언약』(The Gospel

Covenant Opened)  136
영광스러운 드보라  60
영국  184, 249
영국국교회  44, 57, 161
영국의 요시아  58
영국 프로테스탄티즘  54
예레미야  104
예레미야의 비탄  102
예배  83
예수교학당  258
예일 대학교(Yale University)  274
예정설  206
예표론(Typology)  245
오델(Odell)  137
『오락서』(Books of Sports)  68, 211
오를리앙  183
오스굿(Herbert L. Osgood)  29
오오키 히데오(大木英夫)  255
오하이오 계곡(Ohio Valley)  12
옥스퍼드 대학  66
올드 라이트(The Old Lights)  105
올레비아누스(C. Olevianus)  132
와인  201
완고한 미신가들(bigots)  42
왈즈(Michael Walzer)  49
왕정복고  104
외국 선교사  254
외국어학교  266
요나  246
요셉  246
욕망의 의지(the will as inclination)
    109
우드하우스(A. S. P. Woodhouse)
    54
우르시누스(Z. Ursinus)  132

『우리들의 과거로부터』(*Out of Our Past*)   230
우번(Woburn)   160
우익(Right Wing)   55
우치무라 간조(内村鑑三)   111
워위크(Worwick) 백작   57
웨스트민스트 홀(Westerminster Hall)   234
웨이크필드(Gorden Wakefield)   115
윌리엄 레들라(William Leddlra)   94
윌리엄 로드(William Laud)   68
윌리엄 로빈슨(William Robinson)   94
윌리엄 브래드포드(William Bradford)   23, 72, 214, 216
윌리엄 브래틀(William Brattle)   175
윌리엄 애덤스(William Adams)   218
윌리엄 에임즈(William Ames)   134
윌리엄 채닝(William E. Channing)   107
윌리엄 틴데일(William Tyndale)   56
윌리엄 퍼킨스(William Perkins)   134
윌리엄 핀천(William Pynchon)   77
윌리엄 허버드(William Hubbard)   23, 178, 222
윌리엄 S. 클라크(William Smith Clark)   110
윌슨 스미스(Wilson Smith)   128
유관순   272

유교문화의 영향   263
유니버설리즘(Universalism)   106
유니테리언(Unitarian)   106
유억겸   273
육영공원(Royal English School)   265
율법주의(legalism)   149
은혜의 언약(covenant of grace)   45, 131, 137, 146
을미사변   268
음식   200
음악   200
의료사업   275
의인(justification)   125, 141
의회(Councils)   97
『의회에 대한 훈계』(*Admonition to the Parliament*)   63
이관용   273
이만규   266, 270
이만열   272
이분법(dichotomy)   34, 181
이브   129
이성   169, 190
이스라엘   145
이승만   272, 273
이윤   219
이중언약(double covenant)   133
이춘호   273
이화학당   262, 272
인간   133, 149, 214
인간성(humanity)   183
인간의 예술(important human art)   236
인간의 정신(mind)   45
인문주의   173

인문주의자   183
인문주의철학   175
인문학(liberal arts)   183
인민(People)   170
『인생의 길』(*The Way of Life*)   219
인크리스 노웰(Increase Nowell)
   164
인크리스 매더(Increase Mather)
   36, 96, 176, 201, 240
일본   18, 253, 267, 269
「일본에 있어서 퓨리턴 종교의
   수용」   255
입스위치(Ipswich)   101
입헌주의   229


**ㅈ**

자유민(freeman)   88, 170, 215
「자유의지론」(Treatise on the
   Freedom of the Will)   108
자유의지에 기초한 집단(voluntary
   association)   74
자유인(free men)   84
자유주의자   196, 241
자유주의적 신학자   107
자유주의파   107
자치단체(Corperate)   165, 237
장로교   269
장로교회   161
장로주의   104
장로파   55
장세니즘(Jansenism)   193
저축   212
적그리스도(anti-Christ)   60, 242
적절한 정부형태(due form of
   government)   168

절약   212
정교분리   250
정밀한 자들(Precisians)   62
정밀함   193
정인보   273
정치단체(body politick)   163
정치적 사상   227
정칙영어학교(正則英語學校)   111
정통교리   159
젖을 땐 애정(weaned affections)
   201
제국사학파   29
제네바   59
『제네바 성경』(*the Geneva Bible*)
   59
제5 천년왕국파   249
제1차 세계대전   36
제임스 1세   211
제임스 6세   67
제임스타운(Jamestown)   69
제임스 트루슬로우 애덤스(James
   Truslow Adams)   31
제프리 너톨(Geoffrey Nutall)   115
제한정부(limited government)   227,
   229
제한정부의 원리(the principal of
   limited government)   170
젠트리   216
『조금도 지체 없는 개혁에 관한
   논문』   66
조나단 메이휴(Jonathan Mayhew)
   107
조나단 미첼(Jonathan Mitchell)
   217
조나단 에드워즈(Jonathan

302

Edwards) 34, 105, 118, 192, 193, 208
조던(W. K. Jordan) 54
조만식 272
조물주 218
조병옥 273
조상숭배주의자(filiopietist) 15, 26
조생과(Vorfrucht) 204
『조선교육사』 266
조지 뱅크로프트(George Bancroft) 24, 25
조지 엘리스(George Ellis) 168
조지 화이트필드(George Whitefield) 108
존 그레이엄 팔프리(John Graham Palfrey) 26
존 로빈슨(John Robinson) 72
존 번연(John Bunyan) 207
존 볼(John Ball) 125
존 새핀(John Saffin) 226
존 와이즈(John Wise) 228
존 윈스럽(John Winthrop) 22, 77
존 윈스럽 2세(John Winthrop Jr.) 100
존 조셀린(John Josselyn) 223
존 캘랜더(Johon Callender) 24
존 코튼(John Cotton) 34, 86, 87, 135, 219, 244
존 폭스(John Foxe) 59
존 프레스턴(John Preston) 122, 134
존 헐(John Hull) 39, 219
존 휠라이트(John Wheelwright) 91
존 휫기프트(John Whitgift) 62, 64

존 히깅슨(John Higgingson) 102
존 F. 하우즈 255
존 R. 풀처(John Rodney Fulcher) 126
종교개혁 201, 235
종교개혁의 상속자 173
종교적 교화(indoctrination) 187
좌익(Left Wing) 55
주관적 기분(Subjective mood) 118
주교 없이는 왕도 없다 67
주커맨(Michael Zuckerman) 50
중간노선(Via-Media) 61
중국 253
중도(Half-way) 55, 99
중도언약(Half-way Covenant) 99, 149
중생(regeneration) 125
중서부(Middle West) 12
중요성(Centerality) 115
지도력(guiding force) 212
지방분권적 정치형태 250
지방 차원(local level) 42
지배예속(suzerainity) 129
지성사 16, 19
지식 189
직업 217
진리 239
진보주의 사가 233, 234
진보주의학파 21

_ㅊ

찰스 1세 68, 95, 211
찰스 2세 53, 95
찰스타운 239
찰스 프란시스 애덤스(Charles

Francis Adams)  27
참 회심자  242
참사(assistant)  87, 88, 163
창세기 제17장  130, 146
창조주  131
천국 같은 신 예루살렘(Heavenly
    New Jerusalem)  70
『천로역정』  207
천명의 청원서(Millenary Petition)
    67
『천자문』  264
『첫 미국인들』  86
청교도(Puritans)  11, 53, 55, 62
『청교도경건』  116
『청교도 과두정치』(The Puritan
    Oligarchy)  35
청교도 교회  221
청교도들의 윤리  202
청교도사 연구  51
청교도의 노동  210
『청교도의 신전입구』(The Puritan
    Pronaos)  40, 187
청교도의 신학  123
청교도 정교(Puritan orthodoxy)
    43
청교도정신(mind)  116
청교도혁명  55
쳄스포드(Chelmsford)  136
촉매제(a catalytic agent)  142
총독(governor)  87, 88, 163
총회(General Court)  87
최광옥  272
최현배  273
추수감사절(Thanksgiving)  254
츠빙글리(H. Zwingli)  132, 184

치리(治理)하는 장로(ruling elder)
    156
치유하는 일(healing)  261
친청교도사가들(Pro-Puritan
    historians)  14
침례교  254

ㅋ

카트라이트(Thomas Cartwright)
    53, 62
칼뱅  53, 113, 134, 235, 259
칼뱅주의  207, 227
칼비니즘  55, 119, 205
캐롤라이나  188
캔터베리 대주교  62, 63
캔터베리와 요크의 성직자회의(the
    Convocation of Canterbury
    and York)  61
캠프 미팅(Camp meeting)  228
커버넌트(covenant)  128
커티(Merle Curti)  187
컬럼비안 대학(Columbian
    University)  273
케이프 코드만  68
「케임브리지 강령」(Cambridge
    Platform)  166
케임브리지 대학  66, 134, 137,
    180
케임브리지 종교회의  116
코네티컷  188, 238, 250
「코네티컷 기본법」(The
    Fundamental Orders of
    Connecticut)  89, 229
코튼  169
코튼 매더(Cotton Mather)  24,

192, 193, 225
콩코드(Concord)　137
퀘이커 교도(Quakers)　35, 54
　239, 249
『크리스천 지도서』(*Christian Directory*)　207, 209
킹스 칼리지(King's College)　135

**ㅌ**

타락　224
타운(Town)　232
타운 회의(town meeting)　169, 232, 248
탈 밀러(Post-Miller)　49
태극기　269
토니　212
토마스 더들리(Thomas Dudley)　77, 223
토마스 데일(Thomas Dale)　69
토마스 모튼(Thomas Morton)　215
토마스 셰퍼드　178
토마스 제퍼슨(Thomas Jefferson)　34
토마스 크랜머(Thomas Cranmer)　58
토마스 허친슨(Thomas Hutchinson)　222
토마스 후커(Thomas Hooker)　88, 124
토마스 J. 워턴베이커(Thomas J. Wertenbaker)　31, 35, 234
토크빌(Alexis Charles Henri Maurice Clerel de Tocqueville)　232
투키디데스　178

튜더(Tudor) 퓨리터니즘　65
특별한 임무(Special Commission)　79, 167
특수교육기관　254
특허장　84

**ㅍ**

패트리션(patrician)사가　15
팸플릿　63
퍼체이스(Purchase) 거리　223
퍼킨스(Perkins)　53
페리 밀러(Perry Miller)　11, 36, 43, 101, 148
페트루스 라무스(Petrus Ramus)　45, 53, 137, 179
페티트(Norman Pettit)　48, 126
펜실베이니아　188
편협한 미신가들(bigots)　14
평등　222
평양 숭실학교　272
포르투갈　98
포퓰리스트　30
풍자된 청교도　39
퓨리터니즘　11, 30, 53, 55, 249
퓨리터니즘사 연구　16
『퓨리터니즘을 위한 변명』(*A Plea for Puritanism*)　41
퓨리턴 정신(mind)　128
퓨리턴 정통파　107
프라네커(Franeker) 대학　135
프랑스　184
프래그머티즘　11
프런티어 정신　11
프레스턴　189
프로빈스 차원(Provincial level)　42

프로테스탄트  53, 180, 235
프로테스탄트 개신교도  180
프로테스탄트의 직업윤리  203
프로테스탄티즘  204
『프로테스탄티즘의 윤리와
        자본주의 정신』  202
프린스턴 대학교  273
플라우투스(Plautus)  177
플라톤  177, 214
플라톤 철학  182
플루타르크 영웅전  178
플리머스(Plymouth)  23, 250
플리머스 식민지  18, 69
『플리머스 프란테이션에
        대하여』(History Plymouth
        Plantation)  23
플리머스 회사(Plymouth Company)
        70
피조물  131
피츠 윈스럽(Fitz John Winthrop)
        100
피터 벌크리(Peter Bulkely)  136
필그림즈  70, 76
필그림 파더즈(Pilgrim Fathers)  68
필그림즈 학회(The Pilgrims
        Societies)  13
필립 2세  58
핍스 경(Sir William Phips)  97

_ㅎ

하나님  133, 140, 149, 218
하나님의 뜻(the will of God)  170
하나님의 영광  211
하나님의 전능(omnipotence)  109
하나님의 진리  182

하나님의 청지기  211
하버드 경건  36
하버드 대학  40, 175
하버드 대학의 창설  185
하버드 대학 총장  37
하트퍼드(Hartford)  88, 136
학교흥(學校興)  264
학술의 백년전쟁(academic hundred
        years war)  227
한국개신교  17
『한국개신교사』(Protestant Mission
        in Korea)  274
『한국기독교와 역사의식』  272
한국의 개신교  253
한글 성경  276
한미관계  276
한미조약  255, 275
『합중국사』(History of the United
        States)  24
항해조령  221
해리 베인(Harry Vane)  91
햄프턴 코트회의(Hampton Court
        Conference)  67
『행위와 기념비』  59
행위의 언약(covenant of works)
        131, 137, 140
행정관(magistrate)  21, 32, 87, 89,
        158, 229
향락  212
헤론(J. W. Heron)  256, 257
헤시오도스(Hesiodos)  177
헨리 던스터(Henry Dunster)  185
헨리 웨어(Henry Ware)  107
헬레니즘  175
헬리팩스(T. E. Halifax)  265

306

현세  199
협정(agreement)  138, 153
호라티우스  177
혼합 귀족정  250
혼합정부론(theory of mixed
     government)  158
홀리스 강좌의 교수(The Hollis
     Professor of Divinity)  107
회심의 경험  116
회중교회  191
회중주의(Congregationalism)  73,
     152
회중주의의 시금석(touch stone)
     172
회중주의의 중도언약(Half-way
     covenant)  45
회중주의 청교도  161
회중파(Congregationalists)  53, 55,
     74
획기적인 이탈(an epochal
     departure from Calvinism)
     153
『효경』  264
휘셔(J. E. Fisher)  272
휴머니스트  180
흑인  226
히깅슨(Francis Higgingson)  85

Fredrick Jackson Turner  15
Liberali liberaliter instuendi  175

지은이 **배 한 극**

경북대학교 사범대학 역사교육전공 문학사(1969), 경북대학교 교육대학원 역사교육전공 교육학
석사(1975), 중앙대학교 대학원 서양사전공 문학박사(1988), 日本兵庫敎育大學 외국인 연구원(1999),
호주 퀸즈랜드 대학교 방문교수(2009), 역사교육학회 회장(2007~2009), 현재 대구동일교회 장로,
대구교육대학교 교수(1983~현재).

**저 서** |『세계문화사』(공저, 형설출판사, 1986),『역사하기』(공역, 아카데미 프레스, 2007),『지구화
시대의 새로운 세계사』(공저, 혜안, 2008).

**논 문** |「New England Puritanism의 성격과 의의」(1975),「페리밀러와 뉴잉글랜드 퓨리터니즘」
(1981),「미국 청교도사상이 한국개신교와 근대교육에 미친 영향」(1983),「뉴잉글랜드 청교주의에
있어서 언약신학의 성격」(1984),「17세기 미국청교도의 경제사상과 윤리」(1985),「17세기 뉴잉글랜
드 청교주의 연구」(1987),「17세기 뉴잉글랜드의 정치전통과 정치사상」(1988),「미국 청교주의사의
새로운 해석」(1988),「존 윈스럽과 뉴잉글랜드 청교주의」(1989),「17세기 미국청교도의 학문과
도덕」(1990),「뉴잉글랜드 퓨리터니즘과 민주주의」(1993),「17세기 뉴잉글랜드 청교도의 학문과
교육」(2005),「글로벌 히스토리와 글로벌 교육」(2006),「토마스 제퍼슨이 미국 교육에 미친 영향-
버지니아 대학 창설을 중심으로」(2008) 외 다수.

# 미국 청교도 사상

배 한 극  지음

2010년  12월  25일  초판 1쇄 발행

펴낸이 | 오일주
펴낸곳 | 도서출판 혜안
등록번호 | 제22-471호
등록일자 | 1993년 7월 30일

주소 | ⑫ 121-836 서울시 마포구 서교동 326-26번지 102호
전화 | 3141-3711~2 / 팩시밀리 | 3141-3710
E-Mail hyeanpub@hanmail.net

ISBN 978 - 89 - 8494 - 414 - 5  93920

값 24,000 원